U0365905

医事法的国际视野与中国现实问题研究

主编　赵万一

执行主编　李文彬　龙柯宇

清華大学出版社

北　京

图书在版编目（CIP）数据

医事法的国际视野与中国现实问题研究/赵万一主编. —北京：清华大学出版社，2022.10
ISBN 978-7-302-61993-2

Ⅰ.①医…　Ⅱ.①赵…　Ⅲ.①医药卫生管理—法学—研究—中国　Ⅳ.①D922.161

中国版本图书馆 CIP 数据核字(2022)第 186410 号

责任编辑：张维嘉
封面设计：傅瑞学
责任校对：赵丽敏
责任印制：丛怀宇

出版发行：清华大学出版社
网　　址：http://www.tup.com.cn，http://www.wqbook.com
地　　址：北京清华大学学研大厦 A 座　　邮　　编：100084
社 总 机：010-83470000　　邮　　购：010-62786544
投稿与读者服务：010-62776969，c-service@tup.tsinghua.edu.cn
质量反馈：010-62772015，zhiliang@tup.tsinghua.edu.cn
印 装 者：大厂回族自治县彩虹印刷有限公司
经　　销：全国新华书店
开　　本：170mm×240mm　　印　　张：11.75　　字　　数：219 千字
版　　次：2022 年 11 月第 1 版　　印　　次：2022 年 11 月第1 次印刷
定　　价：68.00 元

产品编号：096493-01

目　录

Contents

生命垂危患者知情同意权的私法自治考察

——兼论《民法典》第1005条

肖柳珍*

摘　要：私人自治赋权患者自主抉择，但也必须生活于自主抉择的责任疆域。基于生命至上、平等理论的空虚性及私人自治的局限性，结合《民法典》第1005条的规定，针对第1220条的司法解释应当直接赋予医疗机构及医务人员在患者生命垂危时采取积极救治的法定义务，促进《民法典》人本精神与生命至上的价值体现，并通过法律规定，保障美好生活。

关键词：私人自治；生命垂危；知情同意权；医学专业精神

引言

生命垂危患者的医疗救治制度直接关系到患者的生命安全利益，也是最能呈现生命至上与医学救死扶伤价值的鲜活场景。本研究拟从私人自治角度，并结合实证研究的一些数据支持，对生命垂危患者知情同意权的逻辑演绎及其困境进行剖析，并在《中华人民共和国民法典》(以下简称《民法典》)第1005条的基础上，针对《民法典》第1220条的规定，对生命垂危患者知情同意权制度的完善提出相应的对策建言。

一、私人自治视角下生命垂危患者知情同意权的逻辑演绎

(一) 私人自治赋权患者自主抉择

私人自治被认为是私法帝国的奠基之石，也是个人自由在私法领域的代名词。[①] 私人自治被普遍、经典地理解为“个人通过其意思自主形成法律关系的原

---

* 肖柳珍，女，南方医科大学卫生管理学院，教授。

① 参见金善明：《私人自治的困境及其出路》，载《首都师范大学学报(社会科学版)》2016年第5期。

则，”[②]强调“个人不受或不应该受到别人的干预，能够做和想他所中意的任何事情——按照他自己的方式去追求自己的利益。”[③]

患者作为人类社会古老的社会角色，从传统意义上讲，是处于医疗父权主义关照下的非自主决策主体。千百年来，医师扮演着患者利益最大化的代言人。然而，随着个人主义思潮的诞生及权利本位的张扬，患者知情同意权逐渐成为患者最基本的也是最重要的权利。患者在诊疗过程中行使知情同意权具有绝对意义上的正当性与合理性，既满足了个人主义对自己事务决策的内在主张，又与私人自治的基本原则相一致。患者在诊疗过程中，有权对自己的医疗事务进行决策。

（二）患者必须生活于私人自治的责任疆域

私人自治在强调自由的同时，也强调个人的责任。私人自治原则隐含着这样一个前提，即“人依其本质属性，有能力在给定的各种可能性的范围内，自主地和负责地决定他的存在和关系，为自己设定目标并对自己的行为加以限制”。[④] 在自由主义理论中，个人被假设为“理性人”，是个人利益的最佳判断者，他们的决定都被推定为是经过理性思考、冷静计算后的结果。即使他们的选择是在仓促、冲动或随随便便中做出的，也不能以此为理由撤回选择或拒绝承担对自己选择所负有的责任。[⑤] 至于个人自由做出的选择对于个人来说是不是真正合理的，是不是最符合个人的利益，自由主义原则不予考虑和判断。[⑥]

“自由总是同责任和风险相伴的；治疗和手术也不例外。当选择接受并获得收益之际，也自然要接受与治疗相伴的成本（包括费用和可能的风险）；拒绝治疗可以避开与治疗相伴的成本和风险，但意味着要承担拒绝治疗的风险，一种更大的风险。”[⑦]在私人自治的理论场域，患方充分行使知情同意权的同时，必须承担自由选择伴随的后果。

二、私人自治视角下生命垂危患者知情同意权的理论反思

（一）脆弱性理论对平等理论的挑战

脆弱性理论是玛萨·芬曼 2008 年提出的一种新的西方政治与法哲学理论。

---

② 转引自易军：《私人自治与私法品性》，载《法学研究》2012 年第 3 期。

③ 杜宴林：《法律的人文主义解释》，人民法院出版社 2005 年版，第 267，262 页。转引自金善明：《私人自治的困境及其出路》，载《首都师范大学学报（社会科学版）》2016 年第 5 期。

④ ［德］卡尔·拉伦茨：《德国民法通论》（上册），王晓晔等译，法律出版社 2003 年版，第 45-46 页。转引自孙晓光：《罗马法与近代法的伦理原则》，中国政法大学 2005 年博士学位论文，第 90 页。

⑤ 参见孙晓光：《罗马法与近代法的伦理原则》，中国政法大学 2005 年博士学位论文（2005），第 101 页。

⑥ ［英］雅赛：《重申自由主义》，陈茅等译，中国社会科学出版社 1997 年版，第 73-74 页。

⑦ 苏力：《医疗的知情同意与个人自由和责任——从肖志军拒签事件切入》，载《中国法学》2008 年第 2 期。

该理论植根于人类在生命中不可避免会经历脆弱性遭遇的基本事实，主张国家应当承担更积极地促进社会真正公平与实质正义的责任。就国家在国家治理中所承担的责任而言，脆弱性理论提出了一系列显著区别于当前美国主流政治学理论——平等自治理论的主张。芬曼认为，平等自治理论只是描绘了一个美好的愿景，却无法给需要实质平等待遇者带来真正的解脱与帮助。在一个没有人能够免受伤害、疾病或是生活中其他意外事件影响的世界中，仅仅赋予个人以平等待遇就能够满足人们需要的期待，既不公正又不合理。基于脆弱性理论，主张国家在国家治理中所承担的责任不应止于确保社会个体获得形式平等的机会，还应担负确保社会结构和机制能够为民众克服脆弱性提供公平和有效保障的责任。[⑧] 芬曼教授认为，脆弱性的分析更加符合所有人机会平等的承诺，还有助于人们更加明确地认识自我，认识个体对国家和社会机构的依赖关系，认识实质意义上机会平等的重要性。[⑨] 麦金太尔把人的脆弱性和依赖性作为正义的起点，提出“正义的慷慨”的正义理论，这是他原先的社群主义和德行正义观的进一步发展，开辟了关于正义的新论域和新议题。[⑩] 脆弱性理论正在对平等理论提出越来越多的挑战。

（二）私人自治面临一系列局限性

私人自治是私法的帝王条款，然而，随着社会的发展，私人自治本身也呈现出诸多的局限性。首先，基于市场经济的开放性及交易结果的无法预测性，私人自治易导致私人无法自治及诱发不公平的困境。一方面，私人自治披着契约的外衣，强调个人自由，彰显人的理性，但由于资源的稀缺性及交易各方在实力上客观不平等等因素，私人自治难以实质体现。另一方面，人总是置身于特定的社会关系中，由于个体差异的凸显，易导致一方基于私人自治的主张对他人造成戕害。[⑪] 其次，私人自治总是受到现实世界的制约。“人类世俗社会的图式是由阶级、权力、统治、权威、社会化、意识形态、文化和教育等概念标注绘制而成的。所有上述概念及其相近概念的共同之处在于，它们都含有外部压力的观念，同时这种外部压力会限制个人意志或者影响个人的实际行动。”[⑫]最后，私人自治还受制于主体间的相互制约与协调的影响。不同主体基于自己的利益及私人自治原则，相互角逐，相互他

---

⑧　参见朱圆：《脆弱性理论与国家治理责任新解》，载《学术月刊》2017年第3期。

⑨　参见[美]玛萨·艾伯森·法曼：《脆弱性的人类与回应性的国家》，李霞译，载《比较法研究》2015年第2期。

⑩　参见姜丽：《人的脆弱性、依赖性与“正义的慷慨”——麦金太尔正义思想的新维度》，载《道德与文明》2018年第5期。

⑪　参见金善明：《私人自治的困境及其出路》，载《首都师范大学学报（社会科学版）》2016年第5期。

⑫　[英]泽格蒙特·鲍曼：《自由》，杨光等译，吉林人民出版社2005年版。转引自范围、刘曼：《“私”自治的辨析》，载《河北法学》2008年第12期。

治。[13] 人具有趋利避害的本性，如果缺乏行之有效的制度规范及诚信约束机制，其结果必然是在力图确保私人自治的同时，却出现了私人无法自治或不公平之果，然而，基于自身的内在逻辑，又难以矫正或修复。[14]

（三）生命垂危患者置身于私人自治巨大风险中

当生命安全受到疾病或意外事件威胁时，生活经验的常识是救人在先，其余皆后。然而，在现存的制度规范下，却出现相反的场景。最近有学者对患者知情同意权在急性心肌梗死[15]抢救过程中的影响进行了研究。根据现有的法律规定，签字是急诊冠脉血运重建工作中的客观实在，患者家属不签署知情同意书，不管溶栓还是急诊冠脉介入治疗都无法展开。即使按指南所建议的：部分院前诊断为急性ST段抬高型心肌梗死（STEMI）的患者，可绕过急诊室直接转运至导管室，但在中国，也不能将患者家属签署知情同意书这一程序省略。[16] 该团队把患者从发病至最后成功实施血运重建的时间区分为几个时段[17]，研究表明，"获取知情同意书"的时间达到了"门-囊"时间的50%。[18] 也就是说，患者到达医院之后，在可以用于抢救的时间内，有一半的时间用在签署知情同意书这件事情上。然而，急性ST段抬高型心肌梗死患者从再灌注治疗中受益的程度与总缺血时间相关。总缺血时间每延误30分钟，透壁坏死[19]的风险增加37%。[20] "救治延迟"也是心血管病死亡率上升的主要影响因素。[21] 患者因自己的自主置自己的生命安全于巨大风险之中，而且这种风险不同于因医疗技术或水平的限制而引起的风险，在某种程度上是一种

---

[13] 范围、刘曼：《"私"自治的辨析》，载《河北法学》2008年第12期。

[14] 参见金善明：《私人自治的困境及其出路》，载《首都师范大学学报（社会科学版）》2016年第5期。

[15] 急性心肌梗死是因冠状动脉血流急剧中断而导致的心肌不可逆性损伤，急性ST段抬高型心肌梗死（ST-elevation Myocardial Infarction，STEMI）是其主要类型，也是威胁人类健康的常见心血管疾病。参见陈盼盼：《"获取知情同意书"时间对急诊冠脉血运重建时间的影响及其影响因素分析》，郑州大学2018年硕士学位论文，第1，15页。

[16] 参见陈盼盼：《"获取知情同意书"时间对急诊冠脉血运重建时间的影响及其影响因素分析》，郑州大学2018年硕士学位论文，第2页。

[17] 总缺血时间：患者出现持续性胸痛（持续时间＞15分钟）至球囊扩张的时间；"门-囊"时间：患者到达医院至球囊扩张时间；"获取知情同意书"时间：医生告知家属患者病情获取知情同意书的时间，"字-囊"时间：患者家属签署知情同意书至球囊扩张的时间。参见陈盼盼：《"获取知情同意书"时间对急诊冠脉血运重建时间的影响及其影响因素分析》，郑州大学2018年硕士学位论文，第4页。球囊扩张是指一种头端带有球囊的导管，用以冠状动脉狭窄部位的扩张——笔者注。

[18] 参见陈盼盼：《"获取知情同意书"时间对急诊冠脉血运重建时间的影响及其影响因素分析》，郑州大学2018年硕士学位论文，第16页。

[19] 透壁坏死是指心肌全层坏死。心肌是终末期分化细胞，心肌坏死后，只能由瘢痕组织修复，不可能再生，因此透壁坏死的风险很高。

[20] 转引自陈盼盼：《"获取知情同意书"时间对急诊冠脉血运重建时间的影响及其影响因素分析》，郑州大学2018年硕士学位论文，第15页。

[21] 同上文，第16页。

人为风险或制度风险。早期急性冠脉重建技术不成熟之际，医生只能眼看着患者离去而无力回天，可今天，医生却只好眼睁睁地看着宝贵的时间被法律上的权利所吞噬并使患者持续陷入风险之中。

三、《民法典》第1005条的制度价值及第1220条司法解释的完善

（一）《民法典》第1005条的制度价值

《民法典》第1005条的制度价值从医疗服务的角度而言，主要体现在对生命及医学专业精神的尊重。黑格尔曾深刻指出，“生命，作为各种目的的总和，具有与抽象法相对抗的权利。”[22]“生存是人的最基本需要，它指的是人的生命的存在状态。它可以表现为人的本能，也可以表现为人的欲望，还可以表现为人的权利。生存意味着身体不受任意的侵害，不受死亡的威胁，也意味着拥有以其所属的文明的标准看来是基本的物质生存资料，这无疑是任何社会、任何国家应当首先满足的基本价值，也是人类由蒙昧时代过渡到文明时代再过渡到政治共同体的根本原因。个人可以为信念，为一种崇高的理想而舍生取义、杀身成仁，但从全社会角度来看，只能以保障社会成员的生命、维护他们正常的生存秩序为最优先的考虑。保存生命是一个社会制度的首要德行，是社会正义的第一原则。在保存生命的理由面前，其他所有的理由都是黯然失色的。这种对生命的尊重，甚至可以说是从根基处沟通个人道德与社会伦理，它不仅是社会伦理的首要原则，也是个人道德的基本义务。”[23]《民法典》第1005条很好地诠释了这种生命至上的价值观。

不仅如此，《民法典》也体现了对医学专业精神的尊重。为病人谋最大的利益，把病人利益放在首位，是医学专业精神的核心，也是医学专业本质最集中的表现。任何时候，医学只要背离了这一点，就失去了存在理由，医学就不成为医学了。[24]《民法典》第1005条赋予负有法定救治义务的机构及人员在紧急情况下的法定救助义务，回到医疗机构的现实场景，就是要求医疗机构及其医务人员发扬救死扶伤的医学专业精神，重回医学专业精神的价值基础。全球重要的学术期刊《新英格兰医学》杂志认为，医生的专业主义精神，作为一个保障现代医疗体系有效运行的基石，在中国的医疗体制改革中没有得到足够的重视。在一个广泛缺乏专业主义精神传统的社会中，要想形成一个让其领导层和公众都信赖的医护群体，真的是困难重重。[25]

---

[22] 转引自陈焱光：《公民权利救济论》，武汉大学2005年博士学位论文，第101页。

[23] 参见强昌文、马新福：《契约伦理价值与权利走向》，载《法制与社会发展》2005年第3期。

[24] 参见杜治政：《关于医学专业精神的几个问题》，载《医学与哲学(人文社会医学版)》2007年第3期。

[25] See David Blumenthal, M. D., M. P. P., & William Hsiao, Ph. D Lessons from the East—China's Rapidly Evolving Health Care System, 372 N Engl J Med, 1281-1285(2015).

《民法典》第1005条为医疗机构及其医务人员重回医学专业精神提供了法律制度基础。

（二）《民法典》第1220条的司法解释建言

结合《民法典》第1005条及2017年《最高人民法院关于审理医疗损害责任纠纷案件适用法律若干问题的解释》第18条的有关规定，建议针对《民法典》第1220条的司法解释直接规定医疗机构及其医务人员应当在患者生命垂危的情况下对患者采取相应救治措施，主要的理由有以下三个方面：

第一，医生义务优先自古有之并利于患者救治。从医学的角度，强调医生在整个医疗过程中的义务自古有之。希波克拉底文集中写道："（我将）尽我所能诊治以济世，决不有意误治而伤人，凡入病家，均一心为患者，切忌存心误治或害人，无论患者是自由人还是奴隶，尤均不可虐待其身心。"㉖医务人员自古以来，就是以其专业优势在帮助患者面对疾病与治疗疾病。㉗ 退一步讲，"即使病人是一个优秀病者，却不可能和其医生一样，有能力把握评估其手术风险和益处的所有信息。医生比病人更有能力决定最好的有利于病人的医疗方式"。㉘

第二，回归医生义务说，有利于医务人员遵守法律规范。法律通过对医务人员设定一定的义务，强化医务人员的责任意识。法律义务意味着一旦其行为要求被违反，国家将要给与制裁。㉙ 基于医务人员的专业优势与信息优势，医务人员履行义务基本上不存在患者行使权利所具有的种种先天缺陷，他们能从专业角度，最大限度地对相应诊疗措施进行评估和权衡。事实上，在轰动全国的李丽云案件发生之后，也有学者提出要在紧急情况下回归医生义务说。该学者提出，在符合一些特定条件的前提之下，应该赋予医疗机构紧急处置的决定权。㉚ 在此意义上，也是尊重患者的生命至上。

第三，紧急情况下回归医生义务说符合国际惯例。国际上对紧急情况下的知情同意权进行相对限制也是通行的做法。对急症的治疗，视为为患者本人利益而推定同意。㉛

㉖ 刘荣跃：《西方医学奠基人：希波克拉底经典》，上海远东出版社2002年版，扉页。

㉗ 尽管最早期的医学带有很大的迷信色彩，甚至巫医或中世纪的医教合体时，还没有现代社会所谓的专业知识，但这也不能否定医生拥有与患者不同的技能与方法，这里的专业优势是一种广义的理解。

㉘ 任丑：《生命伦理视阈的自律原则》，载《思想战线》2013年第2期。

㉙ 参见张恒山：《义务、法律义务内涵再辨析》，载《环球法律评论》2002年第4期。

㉚ 参见魏武、张晓慧：《肖志军事件的法学追询——公私法关系论题的一个引子》，载《西南政法大学学报》2008年第4期。

㉛ 参见黄丁全：《医事法》，中国政法大学出版社2003年版，第273页。

结语

私人自治立足于个人自由的世界观和方法论，致力于人本主义精神的追求与保护。[32] 但正如有学者指出，私人自治在现代经济社会中应有度，但这并不是要缩小或压制私人自治的空间，相反，恰恰是为了保障和维护私人自治的空间和可持续性所采取的必要措施。[33] 我们不可能只停留在理论的氛围中喧嚣，毕竟要在现实中生活。我们不可能为尊崇法律而活着，相反，尊崇法律是为了我们幸福的生活。[34] 应当回归生命垂危患者生活的现实情境，理性建构患者此景此境下的知情同意权制度，以尊重患者生命至上的基本价值取向，赋予医务人员积极的法定救助义务，真正通过法律来保障或促进我们的美好生活。

An Examination of Private Law Autonomous from Dying Patient's Informed Consent Right—also Rethinking on Article 1005 of the Civil Code

Xiao Liu-zhen

Abstract: Private autonomy makes patients to take their own choices but they must live in the realm of responsibility for their own choices. Based on the supremacy of life, the emptiness of equality theory and the limitations of private autonomy, combined with the provisions of article 1005 of the Civil Code, the judicial interpretation of article 1220 should directly give medical institutions and medical personnel legal obligation to take active treatment when patient's life is in danger, so as to promote value of humanistic spirit and supremacy of life in the Civil Code, and guarantee a good real life by legal life.

Key Words: private autonomy; life in danger; informed consent right; medical professionalism

---

㉜ 参见金善明：《私人自治的困境及其出路》，载《首都师范大学学报（社会科学版）》2016 年第 5 期。

㉝ ［德］黑格尔：《哲学史讲演录》（第 2 卷），贺麟、王太庆译，商务印书馆 1994 年版，第 215 页。转引自金善明：《私人自治的困境及其出路》，载《首都师范大学学报（社会科学版）》2016 年第 5 期。

㉞ 参见马黎：《民法目的性价值研究》，西南政法大学 2012 年博士学位论文，第 132 页。

论治疗型生殖系基因编辑的法律规制

吕群蓉　欧凯欣*

摘　要：基因编辑（又称基因组编辑），是指能对生物体基因组目标基因进行碱基的增加、删减或替换，以实现对特定DNA片段修饰的技术，目前以CRISPR/Cas为代表。人类基因编辑按编辑对象不同可分为：体细胞和生殖细胞基因编辑。体细胞基因编辑已有临床试验，但贺建奎及其团队公然违背了目前生殖细胞基因编辑仅限于基础研究的法律底线，直接进行临床试验，不仅违反了伦理审查规范，更严重违反了我国禁止实施基因编辑和修饰的胚胎的体外培养期限超过14天的规定。

"基因编辑婴儿"案一审宣判，贺建奎等3名被告人因共同非法实施以生殖为目的的人类胚胎基因编辑和生殖活动，构成非法行医罪，分别被依法追究刑事责任[1]。虽然此案的宣判使这一事件看似落下帷幕，但基因编辑在生殖细胞或胚胎上的运用仍存有许多技术、伦理道德以及法律上的争议。不仅涉及已出生的胎儿的权利救济问题、受试者的知情同意，还牵扯到改变人类基因是否改变了人类本质，优生主义、基因增强等伦理问题。

技术的研究发展往往伴随着应用的目的，设立更高级别的法律，规定好责任尤其是个人的责任以防止在技术能广泛应用和为社会所接受之前遏制技术的滥用显得尤为迫切。同时，治疗型生殖系基因编辑技术的运用范围需要明确的界定，才能在利用技术造福人类与不打破伦理道德之间找到平衡点。

关键词：人体基因编辑；法律规制；"基因编辑婴儿"事件

---

* 吕群蓉，南方医科大学卫生管理学院法学系教授，广东省法学会港澳台法学研究会副会长兼秘书长。欧凯欣，南方医科大学学生。

引言

基因编辑(又称基因组编辑),是指能对生物体基因组目标基因进行碱基的增加、删减或替换以实现对特定 DNA 片段修饰的技术,目前以 CRISPR/Cas 为代表。人类基因编辑按编辑对象不同可分为体细胞和生殖细胞基因编辑,体细胞基因编辑已有临床试验,而贺建奎及其团队公然违背了目前生殖细胞基因编辑仅限于基础研究的法律底线,直接进行临床试验,不仅违反了伦理审查规范,更严重违反了我国禁止实施基因编辑和修饰的胚胎的体外培养期限超过 14 天的规定。

"基因编辑婴儿"案一审宣判,贺建奎等 3 名被告人因共同非法实施以生殖为目的的人类胚胎基因编辑和生殖活动,构成非法行医罪,分别被依法追究刑事责任。[①] 虽然此案的宣判使这一事件看似落下帷幕,但基因编辑在生殖细胞或胚胎上的运用仍存有许多技术、伦理道德和法律上的争议。不仅涉及已出生的胎儿的权利救济问题、受试者的知情同意问题,还牵扯到改变人类基因是否改变了人类本质,优生主义、基因增强等伦理问题。技术的研究发展往往伴随着应用的目的,设立更高级别的法律,规定好责任尤其是个人的责任以防止在技术能广泛应用和为社会所接受之前遏制技术的滥用显得尤为迫切。同时,治疗型生殖系基因编辑技术的运用范围需要明确的界定,才能在利用技术造福人类和不打破伦理道德之间找到平衡。

一、生殖系基因编辑面临的争议与法律困境

"基因编辑婴儿"的诞生给我们对生殖系基因编辑技术的运用敲响了警钟。产前基因诊断使我们很大程度上避免患有严重遗传病的胎儿出生,如预防地中海贫血。生殖系基因编辑则更进一步,通过基因操作改变一定程度上带有患病风险的基因,更为彻底地预防后代患遗传性疾病尤其是单基因遗传病。然而,新兴技术往往伴随着一系列问题,技术的变革挑战着人们的伦理道德,克隆技术带来了巨大的利益,但也让人们对"克隆人"充满了恐惧,生殖系基因编辑也一样,生殖细胞的可遗传性、基因编辑技术运用目的的不明确,使得人们在技术层面、伦理层面争论不休,给法律规制技术运用带来了挑战。

(一)技术层面存在的争议

1. 技术存在脱靶风险与技术必要性存疑

基因编辑的脱靶效应指的是向导 RNA 与非靶序列结合并剪切,造成非靶基

① 参见《"基因编辑婴儿"案一审宣判》,载《人民法院报》2019 年 12 月 31 日,第 1 版。

因突变。已有的实验研究表明,基因编辑的靶向效率低,脱靶突变率高。[②] 一方面,脱靶效应对生长发育的影响要涉及足够多的细胞数量才能体现出来,但是对肿瘤的发生而言,只需要涉及很少数量的细胞中的抑癌基因或原癌基因就能产生影响。[③] 与常规的药物治疗、手术切除等医疗手段相比,基因编辑显然是更加彻底的预防和治疗疾病的方法。任何治疗手段最理想的结果显然是治愈疾病而不留副作用,但目前来说在大部分情况下是这是无法达到的。在能治愈疾病的前提下,药物的不良反应和副作用我们可以容忍,放疗化疗带来的对机体正常组织的损害我们也可以接受,这是人们权衡了风险—收益比之后做出的判断。可是对于基因编辑技术,什么基因的什么位点发生突变的概率是不可控且不可预测的,错误地编辑掉了有重要功能的基因与预防将来可能遭遇的疾病相比,前者是不可容忍的,人类显然无法接受技术脱靶带来医源性出生缺陷的后果。

再者,预防疾病是否必须通过基因编辑的手段来解决,也即某个基因是否有被编辑的必要性仍值得怀疑。基因与基因相互联系,这个基因是否表达及表达的高低程度对其他基因的表达、蛋白的合成、疾病的发生有着重要影响。同样的,疾病的发生发展是复杂的,一个疾病的发生往往牵涉许多的通路,各个路径互联成网,仅仅阻断某个受体、一个网点并不能彻底地预防疾病的发生。就此次"基因编辑婴儿"事件而言,这些夫妇若仅仅是为了生育天生艾滋病免疫的婴儿,参与基因编辑试验是完全没有必要的,而且由于艾滋病毒的高度可变性,它还有其他受体可以使用,敲除 CCR5 基因也无法完全阻断艾滋病毒感染,而直接敲除一个有正常免疫功能的基因更是不可容忍的。[④] 在这种情况下,人们对于基因编辑技术在生殖细胞上实施的必要性和正当性存疑。

2. 技术应用于治疗目的或增强目的的界限不明

技术是中性的,而科学研究这一过程会受到诸多因素的影响,使其不一定是中立的。在实践中,基础研究本身总是带有应用的预期,公共资助的学术研究也已经从纯兴趣驱动的研究转为应用研究。[⑤] 李石教授亦指出,科学家、科研工作者进行科学研究的动机和科研过程中可能受到政治、文化等因素的影响,科研成果的应用

---

② See ZHOU J, WANG J, SHEN B, et al., Dual sgRNAs facilitate CRISPR/Cas9-mediated mouse genome targeting, 281 FEBS J, 1717-1725(2014).

③ 参见肖莉等:《生殖细胞基因编辑与基因治疗的问题与展望——以 CCR5 基因为例》,载《中南医学科学杂志》2019 年第 47 期,第 1-6 页。

④ 参见仲崇山:《"基因编辑婴儿"打开了潘多拉魔盒?》,载《新华日报》2018 年 11 月 28 日,第 15 版。

⑤ 参见蒋莉:《基因编辑和人类生殖: 社会伦理及法律规制》,载《苏州大学学报(法学版)》2018 年第 4 期,第 125-134 页。

可以增进人们的福利也可以伤害人们的利益，这也都不是“价值中性的”⑥。

从我国现有的相关法律规范⑦来看，目前我国允许的基因治疗的对象仅限于体细胞，对生殖细胞允许的操作仍限于不超过14天的基础研究。随着技术的发展，我们对将来可能会实现的生殖系基因编辑临床应用的预期目的仍该是基因治疗，社会公众对于基因编辑技术争论不休的一部分原因也正是在于害怕将来基因编辑技术用于基因增强，如增强体质，提高智力，等等。自然界的发展演化自古以来都遵从“物竞天择、适者生存”的规律，以“增强”为目的的生殖细胞或胚胎的基因编辑已经脱离了这条万物生存的自然准则⑧。如果允许基因增强，如增强身体的耐力和韧劲、智力和美貌，那么竞争在受精卵之前就开始了，社会的分裂将始于受精卵的分裂。以高、精、尖为特征的基因编辑技术具有稀缺性，加之个人社会经济地位的不平等，基因编辑技术很有可能沦为富人的专利。⑨ 这更会导致社会两极分化、贫富差距增大和不合理的、人为的社会不公。就“基因编辑婴儿”事件，贺建奎表示，他的目标不是治疗或预防遗传性疾病，而是尝试赋予一种罕见的天赋特性，即可以抵抗未来潜在的HIV感染。虽然贺建奎明确表示其目的不在治疗或预防，但赋予新生个体能够抵御未来潜在疾病的感染的能力，这种行为能否客观定性为基因治疗或是基因增强呢？难以区分技术应用的目的在于基因治疗、基因预防甚至在于基因增强，会导致技术滥用等一系列不可控的情况发生。

3. 当下技术的局限与未来的日趋成熟

目前限制生殖系基因编辑技术发展的主要障碍是其脱靶风险。然而科学进步日新月异，在Cas蛋白的选择与运用方面，有团队研究开发的SpCas 9突变体SpRY几乎摆脱了PAM序列的限制；⑩ CRISPR先驱Doudna团队设计了高精确性的Cas 9变体HypaCas 9，该变体极大地降低了Cas 9的脱靶效应；⑪张峰在*Science*杂志发表文章介绍CRISPR新系统REPAIR可以高效进行RNA的单碱

---

⑥ 参见李石：《论“基因编辑”技术的伦理界限》，载《伦理学研究》2019年第2期，第128-134页。

⑦ 《人的体细胞治疗及基因治疗临床研究质控要点》，卫药政发〔1993〕第205号，1993年5月5日发布。《人基因治疗研究和制剂质量控制技术指导原则》，国药监注〔2003〕109号，2003年3月20日发布。

⑧ 参见杨怀中、温帅凯：《基因编辑技术的伦理问题及其对策》，载《武汉理工大学学报(社会科学版)》2018年第3期，第28-32页。

⑨ 参见田野、刘霞：《基因编辑的良法善治：在谦抑与开放之间》，载《深圳大学学报(人文社会科学版)》2018年第4期，第106-115页。

⑩ See Russell T W, Kathleen A C, Madelynn N W, et al., Unconstrained genome targeting with near-PAMless engineered CRISPR-Cas9 variants, 368 Science, 290-296(2020).

⑪ See Liu J J, Orlova N, Oakes B L, et al., CasX enzymes comprise a distinct family of RNA-guided genome editors, 566 Nature, 218-223(2019).

基修复。[⑫] 学术界对基因编辑的热情与探索一直推动着基因编辑技术的发展，挖掘着技术在基因治疗上的潜力，我们不能因噎废食、过于保守地限制基因编辑技术的发展。

（二）生殖系基因编辑引发伦理争议

1. 设计婴儿与基因歧视问题

“基因编辑婴儿”已经诞生，“露露”“娜娜”的基因最终会发生何等变化，产生什么影响，或者对其后代基因带来怎样的后果，目前无人能予以预测。恐慌源于未知和不可控制，社会公众一方面害怕生殖系基因编辑给人类带来不可逆转的改变和灾难；另一方面又害怕技术被滥用导致违背人类道德与尊严的“设计婴儿”“完美宝宝”的出生。为此，社会公众想知道“基因编辑婴儿”的真实姓名和身份，把此次生殖系基因编辑试验对人类的影响降到最低。个人利益和社会利益产生了冲突。如果站在功利主义立场上选择公开，保护了公共利益及其配偶、子女的知情权，就会侵犯这两名婴儿的隐私权，日后可能导致就业、医疗、婚姻等领域中的基因歧视。[⑬]

单纯就基因编辑技术而言回应许多学者心中对“设计婴儿”的担忧，笔者认为，如果我们连将技术合理安全地运用在预防或治疗目的上都还没实现，就大谈“设计婴儿”的出现是不现实的。避免技术滥用，我们要做的是限定生殖系基因编辑运用的范围边界，让技术运用处在监管之下，而不是为了防止个别极端情况的出现就禁止技术的研究或发展。

2. 改变人类基因库

基因编辑可以剔除人体坏的或无用的基因，正常情况下有助于人类基因不断完善，但事物的优劣具有相对性，一些无用的甚至当下对人类有害的基因，在某些时期却会对人类有益。[⑭] 但对于个体短暂的生命而言，为了规避更大的疾病风险而选择去掉一些相对起较小作用的基因，这样的取舍未尝不可。有人提出，允许可遗传的生殖系基因编辑会改变或污染人类基因库。但是，人类基因池实际上一直与其他物种的基因组成分有交流，占人类基因组绝大部分功能未知的序列，不排除具有像微生物的 CRISPR 系统一样可以不停接纳外来序列以增强自身对环境适应

---

⑫ See Cox DBT，Gootenberg JS，Abudayyeh OO，et al. ，RNA editing with CRISPR-Cas13，358 Science，1019-1027(2017).

⑬ 参见杨建军、李姝卉：《CRISPR/Cas 9 人体基因编辑技术运用的法律规制——以基因编辑婴儿事件为例》，载《河北法学》2019 年第 9 期，第 44-57 页。

⑭ 同上文。

的能力。[15] 从道德角度来说，人类并不取决于占有某一组特定的基因变异，人类基因组的概念在任何情况下都缺乏一致性。[16] 可见，改变或污染人类基因池的说法是个伪命题，而若因为这个理由而剥夺已经基因编辑试验出生的婴儿将来生育的权利，这同样违反人类伦理。

3. 威胁人类尊严

体外胚胎是否具有人格属性至今尚无定论，基因编辑要对胚胎实施“裁割”和“剪切”，对于手术剩余的胚胎要进行销毁、抛弃，该行为是否侵犯生命利益，损害人格尊严？[17] 有人认为，可以只用技术对配子进行基因编辑，这样可绕过胚胎编辑的问题。但是，这样的操作实质上仍然是基因层面的操作，涉及人类的遗传物质，本质是一样的。配子结合成为受精卵发育成胚胎然后形成胎儿，这是一个连续的过程，就如同胎儿的法律地位和法律保护存在诸多争议一样，涉及生殖细胞的基因编辑势必也存在大量争议。

尊严论证出现在大量的生物医学宣言之中，学界和社会反对生殖系基因编辑最有力的原因也是认为其违反了人类尊严。然而，《世界人类基因组与人权宣言》指出，“这种尊严要求不能把个人简单地归结为其遗传特征，并要求尊重其独一无二的特点和多样性。”有学者也指出，“我们有责任使我们的后代不得使其痛苦的遗传病。”[18]基因本质主义把尊严或人权与基因联系起来。基因本质主义认为，改变人类基因等于改变了人类本质。[19] 可是，人类基因的构成并不单一、稳定，也不能与其他物种基因的所有细节区别开来，拥有“人类”权利不需要以基因或任何其他以特定描述模式来作为人类成员资格标准。[20] 意志为自身立法，所以人拥有自由。[21] 人因为自由、独立、自愿地做出某种行为，让其承担相应的责任才有正当性。能否认为“基因编辑婴儿”在基因层面就被人为地决定了，与她们自身意志无关，对以后做出的不正确的行为就不用担责呢，答案显然是否定的。

问题还在于，人类尊严往往没有明确的定义，不同学者的尊严理论对生殖系基

---

⑮ 参见肖莉等：《生殖细胞基因编辑与基因治疗的问题与展望——以 CCR5 基因为例》，载《中南医学科学杂志》2019 年第 47 期，第 1-6 页。

⑯ 参见蒋莉：《基因编辑和人类生殖：社会伦理及法律规制》，载《苏州大学学报（法学版）》2018 年第 4 期，第 125-134 页。

⑰ 参见杨杰：《基因编辑的社会风险规制》，载《科技与法律》2019 年第 3 期，第 84-94 页。

⑱ 参见邱仁宗：《基因编辑技术的研究和应用：伦理学的视角》，载《医学与哲学（A）》2016 年第 7 期，第 1-7 页。

⑲ 参见陆俏颖：《人类基因编辑与基因本质主义——以 CRISPR 技术在人类胚胎中的应用为例》，载《自然辩证法通讯》2019 年第 7 期，第 23-30 页。

⑳ 参见宋晓晖：《生殖系基因编辑技术干预的伦理与治理原则研究》，载《中国政法大学学报》2019 年第 4 期，第 30-46、206 页。

㉑ 参见李石：《论“基因编辑”技术的伦理界限》，载《伦理学研究》2019 年第 2 期，第 128-134 页。

因编辑的态度截然不同，有的分歧点在于是否承认胚胎有位格（human person）。人是目的不是手段固然是正确的，但这不等于说对胚胎进行基因编辑操作就是将人工具化或客体化。工具化只是提供了基因编辑的一个伦理界限而非拒绝基因编辑的理由。㉒ 正是因为人类的自由选择及对技术的应用范围的限制，使我们能不突破内在的道德底线，不允许任意编辑乃至克隆人的情况发生。

（三）生殖系基因编辑的法律困境

1. 法律保障个体权利或社会利益的价值取向冲突

生殖繁衍是人类朴素的需求，生殖是每个人理应拥有的自由和权利。然而，权利与义务是相对的，《中华人民共和国计划生育法》规定，公民有生育的权利，也要有依法实行计划生育的义务。再者，保障生育权是否意味着包含优生的权利呢？人类以家庭为单位，男女双方结为夫妻共同生活孕育子女是常态。《中华人民共和国婚姻法》规定禁止近亲或患有医学上认为不应当结婚疾病的个体结婚。法律如此规定实际上是为了避免大概率患有遗传疾病或其他严重疾病的子女出生，是贯彻优生优育政策提高人口素质的体现，同时也给社会养育人口减轻负担。这实际也是个人的自由和权利与社会利益间价值衡量的结果。

利用生殖系基因编辑获得健全孩子的愿望无可厚非，我们固然尊重每个个体的生殖需要，然而就现阶段而言，技术的不成熟会给社会和人类带来许多不可控的风险，所以，完善更有强制力的、效力位阶更高的法律来规范社会一般公众、科研试验者和医疗机构的行为，以避免更多非法的生殖系基因编辑试验甚至“基因编辑婴儿”的出生是十分必要的。

2. 科研自由缺乏明确的法律底线

人生而自由却无所不在枷锁之中，科研自由亦是如此。尤其对于涉及人的医学基础研究和临床试验，不能仅仅依靠科研人员的伦理道德操守，必须有法律的强制规范来监督。全球首例“三亲婴儿”的缔造者张进并不是因为墨西哥没有相应的法律而去那里进行这么一项注定有争议的手术，他曾经向 FDA 提出申请但得到的回馈是没有相应的部门可以审理，而碰巧团队在墨西哥有诊所且墨西哥的态度和英国政府的比较接近。㉓ 然而，贺建奎及其团队却是通过伪造伦理审查书等方式逃避审查和监管。可见，当没有明确的法律规定，或是仅仅有指导性的规定却不明确责任时，总有人抵挡不住利益或名声的诱惑，会在违法的边缘试探。

㉒ 参见郑玉双：《生命科技与人类命运：基因编辑的法理反思》，载《法制与社会发展》2019 年第 4 期，第 185-201 页。

㉓ 王盈颖：《专访全球首例“三亲”婴儿缔造者：打破自然规律并非大逆不道》，https://www.thepaper.cn/newsDetail_forward_1568222，2020 年 5 月 18 日访问。

3. 基因编辑试验受试者及出生婴儿的权利亟待保护

网传的贺建奎基因编辑项目知情同意书表示，项目组不承担母亲或婴儿感染艾滋和脱靶的风险。对于受试者而言，参与基因编辑试验的风险远远高于一般药物临床试验和常规医疗的风险，为了维护受试者的权利，研究人员对其的尽职义务是否要超越单纯的知情同意？对于已出生的婴儿，如果在其长大过程中因基因突变或基因调控变化导致蛋白水平改变而引发疾病，又能否或如何归责于基因编辑试验。项目组的免责声明是否无效，受试者和经试验出生个体的权利如何保障，出现严重后果如何救济，这些问题都急需明确的法律规定来回答。

二、生殖系基因编辑的法律规定与借鉴

中国医学科学院就“基因编辑婴儿”出生事件发表声明，反对在缺乏科学评估的前提下，违反法律法规和伦理规范，开展以生殖为目的的人类胚胎基因编辑临床操作。[24] 这也是我国学界和社会对生殖系基因编辑所持的主要态度。而此次事件暴露出的不仅是技术不成熟和广泛存在的伦理争议，还有我国现行法律规范的不足。笔者希望通过总结我国现行的规制生殖系基因编辑的法律规范，对比参考域外的立法经验，借鉴科学界提出的规范标准，为我国法律以更好规制生殖系基因编辑提供思路和建议。

（一）我国现行的法律规定及不足

1. 法律规定分散和责任机制不明

我国目前涉及生殖细胞基础研究和临床试验的法律规范主要有《人类辅助生殖技术规范》[25]《人类精子库基本标准和技术规范》《人类辅助生殖技术和人类精子库伦理原则》《人类辅助生殖技术管理办法》[26]《人胚胎干细胞研究伦理指导原则》[27]《干细胞临床研究管理办法(试行)》[28]《涉及人的生物医学研究伦理审查办法》[29]《中华人民共和国人类遗传资源管理条例》[30]和《民法典》。可见，我国并没有直接规制基因技术的法律规范，规制生殖系基因编辑的法律规范散见于行政法规和各类部门规章中。

㉔ 《中国医学科学院关于基因编辑婴儿出生事件的声明》，http://www.pumc.edu.cn/blog/中国医学科学院关于基因编辑婴儿出生事件的声明/，2020 年 5 月 16 日访问。

㉕ 卫科教发〔2003〕176 号文，卫生部 2003 年 6 月 27 日发布。

㉖ 卫生部令第 14 号文，2001 年 2 月 20 日发布。

㉗ 国科发生字〔2003〕460 号文，2003 年 12 月 24 日发布。

㉘ 国卫科教发[2015]48 号文，2015 年 7 月 20 日发布。

㉙ 国家卫生和计划生育委员会令第 11 号文，2016 年 10 月 12 日发布。

㉚ 国务院令第 717 号，2019 年 5 月 28 日发布。

在基础研究方面，《人胚胎干细胞研究伦理指导原则》(以下简称《指导原则》)第6条规定了利用体外受精、体细胞核移植、单性复制技术或遗传修饰获得的囊胚，其体外培养期限自受精或核移植开始不得超过14天，即明确规定了对胚胎实施基因编辑的操作不得超过14天的原则。同时，《指导原则》亦明确了胚胎干细胞来源、禁止的行为规范、贯彻知情同意、进行伦理审查等要求。但是，我国尚无对人胚胎干细胞基础研究进行细化规定的法律法规。

在临床试验方面，对《指导原则》进行了细化的主要是《干细胞临床研究管理办法(试行)》，其适用的范围在于临床研究，适用的对象为医疗机构，操作的对象停留在细胞层面，因为14天原则的限制，也不涉及以后发育过程中的各器官组织或胎儿个体。《人类辅助生殖技术规范》(以下简称《技术规范》)规定了“禁止以生殖为目的对人类配子、合子和胚胎进行基因操作”，即实际上全面禁止了生殖系基因编辑的临床试验，即使是以治疗为目的的生殖细胞基因编辑也不允许。然而，《技术规范》对实施技术人员的行为准则只是提出必须严格遵守法律法规、遵守自愿原则、尊重患者隐私权和11条禁止性要求，没有追究相应责任的条款。技术人员对违反规定的责任不明，自然《技术规范》的震慑力不足。不同于其他禁止实施代孕、人类与异种配子杂交等深入人心和世界各国普遍遵守的规定，再加上国外已有华裔医生缔造“三亲婴儿”这一违背《技术规范》要求的“禁止实施以治疗不孕为目的的人卵胞浆移植及核移植技术”的事件发生，随着基因编辑技术的发展，熟练掌握技术的人员更易对此禁止性规定不以为意。不仅如此，不同于《中华人民共和国刑法》对禁止非法行医的行为有明确规定，在细胞层面实施基因编辑技术和辅助生殖技术与一般的医疗活动也不可相提并论，责任机制不明容易使得技术人员抱有侥幸心理从而为了科研追求或其他利益铤而走险。

生殖系基因编辑临床试验必然会涉及人类辅助生殖技术的运用，但是，《人类辅助生殖技术管理办法》主要监管的对象为各类医疗机构，规定了对违反操作规定的医疗机构和非医疗机构的按《医疗机构管理条例》处罚，作为部门规章其法律效力低，处罚力度薄弱，违反规定的机构及相关责任人承担的法律责任轻微，仅限于通告批评、警告、处分等行政责任，且罚款的数额最高为3万元，违法后果轻微。对直接违规进行生殖系基因编辑试验的科研人员的责任规定不明，使真正需要被处罚的生殖细胞基因编辑临床试验的行为被“遮蔽”在非法开展辅助生殖技术这一一般违规行为的责任中。[31]

㉛ 参见王康：《“基因编辑婴儿”人体试验中的法律责任——基于中国现行法律框架的解释学分析》，载《重庆大学学报(社会科学版)》2019年第5期，第134-144页。

2. 伦理审查的监管力度不足

《涉及人的生物医学研究伦理审查办法》(以下简称《审查办法》)主要规定了通过伦理委员会来开展审查工作,未设立伦理委员会的医疗卫生机构不得开展涉及人的生物医学研究工作。但从该《审查办法》第六章法律责任来看,其违法后果过于轻微,对未按照规定设立伦理委员会就擅自开展研究的,医疗卫生机构承担的责任仅仅是限期整改、警告或并处 3 万元以下的罚款,而有关责任人员承担的责任也仅限于警告或处分等行政责任,在实践中不足以使伦理审查落到实处,跟踪审查的制度也往往形同虚设,不能及时防止类似此次非法临床试验的事情再发生。

3. 基因权利立法阙如

《中华人民共和国人类遗传资源管理条例》(以下简称《条例》)第 2 条明确界定了人类遗传资源材料和人类遗传资源信息的含义。《条例》第 6 条和第 8 条既表明了国家鼓励合理利用人类遗传资源开展研究的态度,又指出不得危害公众健康、国家安全、社会公共利益,但这样原则性的规定并不能具体规范生殖系基因编辑技术的运用。《条例》第五章法律责任部分明显加大了罚款的力度,第 44 条亦规定了侵害他人合法权益的依法承担民事责任,构成犯罪的依法追究刑事责任。但对于已出生和将出生的"基因编辑婴儿",在其作为胚胎存在时受到的基因编辑操作若带来了损害后果能否得到完善的法律保护仍是个问题。再者,如果难以对下一个违反道德和法律的实验者的行为解释成非法行医,或其行为不符合非法行医罪的构成要件,这将导致难以找出合适的理由使其得到应有的惩戒。

《民法典》新增了人格权编,在第 1009 条规定了从事与人体基因、人体胚胎等有关的医学和科研活动的,应当遵守法律、行政法规和国家有关规定,不得危害人体健康,不得违背伦理道德,不得损害公共利益,但没有规定相应的责任,同时,作为"基因编辑婴儿"理应享有的具有人格性质的基因权亦没有以明确的法律形式规定下来,其权利难以得到完善的保护。

(二)国际规范生殖系基因编辑的借鉴

1. 国际组织

自 1997 年联合国教科文组织通过《世界人类基因组与人权宣言》以来,联合国公约贯穿底线生命伦理原则,包括要求尊重人的尊严,患者及受试者的自主和知情同意,医疗数据保密,不歧视不侮辱,人的身体、器官和组织不可商品化以及禁止人类生殖性克隆。关于人体试验医学研究伦理原则的《赫尔辛基宣言》指出,医学研究的主要目的是获取新知识,但该目的不应优先于个体研究受试者的权利和利益,要衡量风险和受益,只有当研究目的的重要性超过给研究受试者带来的风险和负担,医生确信参与研究的风险已得到充分评估且能得到满意处理,涉及人类受试者的医学研究才可以进行。这些原则与宣言主要侧重于维护人的尊严,平衡科学技术的发展和当代个体的利益,而对于主要涉及下一代生命健康和其他利益的生殖系基因编辑技术,还需国际社会的广泛讨论。

2. 英国

英国的态度则更为开放。2015 年 10 月,英国成为第一个立法生效允许培育三亲婴儿的国家,这表明其允许在某些程度上的生殖系基因操作,人为地改变胚胎的基因,但不可否认的是,生殖系基因编辑比线粒体 DNA 替换治疗具有更多的不确定性和更大的争议。而 2016 年 2 月 1 日,英国人类受精和胚胎学管理局(HFEA)批准了伦敦弗朗西斯·克里克研究所对人类胚胎进行基因编辑,这是世界首例获国家监管机构批准的人类胚胎编辑研究。管理局允许尼亚肯对人类胚胎进行为期 14 天的实验,且该实验只能以研究为目的。研究人员不能将胚胎编辑用于临床,也不能将编辑后的人类胚胎植入女性体内。而尼亚肯进行基因编辑的目的在于了解人类胚胎发育和流产的原因,而非试图修复致病基因,文章于 2017 年 9 月 20 日在《nature》发表。2018 年 7 月 17 日,英国纳菲尔德生物伦理委员会发布报告《基因编辑和人类生殖》认为,遗传基因编辑本身在道德上并非是不可接受的,在严格的法律和有关主管机关的监管下,可遗传的生殖系基因编辑可以被允许。

3. 美国

美国早在 2001 年 8 月布什总统颁布命令对胚胎干细胞研究设限,规定联邦科研资金只限于资助已有的胚胎干细胞研究,不得用于资助从新的胚胎中提取干细胞。2005 年美国国家科学院(NAS)发布《人类胚胎干细胞研究指导原则》,禁止生殖性克隆和培养嵌合体胚胎,也规定了那些提取干细胞所用的胚胎生长期不能超过 14 天。2009 年 3 月 9 日奥巴马总统签署行政命令宣布解除对用联邦政府资金支持胚胎干细胞研究的限制。2013 年 1 月美国联邦最高法院驳回了美国政府停止资助人类胚胎干细胞研究的诉讼。法院表示拒绝审理有关美国国立卫生研究院(NIH)相关研究经费合法性的问题。2015 年 4 月 29 日,NIH 发表声明重申禁止开展涉及编辑人类胚胎的研究,然而需要强调的是,如果该项目的申请和资金赞助由州政府批准,抑或是私人赞助的相关生殖系基因编辑项目则不在此限制范围内。[32] 总的来说,美国并不完全禁止利用人类胚胎进行研究。

4. 德国

德国规范人类胚胎医学研究及相关技术的法律主要有《干细胞法》《基因诊断

㉜ 参见谭波、赵智:《对基因编辑婴儿行为的责任定性及其相关制度完善》,载《山东科技大学学报(社会科学版)》2019 年第 3 期,第 18-25 页。

法》《基因科技法》和《胚胎植入前诊断法》，虽然《胚胎植入前诊断法》突破了以往对胚胎的种种限制，允许胚胎植入前基因诊断并允许在确认胚胎极可能患严重遗传病或成为死婴及流产的情况下可以不植入母亲体内而让其死亡，但仍禁止生殖系基因编辑。

5. 学界共识

2017 年 8 月 3 日学术界 11 个开展基因研究工作的机构在《美国人类遗传学杂志》上发表联合声明，认为目前以怀孕为最终目标的人类生殖系基因编辑是不合适的，但在有合适监管和许可的情况下，现在没有理由禁止体外实施的生殖系基因组编辑研究，或者禁止公共资金支持这类研究。[33] 此外，将来如果开展生殖细胞基因编辑的临床应用，应满足的前提条件包括有说服力的医学理由、支持其应用于临床的证据基础、伦理上的理由、过程要透明与公开。

2015 年 12 月 1 日至 3 日，国际人类基因组编辑峰会在美国华盛顿举行。2017 年 2 月 15 日，人类基因编辑研究报告发布，对于生殖(可遗传)基因编辑提出的科学、伦理与监管基本原则为，有令人信服的治疗或者预防严重疾病或严重残疾的目标，并在严格的监管体系下使其应用局限于特殊规范内允许临床研究试验；任何可遗传生殖基因组编辑应该在充分的持续反复评估和公众参与条件下进行[34]。可见，学界对基因编辑基本上持积极态度，对生殖系基因编辑的运用出于治疗或预防目的，有望其能在有限度的范围内从基础研究走到临床研究试验，也承认需要严格的监管程序和公众广泛的监督。2018 年 11 月 27 日至 29 日，第二届人类基因组编辑峰会在香港大学召开，会议仍关注生殖系基因编辑的科研状况及临床应用潜力，希望随着技术的不断进步成熟和社会公众的反复参与讨论，定期评估生殖系基因编辑的应用可能性，使其能真正应用于临床实践，为治疗和预防疾病提供更高效有力的手段。

三、规范治疗型生殖系基因编辑的建议

结合域外各个国家的立法与实践、全球学术界发表的声明或报告，笔者认为，在现阶段，我国规范治疗型生殖系基因编辑应走中庸之道，一方面不宜过于保守甚至增设具体的刑法条文来规制技术的运用；另一方面也要考虑技术安全性以及社会大众对新兴技术的接受程度，不宜过于激进地马上开展相关临床试验。合适的

---

[33] 《11 机构呼吁谨慎对待生殖细胞基因编辑》，http://www.biotech.org.cn/information/148542，2020 年 5 月 18 日访问。

[34] 《人类基因编辑研究报告全球发布》，http://www.cas.cn/zkyzs/2017/02/90/gzjz/201702/t20170220_4590980.s Html，2020 年 5 月 20 日访问。

做法是完善已有的法律规范，规范生殖系基因编辑的基础研究，在根据技术发展的程度和科学界的意见，动态地调整将来可能开放治疗型生殖系基因编辑临床试验的具体范围。值得一提的是，我国可以参考法国基因权利的立法，完善保护与基因相关的一系列权利。

虽然我国目前全面禁止生殖系基因编辑临床试验，但随着科学不断发展和技术的成熟完善，是否有必要有限制地开放是值得考虑的。法律的发展总是跟不上科技的脚步，这就要求我们要时刻审慎法律是否落后于社会的发展，是否足以规范日益变化的社会现象与关系，必要的时刻应该提高法律的预见性，可以适时适当地修改法律以更好地规制社会关系、促进社会进步。

对生殖系基因编辑，应秉承着谨慎发展和风险预防的原则，即不仅要适时或定期评估技术的发展是否足以安全有效、技术应用是否违反伦理道德或已被社会广泛认可，还要对相关试验主体的权利加以保护，明确不同时期胚胎的法律地位，在许可生殖系基因编辑临床试验之前完善胎儿的利益保护制度，明晰直接或间接试验人员的责任以预防不可控风险的发生。

（一）规范生殖系基因编辑的基础研究

1. 规范基础研究的类型

就目前而言，我们不能忽视生殖系基因编辑能给后代及全人类带来的好处，应允许和鼓励生殖系基因编辑的基础研究。由于基因的复杂性以及种族差异性，会使得生殖系基因编辑面临更严峻的挑战，如 ATP7B 基因的变异位点繁多可达 300 多个，而且其突变位点还有种族特异性，难以确定某个个体具体会突变的靶点，这实际上严格限制了生殖系基因编辑的运用。人类和其他哺乳动物生殖进化的巨大差异，和人类疾病的复杂性不仅在于众多的单基因遗传病，更在于各个基因相互有关联的多基因遗传病，开放基础研究能帮助我们了解基因的功能，探究胚胎发生发展的过程，从而更加明确某些遗传性疾病的发生发展机制。我们可以不仅仅将目光局限在敲除致病基因以获得健康胎儿这一点上，人类生殖细胞或胚胎的基因编辑研究，能帮助人类了解自身胚胎发育的过程，如各类干细胞的分化进程，器官的发生过程，甚至某些基因在胚胎发展过程中起的作用，如此，生殖系基因编辑技术的基础研究进展能帮助产前诊断、临床干细胞治疗等方面取得更大成果。

所以，生殖系基因编辑的基础研究一方面可以促进已有的临床治疗手段的发展；另一方面也可以不断验证技术的安全性，使其能逐步从基础研究阶段过渡到临床试验阶段。当然，要实现生殖系基因编辑临床应用是不可能一蹴而就的，这就更加要求国家重视并规范生殖系基因编辑技术的基础研究工作。

2. 延长人类胚胎研究的时间限制

《指导原则》规定的人胚胎研究其体外存活的时间不能超过 14 天，这一时间限制的伦理基础在于，原胚条在胚胎早期发育的第 14 天开始出现，不仅标志着原肠胚开始发育也标志着中枢神经系统开始发育，即胚胎可能感到疼痛。[35] 此前，技术也难以突破 14 天规则的限制。然而，随着科学技术的发展，人类胚胎能在体外存活的时间也不断延长，国内外有关延长“14 天原则”这原有共识的讨论也越来越多。并不是说伦理要一味地迎合和让步于科技进步，但在充分讨论了反自然论证、风险论证、尊严论证后[36]，我们也应该认识到伦理界限不是一成不变的，而是跟着社会进步及人类思想观念的转变而不断变化着。面对生物医学新技术特别是基因技术的不断发展，亦有必要交给社会大众和伦理学家、医学及法学专家等专业人士重新讨论并审查延长 14 天时间限制的可行性。

3. 构建人类胚胎基础研究监管体系

目前，我们仍坚持“14 天原则”，即用于基础研究的胚胎进行的基因编辑操作不能超过 14 天，但规范生殖系基因编辑基础研究不能仅仅依靠《指导原则》，需要国务院及相关部门在生殖系基因编辑基础研究的各个环节制定更为细致具体的操作标准。

（1）规范生殖细胞或胚胎的来源

开展人类胚胎基础研究的基础是有合法途径来源的精子、卵子、受精卵或胚胎。要求做到规范精子库的管理，建立卵子库或者达到一定级别的医疗机构建立卵子冷冻与存放的部门，医疗机构进行辅助生殖等技术后对于多余的受精卵或早期胚胎，由相应负责的部门存储并管理。各机构根据项目的立案文件与伦理审查的结果，按规定与明确的流程提供来源明确、质量合格的生殖细胞或胚胎。

（2）研究项目的立项及审查制度

首先，可采取负面清单制度限制研究项目的范围，控制研究的目的在于基因治疗。在基础研究阶段，对研究目的的审查也要限制在治疗的目的上，不过其审核标准会比具体的临床试验较为宽松，因为在此阶段，对基因功能和机制的研究结果，还可以帮助和促进其他临床治疗手段的发展，最终依然是落足于治疗目的。因此，可以采取反向排除的标准，明确规定不允许进行实验的情形，以给予生殖系基因编辑基础研究更广阔的空间。

---

[35] 李勇勇、翟晓梅：《人类胚胎研究 14 天期限原则的伦理学探讨》，载《医学与哲学》2018 年 6 月第 6A 期。

[36] 郑玉双：《生命科技与人类命运：基因编辑的法理反思》，载《法制与社会发展》2019 年第 4 期。

其次，落实基础研究项目的立案审查与跟踪审查制度。对于涉及人类胚胎的生物医学研究，设立省级和国家级专门的机构或部门来负责，让获取人类生殖细胞或人类胚胎的流程更加公开和透明的同时，也要保护生殖细胞或胚胎提供者的隐私，对变更实验计划的项目要重新进行伦理审查和登记备案，定期派人进行实质检查和监督，同时做好科研工作秘密的保护，避免实验成果的泄漏，保护科研人员的利益。

(3) 医疗机构与伦理委员会

各医疗机构要建立符合资质的实验室，不仅要有满足符合规定的设备条件、场所环境等要求，还要配备有进行科研资质的技术人员。各医疗机构的伦理审查委员会要对研究项目进行审查，审查研究项目的委员应由医学、法学和伦理学等专家人员组成，各委员应给出对研究项目的具体意见、给出是否通过该项目伦理审查的结论并签名，各委员应对各自独立的判断与结论负责。

(4) 落实违规实验的科研人员的责任承担

首先，要在具体操作标准中明确并细化一般违规和严重违规的责任分配，对一般违反规定进行实验的个人或单位可以采取从业限制或禁止、罚款、通报批评、吊销许可证或营业执照等处罚方式，对严重违反规定如擅自买卖人类配子、受精卵或胚胎进行实验的行为不惜动用刑法给予震慑和惩罚。其次，国家级或省级有关部门和伦理委员会要及时履行监管职责，及时确保快要超越“14 天原则”的胚胎的销毁，以防止科研人员越界行为的发生，可以通过法律解释的方法，将违反规定的行为纳入相应法律条文规范的范畴。

（二）有限度地开放生殖系基因编辑的临床试验

1. 严格限定临床试验出于治疗目的

新兴技术的运用有着许多不确定的风险，防止技术滥用导致不必要的损害是公认的技术应用底线，禁止基因增强是明确的伦理道德底线。在基因编辑技术均达到深入了解时，我们也可以有限度地放开基因编辑的临床试验。要想放开生殖系基因编辑的临床试验，前提是严格限定技术运用的目的在于预防或治疗，排除增强型的、非必要的基因编辑。“治疗”分为以消除病因为目的的对因治疗、以解除某些症状为目的的对症治疗和以改善病人一般状况的支持治疗。[37] 平常生活中人们所理解的治疗含义，针对的要么是明确的病因要么是明显的症状，其对象是一个现实存在的个体。“基因治疗是指改变细胞遗传物质为基础的医学治疗。”当基因编辑用于生殖细胞，其效果如何只能由下一代在母体内发育过程中通过技术手段检

[37] 参见李岩：《基因治疗中基因权利的法律保护》，山东大学 2013 年硕士学位论文。

查或出生之后直接体现出来，实施基因编辑操作时的对象是一个受精卵或胚胎，其在法律上能否作为主体存在仍有很大争议。而从目的看，生殖系基因编辑治疗的目的是明确避免下一代出现遗传病或降低下一代患有重大疾病的风险。所以，从对象和目的两方面考虑，生殖系基因治疗可理解为基因预防，即此时治疗和预防的概念互通。同时，我们应该认识到，某些遗传性疾病并非一出生即发病，其可以在青少年时期甚至成年后发作，而这对一个家庭以至社会而言，是更大的伤害，不仅意味着劳动力的缺失和社会资源的消耗，更给家人带来长久的痛苦和各方面的压力。所以生殖系基因编辑治疗还应该有预见性地包括那些在出生后较为长久的生命中有很大概率会得的遗传病或其他有重大风险的疾病。

基因治疗和基因增强的界限在于是否是医学目的，前者以预防和治疗疾病为目的而后者以增强人类的性状和能力为目标。[38] 实际上，根据被编辑的基因，我们可以具体判断是治疗目的抑或是增强目的。对于作用机制研究的较为清楚和透彻的基因，我们能较为准确地判断出基因编辑之后对个体自身的影响，从客观上判断基因编辑临床试验的目的。同时，结合申请临床试验的父母双方自身的基因信息和申请原因等各方面的审查，也能从主观判断其基因编辑临床试验的目的。可以肯定的是，牵涉更大的社会不公等伦理争议，无论在现在或是将来，基因增强都应该被禁止。

2. 动态调整技术运用范围

具体化生殖系基因编辑运用的范围，有技术性地规制基因编辑技术可适当地参考科学界的共识和相关专家学者的意见。人类基因编辑研究委员会特别就可遗传的生殖系基因编辑提出规范标准，限定技术应用的范围：缺乏其他可行的治疗办法，仅限于预防某种严重的疾病，仅限于编辑已被证实会致病或强烈影响疾病的基因及该基因已为人口中普遍存在且与平常健康相关、无副作用的状态。可见，我们并不需要将生殖系基因编辑基础研究或临床试验仅仅限定在某些单基因遗传病，即便是单基因遗传病，也不限于仅仅是某一位点出现问题，如遗传性神经性肌萎缩是一种单基因遗传病(CMT)，迄今为止，也已有超过 80 种致病基因或位点被发现。生殖系基因编辑临床试验亦要求在达到某些技术条件和社会共识的基础上才被允许，即动态地调整生殖系基因编辑的应用范围比一味地禁止更利于技术发展和社会进步。同时，也可采取负面清单制度，明确某些禁止进行生殖系基因编辑的情形，从正反两方面划定较为明晰的范围。

实际上，我们也可以开始考虑线粒体置换疗法的可行性及相关法律问题。线

---

[38] 参见徐雅红：《我国人体胚胎基因编辑技术医学应用的法律问题研究》，北京中医药大学 2018 年硕士学位论文。

粒体置换疗法作为生殖细胞基因治疗的一种方法，能解决母亲携带线粒体突变遗传的问题，与普通受精卵相比区别在于其替换了母亲的线粒体，这一操作并不涉及改变人类基因库、创造新基因的问题，因为提供的线粒体基因虽不来源于法律意义上的母亲，但它同样是人类基因库中的现存基因。线粒体 DNA 置换虽然也人为地改变或决定胚胎的基因，但改变的程度和带来的风险比直接进行生殖细胞基因编辑轻。从线粒体置换疗法过渡到生殖系基因编辑，不失为一个谨慎应对新兴技术临床应用的方法。

3. 加强临床试验的伦理审查和监管

对于研究机构来说，要把科研人员的道德约束转化为法律约束，明确违法进行生殖系基因编辑的法律责任，在涉及生命健康的科学研究时，必须要有强制力的法律手段来规范。法律规定不仅要落实医疗机构或非医疗机构和相关负责人的责任，更要落实直接进行试验的科研人员的责任，即不仅规定行政责任，更要明确有关人员的民事责任。

要加强伦理委员会的审查与监管。对于生殖系基因编辑研究与试验，首先，要做到形式审查和实质审查并行，可结合个案审批制度，并在省级和国家级有关部门备案，不仅要求提交书面的审查材料，伦理委员会还应派有专门知识的人定期监察，避免违规操作的发生。其次，做到事前审查与事后监督，落实整个科学研究或临床试验过程中的监管。最后，要清晰规定伦理委员会内有关人员的职责与责任，避免职责不清、相互推诿的情况发生。

（三）完善受试者和已出生婴儿的权利保护

1. 保障受试者的知情同意等权利

对于参加临床试验的受试者，其知情同意权的保障不能流于形式，要充分评估并告知临床试验可能带来的风险。

首先，生殖系基因编辑临床试验不同于一般药物临床试验，一旦开始受试者很难自己随时决定中止并退出试验，若因基因编辑出现问题而终止妊娠，这严重侵犯了受试者的健康权，其损害后果也不能仅仅用财产性损害来衡量，还包括受试者精神上的痛苦。其次，生殖系基因编辑临床试验也不同于临床治疗，不同之处在于对象和目的，对于前者，医生或科研人员的行为的作用对象往往是配子、受精卵或者胚胎，而后通过人类辅助生殖技术移植入受试者的子宫，对象涉及受试者本人、在母体内生长发育的胚胎或胎儿（其法律地位仍有争议）和将来得以出生的婴儿，目的在于预防或治疗下一代的疾病；对于后者，医生的行为的作用对象即是受试者本人，目的在于治疗其自身的疾病。最后，生殖系基因编辑临床试验与其他试验类型和临床治疗的不同之处还在于损害后果的形式和承担的主体不同，若在错误编辑下胎儿出生，胎儿的生命理应不能称为损害，那受试者的怀孕过程就更不能称为损害了，此时损害本身，不仅包含了可能存在的知情同意权的侵犯，因为权利侵害本身就是损害，[39]还包含有对下一代"以错误编辑基因形式"出生的人格尊严的侵犯。所以，生殖系基因编辑临床试验与其他试验类型和临床治疗相比，存在种种巨大的差异，必须对它们区别看待，厘清生殖系基因编辑临床试验中受试者面临的风险和收益，在不同的临床试验和临床治疗中，受试者的知情同意的程度是不同的，其健康权受到侵犯或理应被保护的程度也不同，不仅如此，对生殖系基因编辑临床试验受试者要保护的法益还应当包含生育利益。

要保障受试者相关权利得以被保护和实现，还要有完善的受试者保护体系。临床试验中受试者不仅仅是为了治疗自身疾病而承担风险，客观地看，实际上受试者还承担着推动医学进步、促进人类健康发展的责任，不同试验中受试者面临不同程度的风险，国家能否作为除医疗机构和受试者之外的第三方主体介入，在权利需要救济的时候，国家应及时伸出援手，保障其利益。

如何全面保障生殖系基因编辑这一特殊临床试验中受试者的权利需要更多法律学者的讨论，不仅要明确受试者的请求权基础，对其损害后果及因果关系的评判标准也要给予确定，构建完善的受试者保护体系。

2. 明确胚胎的法律地位和确立权利的可诉性

首先，已出生的"基因编辑婴儿"能否就以后因缺失 CCR5 基因而承受的风险或后果对试验人员或医疗机构提起诉讼、请求精神和财产损害赔偿仍是个问题。有学者认为，应该将损害、损害危险、损害风险区别对待，并让有关健康的损害风险也成为民法上的一种损害形式。[40] 笔者认同这种观点，就此次事件而言，更重要的待解决的问题还在于，"基因编辑婴儿"将来遭受艾滋病或其他疾病的风险如何具体确定，若出现了明确的损害后果，与他们出生前的基因编辑操作的因果关系又该如何确定。

其次，还要确立权利的可诉性，即应明确胚胎的法律地位。生殖系基因编辑可能带来的诉讼与一般的不当出生之诉不同的是，后者的重点在于因为医生的不作为过失引起的侵权责任，或是基于合同因为没有恰当履行告知义务导致的违约责任，前者的焦点在于医生或科研人员直接对配子、受精卵或胚胎的直接作为导致的侵权，而这也要求医生或科研人员对技术或试验有更高的注意义务。由于生命的连续性，胚胎不能完全被当作客体而物化，在胚胎阶段遭受的权利的侵害理应能得

---

[39] 参见王康：《基因编辑婴儿事件受害人的请求权》，载《法律科学（西北政法大学学报）》2020 年第 3 期，第 86-99 页。

[40] 同上文。

到救济，经试验出生的婴儿自己或其法定代理人理应能基于健康权被侵害直接提起诉讼，同时，要肯定的是，界定损害的理由不能是错误出生或生命本身，保护的法益应该是以此种携带“错误编辑基因”形式出生的人格尊严。在民法典中，不仅要体现对胎儿利益的保护不仅仅限于财产性利益，还要在现有的人格权编中，明确违反有关人体基因、人体胚胎操作相关条文的法律责任。就此次“基因编辑婴儿事件”而言，当行为的主体难以被认定为医务人员或是医疗机构时，可以直接追究以过错为归责基础的一般侵权责任。

最后，不仅要保护已经基因编辑试验出生婴儿的权利，而且如果出现损害后果，要区分一般损害范围和因基因编辑产生的特殊损害，国家应对特殊损害的范围予以赔偿，以减轻家庭的负担，对于可能在将来开放的生殖系基因编辑临床试验，国家也应该有预见性地制定相应操作标准，或者参照已有的残疾人保障法的规定，保障有出生缺陷或出生后罹患重大疾病的个体的医疗、就业、教育等各方面的权利，并保障其不受歧视。

3. 推进基因权利的立法

基因权利不仅限于自己或他人对基因信息的占有、使用、收益等财产性权利，更是与个人人身相依存，具有人格利益。基因权利理应包含基因人格权、基因平等权、基因隐私权、基因财产权等一系列内容。如何在民法典中完善对基因权利的保护，或将基因技术和基因权利结合制备特殊的单行法，仍有待更多法律学者的探讨。

结语

“基因编辑婴儿”固然是违反法律规定的行为，除了用刑法加以规制，更重要的是对此事件的进一步思考。对新兴医疗技术的临床应用，我们必须慎之又慎，不仅要衡量技术本身存在的利弊，还要有完善的法律制度来保障相关主体的利益，让受到侵害的主体有清晰的救济途径，遵守伦理与道德的同时更要辩证地看待技术的发展与应用，不能视新兴技术如洪水猛兽而不假思索地遏制和杜绝，而应该实事求是地发表看法并尽可能地提出有利于防止技术滥用的意见。增进人类健康、促进社会发展、维护后代利益是我们义不容辞的责任，对生殖系基因编辑要区分不同阶段，鼓励基础研究是技术进步的必然之路，临床试验是否得以开展则要求有充分的社会讨论、公开透明的监督机制及法律的明确规定，限定临床试验的目的在于基因治疗并采取有效的制度动态调整技术的运用范围。涉及人的生物医学研究，不能仅仅靠科研工作者内在的伦理道德标准，更需要具有威慑力的法律直接针对个人行为进行规制。最后，区分不同临床试验的风险性并给予受试者完善的保护，维护已经基因编辑试验出生婴儿的权利更是法律的应有之义。

On the Legal Regulation of Therapeutic Germline Gene Editing

Lv Qun-rong, Ou Kai-xin

Abstract: Gene editing (also known as genome editing) is a technology that can modify specific DNA fragments by adding, deleting or replacing bases of target genes in the genome of an organism, currently represented by CRISPR/Cas. Human gene editing can be divided into somatic cell gene editing and germ cell gene editing according to different editing objects. Somatic cell gene editing has undergone clinical trials. However, He Jiankui and his team blatantly violated the current legal bottom line that germ cell gene editing is limited to basic research by conducting clinical trials directly. It is a serious violation of China's ban on embryos undergoing gene editing and modification for more than 14 days in vitro culture.

The first instance of the "gene editing baby" case ruled that he Jiankui and the other three defendants were investigated for criminal responsibility in accordance with the law because they jointly illegally carried out gene editing and reproductive activities of human embryos for the purpose of reproduction, which constituted the crime of illegal medical practice[1]. While the verdict seems to bring closure to the issue, the use of gene editing in sex cells or embryos remains fraught with technical, ethical and legal controversy. It involves not only the rights relief of the born fetus and the informed consent of the subject, but also the ethical issues such as whether changing human genes changes human nature, eugenism and gene enhancement. The development of technology is often accompanied by the purpose of application. It is particularly urgent to establish a higher level of law to define the responsibility, especially the responsibility of individuals, to prevent the abuse of technology before it can be widely used and accepted by society. At the same time, the scope of application of therapeutic germline gene editing technology needs to be clearly defined, so as to strike a balance between using the technology for the benefit of mankind and not breaking ethics.

Key Words: human gene editing; legal regulation; "gene editing baby" incident

我国患者知情同意权的立法调整及其适用展开

黄梦琴　谈在祥*

摘　要：患者知情同意权关乎患者合法权益的保障，近年来在医疗活动中因侵犯患者知情同意权而导致的医疗纠纷事件层出不穷。目前国内患者知情同意权的立法过于分散、权利行使的范围和内容不够明确、医方告知标准不够明确等导致患者知情同意权在实践中还存在一些争议。为了在实践中更好的保障患者合法权益，廓清知情同意权立法沿革，研究法律适用的基础，并提出了完善其立法调整的建议。

关键词：知情同意权；立法调整；法律适用

一、引言：知情同意权与患者利益的最大化

患者知情同意权(informed-consent)简称IC理论，被誉为现代医疗法学的基石，在英美法系中一般被理解为侵入性或者临床风险较大医疗干预开始实施之前医师向患者提供医疗信息，使患者在充分了解的基础上做出其个人医疗决定的过程[①]。大陆法系的日本一般将其翻译为"充分说明与同意"。从赫尔辛基宣言(Declaration-of-Helsinki)、纽伦堡守则(Nuremberg Code)，到今天IC理论在大多数国家被接受，这一制度设计的生命力显而易见。一般认为，"知情同意权"理论使医疗行为从"父权主义"最终走向患者的最佳利益原则，这一规则也被法学界与伦理学界奉为圭臬。法学视角医疗知情同意权的理论基础，通说认为，主要从医疗行为的"伤害性"考量，从"被害人承诺"理论来阻却医疗行为的违法性，医疗上的"被

---

* 黄梦琴，徐州医科大学硕士在读，研究方向：医药卫生政策与法规。谈在祥，徐州医科大学副教授，硕士生导师，研究方向：医药卫生政策与法律。

① 参见李庆功：《医疗知情同意权理论与实践》，人民卫生出版社2011年版，第6-7页。

害人承诺”的行为就是基于患者在充分“告知”后的“同意”[②]。从医学伦理学角度考量，知情同意权理论的诞生的基础，是基于“患者自主权”和“人性的尊严”的医学伦理基本原则而派生的理论[③]。诚然，医患之间本应是利益的共同体，共同承担解除病痛与助健康之完美的使命。然而，医者的职业属性使医疗活动本身也是一种有偿服务，仅仅从道德层面对所有医务人员做出过高的期待，也不切实际。医疗的专业性、垄断性、伤害性等与生俱来的特点使其不同于其他行业，医学本身兼具自然科学与社会科学的特点，学科自身有着极其特殊的多重属性。对医疗行为的法律规制，无论是民法抑或是刑法领域，司法实践中往往会出现过度依赖医疗技术本身的鉴定问题。当下，我国医疗诉讼已经成为民事侵权领域的重要的案件来源之一，根据医法汇近年来的统计，侵犯患者的知情同意权是我国医患民事纠纷裁决中的重要原因之一，占比高达25%左右。IC理论的初衷是为了实现“患者的最佳利益”，毫无疑问，知情同意权的引入，对既往专断医疗可能给患者带来的危害从制度和程序上有效的进行了限缩。患者的利益取决于有价值的医疗、有温度的服务和尽可能少的花费。近10年来，从知情同意权在我国的实施情况看，它的负面效应也在不断显现。例如，防御性医疗的日益兴起、医患共同决策的低效率等。

何谓“防御性医疗”？医患冲突、医疗纠纷和医疗诉讼已经成为困扰临床医生执业的重要因素之一，为了避免发生这一不利后果，临床医生普遍采取回避高风险、危重病、高难度手术的患者。显然，防御性医疗是有悖于医学的初衷的，然而，趋利避害的人性选择、日趋严重的医患关系又使“防御性医疗”成为无可避免的事实。医学关乎人类生老病死，面临着诸多的未知和不确定，因此医学本身需要不断创新，医务人员需要甘冒风险，不断挑战新的问题，才能不断解决人类之疾苦。防御性医疗的产生本质上是医务人员寻求医疗安全和自保的正常反应，也是我国近些年来医患矛盾不断恶化结出来的恶果。

曾几何时，医患共同决策被医学伦理学界所推崇，就理论而言，医患双方通过对疾病系统全面的了解，经过广泛而深入地沟通，通过共同决策的确为最佳的路径选择。然而，我国人口基数大、优质医疗卫生资源相对缺乏，医患共同决策在当下必然会影响到医疗服务的整体效率。医疗知情同意又需要医务人员对患者的相关情况做具体介绍，这会使医生的工作量加大以及患者在了解之后内心容易变得不安，影响后期工作进行，从而使得共同决策的效率降低。

---

② 参见Black’s law Dictionary，1989. West Publishing Co. p701. 转引自雷蕾：《知情同意理论研究》烟台大学硕士学位论文，2007年第10期，第2页。

③ 参见孟祥东、董玉宽：《2013版〈赫尔辛基宣言〉对我国知情同意的借鉴》，载《医学与哲学》2014年第8期，第37-39页。

此外，医疗资源的不合理配置也不利于患者合法利益的保障。从历史上看，中国从观念到制度上，具有明显的等级性和阶层性。这种主体理念上的缺位，是我国医疗资源分配不公的起源。从医疗改革起始，就一直以城市为中心，日积月累，城乡之间医疗资源和水平的差距越来越大。就目前来说，三甲医院等城市大医院吸收较多的优质资源如大型医疗设备、高新技术、优秀卫生人才、优质的合作平台等，其优质资源所铸就的知名度也吸引了大量的患者，如此虹吸现象导致病患就医扎堆，加大城乡医疗资源服务差距，使资源下沉面临阻力。除此之外，政府对卫生事业的资金投入比重也具有一定的影响，政府投入不足是不可推卸的责任。

如何在实践中更好的按照法律的要求落实患者的知情同意权，减少由于理解或者实施不当产生的负面效应，保障患者利益最大化，促进我国医疗卫生事业健康发展，笔者从知情同意权立法调整入手，分析知情同意权在实践中的法律适用，提出相关完善建议。

二、我国患者知情同意权的立法沿革

"知情同意"一词最初来自英文"Informed consent"，我国大陆通常译为"知情同意"，由于该词的主体不是医生而是患者，所以也译为"知情同意权"。根据布莱克法律词典的解释，Informed consent 的含义为：医生在对患者实施医疗行为时，应该就医疗处理方案，医疗风险以及其他可以考虑采取的措施向患者做出详细的说明，并在此基础上得到患者的同意[④]。患者知情同意权是患者个人自主理念的体现[⑤]，《宪法》中规定：国家尊重和保障人权；中华人民共和国公民的人格尊严受法律保护，不受任何侵犯。《民法通则》中规定：公民享有生命健康权。这些法律法规中的相关规定是对患者知情同意权的概括性规定。我国有关患者知情同意权的具体性规定，最早可以追溯到 1982 年的《医院工作制度》(四十、手术室工作制度附则)施行手术的几项规则中第 6 条：实行手术前必须由病员家属，或单位签字同意(体表手术可以不签字)，紧急手术来不及征求家属或机关同意时，可由主治医师签字，经科主任或院长、业务副院长批准执行。该制度首次涉及患者知情同意权履行的相关规定，明确施行手术的必须取得"同意"，尽管同意之主体并不是患者本人。

随后 1994 年，国务院令颁布的行政法规《医疗机构管理条例》第 33 条规定：医疗机构施行手术、特殊检查或者特殊治疗时，必须征得患者同意，并应当取得其

---

④ 参见 Black's law Dictionary，1989. West Publishing Co. p701. 转引自雷蕾：《知情同意理论研究》烟台大学硕士学位论文，2007 年第 10 期，第 2 页。

⑤ 参见孟祥东、董玉宽：《2013 版〈赫尔辛基宣言〉对我国知情同意的借鉴》，载《医学与哲学》2014 年第 8 期，第 37-39 页。

家属或者关系人同意并签字；无法取得患者意见时，应当取得家属或者关系人同意并签字；无法取得患者意见又无家属或者关系人在场，或者遇到其他特殊情况时，经治医师应当提出医疗处置方案，在取得医疗机构负责人或者被授权负责人员的批准后实施。该法条强调了患者在手术与特殊检查治疗过程中的“同意权”，告知对象也由一开始的病员家属或单位调整为必须征得患者同意的前提下，取得家属或关系人同意并签字。此外，对其他特殊情况下的处理方案做了相应处理规定。其中，“应当取得家属或者关系人同意并签字”，将签字确认的权利让渡给了家属和指代并不明确的“关系人”，也是造成医疗实践中如“李丽云案件”个别悲剧事件发生的重要原因之一。同年，由卫生部制定的《医疗机构管理条例实施细则》第62条：医疗机构应当尊重患者对自己的病情、诊断、治疗的知情权利；因实施保护性医疗措施不宜向患者说明情况的，应当将有关情况通知患者家属。该法条将患者知情权的范围从手术、特殊检查或者特殊治疗扩大至自己的病情、诊断和治疗，同时，与条例相比，这一细则突出了对患者“知情权”的重视，同时将保护性医疗措施中“不宜”告知患者的情形，首次写进了部门规章。

1998年全国人大常委会通过并施行的《中华人民共和国执业医师法》，其中第26条规定了患者或者家属享有对病情的知情权，但医师应注意避免对患者产生不利后果。第37条规定医师在执业活动中，未经患者或者其家属同意，对患者进行实验性临床医疗的需要承担法律责任。《中华人民共和国执业医师法》是我国医疗卫生领域颁布的一部重要法律，从内容上对患者的知情同意权规定内容比较简约，但突出了“患者或者家属”对病情的知情权和同意权，虽未涉及签字问题，但较之前的规定有明显的进步意义，且立法对实验性临床医疗的知情同意权的规定具有前瞻性。

2002年国务院的颁布的《医疗事故处理条例》第11条将患者知情权的范围界定为病情、医疗措施、医疗风险等，并规定医疗机构及其医务人员应及时解答患者咨询。第30条对医疗事故的处理及法律责任认定做了回应。此外，第33条对不属于医疗事故的情况做了具体说明，如在紧急情况下为抢救垂危患者生命而采取紧急医学措施造成不良后果的，因患方原因延误诊疗导致不良后果的，这也是对医务人员的告知义务的限缩，从而使知情同意权的履行更加切合临床实际。

2010年《侵权责任法》的颁布是明确了患者知情同意权的独立地位，也是我国知情同意权制度的从行政法规章上升为法律规定。该法第55条规定了医务人员必须取得患者“书面”同意的情形：手术、特殊检查、特殊治疗；医务人员必须向患者说明的内容包括：医疗风险、替代医疗方案；告知对象为患者本人，只有在明确“不宜”告知的情况下，才需要告知“近亲属”。第56条：因抢救生命垂危的患者等紧急情况，不能取得患者或者其近亲属意见的，经医疗机构负责人或者授权的负责人批准，可以立即实施相应的医疗措施。对紧急情况下医生具有单方行医权做出了规定。该法第 60 条则规定了紧急情况下，医务人员告知后同意义务的豁免。《侵权责任法》关于患者知情同意权的相关规定是对 2007 年发生的北京朝阳医院京西分院“李丽云案件”的法律回应，纠正了既往法规中的问题，对紧急情况下的医方处理办法做了进一步的规定，同时为了避免医疗活动中患者紧急救治权与知情同意权之间的冲突⑥，规定了医务人员告知后同意义务的豁免。特别值得注意的是，2010 年 3 月新《病历书写基本规范》第 10 条规定，强调患者本人的知情同意权，而其法定代理人或被授权的人以及近亲属则在特定需要的情况下对患者的医疗状况知情同意。

然而，随着医疗卫生行业立法进程加快，继 2010 年《侵权责任法》后，2018 年《医疗纠纷预防与处理条例》，2019 年《基本医疗卫生与健康促进法》，2020 年《民法典》等法律法规相继出台，10 年间出台的 4 部医疗卫生行业重要的法律法规关于病患的“知情同意权”无疑是必备法条，但相关法律法规关于该项规定的具体内容上看存在一定的差异，也带来了法律适用的相关问题。

2018 年发布的《医疗纠纷预防与处理条例》第 13 条将特殊检查、特殊治疗规定为：存在一定危险性、可能产生不良后果等；将不宜向患者说明的情形规定为：患者处于昏迷等无法做出决定的状态或者病情不宜向患者说明等，这一规定与《侵权责任法》有所区别，但内容未做重大调整，只是就部分问题的解释更加明确化。

2019 年颁布的《基本医疗卫生与健康促进法》第 32 条将患者知情同意权的范围规定为：病情、诊疗方案、医疗风险、医疗费用等事项；规定开展药物、医疗器械临床试验和其他医学研究也应取得知情同意，进一步拓展了告知的范围和标准，沿用的《侵权责任法》第 55 条立法的主要内容。

2020 年颁布的《中华人民共和国民法典》(以下简称《民法典》)第 1219 条对于需要实施手术、特殊检查、特殊治疗的患者，要求医务人员“及时”“具体”的说明相关情况，并取得患者“明确”同意。相较于其他法律法规，《民法典》效力更高，对知情同意权规定更为详细。从“书面”到“明确”是《民法典》对知情同意权相关规定的重大调整，意味着只要是“明确”同意，都可以成为患者已经“同意”的关键要件。此外，《民法典》突出了“患者本人”的同意，正本清源，对知情同意权对患者本人的主体资格做了进一步明确。

三、多元立法背景下我国医疗知情同意权法律适用

目前，我国对于知情同意权的立法多而杂，缺乏连贯性和统一性，在实践中遇

---

⑥ 参见肖鹏、任丽明：《论患者紧急救治权与知情同意权的冲突及对策——对北京朝阳医院孕妇胎儿双亡事件的法律思考》，载《医学与哲学》2008 年第 19 期，第 35-45 页。

到问题如何适用是目前亟待解决的问题。2020 年 12 月 14 日，最高人民法院发布公告，出台了《最高人民法院关于适用〈中华人民共和国民法典〉时间效力的若干规定》，自 2021 年 1 月 1 日起施行：民法典施行后的法律事实引起的民事纠纷案件，适用民法典的规定，民法典施行前的法律事实引起的民事纠纷案件，适用当时的法律、司法解释的规定，但是法律、司法解释另有规定的除外。此外，我国的法律法规效力方面的适用一般是上位法优于下位法，立法优于法规条例，特殊法优于一般法。关于患者知情同意权的法律法规中，民法典的效力最高，笔者认为在法条之间的应用产生冲突时，应优先参考民法典，若无冲突，应参考法条详细的法律和法规，最大限度地保证患者的合法权益。同时，新旧法规冲突以新法规为准。

（一）知情同意权的基本法律构造

知情同意权被定为法定权利是在“二战”以后，纳粹的非人道人体实验严重危害了受试者的健康和安全。因此，制定了《纽伦堡法典》，从此，知情同意权开始被逐渐关注。1957 年美国形成了一套系统的患者知情同意权的理论，并把知情同意权作为患者的一项权利。随后该理论在世界范围内蔓延，成为现代医疗法之基石。

我国的患者知情同意权首先是制度上引入，然后在实践中试水。正式的医疗告知签字制度始于 20 世纪 80 年代初，随后，政府在立法上相继对知情同意权做出了诸多规定：见表 1。

表 1　知情同意相关法律

时　间	名　　称	内　　容
1994 年	《医疗机构管理条例》	第 33 条规定　医疗机构施行手术、特殊检查或者特殊治疗时，必须征得患者同意，并应当取得其家属或者关系人同意并签字；无法取得患者意见时，应当取得家属或者关系人同意并签字；无法取得患者意见又无家属或者关系人在场，或者遇到其他特殊情况时，经治医师应当提出医疗处置方案，在取得医疗机构负责人或者被授权负责人员的批准后实施。
1998 年	《中华人民共和国执业医师法》	第 26 条规定　医师应当如实向患者或者家属介绍病情，但应注意避免对患者产生不利影响。
2010 年	《中华人民共和国侵权责任法》	第 55 条　医务人员在诊疗活动中应当向患者说明病情和医疗措施。需要实施手术、特殊检查、特殊治疗的，医务人员应当及时向患者说明医疗风险、替代医疗方案等情况，并取得其书面同意；不宜向患者说明的，应当向患者的近亲属说明，并取得其书面同意。
2012 年	《病历书写基本规范》	第 10 条　对需取得患者书面同意方可进行的医疗活动，应当由患者本人签署知情同意书。患者不具备完全民事行为能力时，应当由其法定代理人签字；患者因病无法签字时，应当由其授权的人员签字；为抢救患者，在法定代理人或被授权人无法及时签字的情况下，可由医疗机构负责人或者授权的负责人签字。

续表

时　间	名　　称	内　　容
2020 年	《中华人民共和国基本医疗卫生与健康促进法》	规定公民对病情、诊疗方案、医疗风险、医疗费用等事项依法享有知情同意的权利。
2021 年	《中华人民共和国民法典》	第 1219 条　医务人员在诊疗活动中应当向患者说明病情和医疗措施。需要实施手术、特殊检查、特殊治疗的，医务人员应当及时向患者具体说明医疗风险、替代医疗方案等情况，并取得其明确同意；不能或者不宜向患者说明的，应当向患者的近亲属说明，并取得其明确同意。

顺着时间的长轴梳理相关法律，可见，以上法律条文在表达患者知情同意权的详略程度和对象范围上略有不同，但均对知情同意权的主体、内容、行使方式有所阐述，体现了我国对患者知情同意的重视，政府正在一步步落实并完善知情同意权的相关法律。但是，对于同一问题设立过多法律，无法形成内在的统一，体现了立法技术的缺陷，应进一步完善。关于知情同意权的最新的法律《民法典·侵权责任编》使医疗告知义务成为医疗服务的常态义务、使患者回归为知情同意权的主体、使得告知的内容更为明确而具体，但存在立法过于生硬而缺乏应有的弹性操作空间，遇有特殊情况，医疗机构无从处理。

（二）知情同意权的告知与同意的主体的认定

根据最新的《民法典》和《基本卫生与健康促进法》，医务人员应当及时向患者具体说明病情和医疗措施等情况，并取得其明确同意；不能或者不宜向患者说明的，应当向患者的近亲属说明，并取得其明确同意。而此前的《侵权责任法》也强调告知对象为患者本人，只有在明确“不宜”告知的情况下，才需要告知“近亲属”。故在知情同意权的告知主体方面，首先应是患者本人，只有在患者不具备同意能力或者患者行使该权利对自身不利的情况下，才需要近亲属代为行使该项权利[⑦]。《民法典》中规定的近亲属的位序：配偶、父母、子女、兄弟姐妹、祖父母、外祖父母、孙子女、外孙子女。

（三）知情同意权的告知内容方面的认定

实践中经常遇到患者没有被明确告知病情和医疗措施的情况，根据相关法律法规，明确告知主要涉及两个方面：一是告知的内容要具体，使患者要知情，二是告知的标准要有效，得到患者明确同意。此外时间把握上面，及时一词强调了告知

⑦　参见谈在祥：《论紧急情参见况下医师知情同意义务之豁免——兼论〈侵权责任法〉第五十六条之完善》，载《中国卫生法制》2016 年第 5 期，第 18-23 页。

时间要及时，不能耽误后期诊疗。

在告知内容方面，根据最新的《民法典》，在一般情况下，医务人员在诊疗活动中的告知内容包括“病情”和“医疗措施”；需要实施手术、特殊检查、特殊治疗的，医务人员应告知患者医疗风险、替代医疗方案等情况。而根据最新的《基本卫生与健康促进法》规定的告知内容较《民法典》更为详细，即在一般情况下，医务人员在诊疗活动中的告知内容除了“病情”和“医疗措施”以外，还需要对“医疗风险”“医疗费用”等进行进一步的说明。此外，涉及医学伦理的药物、医疗器械临床试验和其他医学研究也应作为告知内容。综上所述，患者知情同意权的告知内容在法律适用上应综合最新的《民法典》以及《基本卫生与健康促进法》。

（四）关于知情同意权中告知标准的认定

在告知的标准方面，如何定义有效？就患者而言，只有具备同意的能力，他所做的同意才可能有效[⑧]。关于患者同意的能力，它取决于患者理解治疗的性质和目的的能力，包括如医疗行为的效果、副作用、并发症以及风险等相关信息接受治疗将对身体所做的处置、不治疗的可能的后果、理解医生对其说明的各种危险及副作用等[⑨]。这就要求医务人员既要有告知的意识、告知的行为，也要取得告知的效果，即是通过医务人员告知行为，使患者或者近亲属充分理解“病情”“医疗措施”“医疗风险”“医疗费用”等相关信息。当医务人员处于告知不能的状态时，如抢救生命垂危的患者等紧急情况，不能取得患者或者其近亲属意见的，经医疗机构负责人或者授权的负责人批准，可以立即实施相应的医疗措施。

（五）知情同意权的告知方式的要求

根据 2018 年的《医疗纠纷预防与处理条例》相关规定，需要实施手术，或者开展临床试验等存在一定危险性、可能产生不良后果的特殊检查、特殊治疗的，医务人员应当及时向患者说明医疗风险、替代医疗方案等情况，并取得其书面同意；在患者处于昏迷等无法自主做出决定的状态或者病情不宜向患者说明等情形下，应当向患者的近亲属说明，并取得其书面同意。而最新的《民法典》以及《基本卫生与健康促进法》针对这种情况，只规定了要向患者具体说明，并取得其明确同意，并未强调“书面”同意，也即医务人员如果得到了患者“明确同意”，无论其同意的方式是否“书面”均应被认可。该法条从“书面”同意到“明确”同意的调整，概因当下很多医院在疑难复杂案例的沟通上采取多种形式，配备专门的可以录音录像的谈话室，患者同意的证据的形式呈现多元化，这一立法调整有其现实的意义，但从医院的角

---

⑧ 参见艾尔肯：《论医疗知情同意理论》，载《河北法学》2008 年第 8 期，第 81-88 页。

⑨ 参见李燕：《患者自己决定权研究》，载于梁慧星主编：《民商法论丛》2000 年第 2 号总第 17 卷，金桥文化出版(香港)有限公司 2002 年版，第 560 页。

度，取得患者的“书面”同意，仍然应该作者首选。此外，同意虽以书面形式要求，但告知形式上却不可只停留于书面形式，而应尽具体告知义务[⑩]。同意的形式有明示和默示两种，明示的同意又包括书面的及口头的两种方式。通常情况下，书面的、口头的、默示的同意被视为具有相同的法律效力。无论采用何种同意方式，只要能够通过证据加以证明，使患方充分了解所同意的具体内容方应认定为有效[⑪]。

（六）患者同意免除的主要情形

李丽云案件、陕西榆林医院产妇跳楼案、安徽器官骗捐案等一系列涉及患者知情同意权是否可以豁免的案件将大众的目光转向如何将医疗行为法律正当化的问题上。知情同意之免除可以分为以下情形[⑫]：(1)紧急情况下的知情同意豁免。由于情况紧急无法取得患者或其亲属同意，不及时治疗可能加速病情恶化或导致其死亡，如重伤昏迷且无法联系其亲属的患者、休克病人需要紧急心肺复苏患者。《侵权责任法》第 56 条规定：“因抢救生命垂危的患者等紧急情况，不能取得患者或者其近亲属意见的，经医疗机构负责人或者授权的负责人批准，可以立即实施相应的医疗措施。”这正是紧急情况下的医疗特殊干预权的体现。(2)法律规定的强制医疗行为。基于社会公共健康、公共利益至上的原则，若患者患有对他人、社会有危害性而需强制治疗的严重传染性或流行性疾病，或对经精神卫生法允许限制自由的精神病人作强制治疗时，无须征得患者同意，即可采取强制性治疗，从而对患者的同意权加以限制。(3)不宜告知患者病情的保护性医疗原则。我国法律并没有直接明确规定保护性医疗制度，但《执业医师法》《医疗事故处理调理》《医疗机构管理条例》《病历书写基本规范》《侵权责任法》等都有涉及，如《执业医师法》第 26 条第一款规定：“医师应当如实向患者或家属介绍病情，但应当注意避免对患者产生不利后果。”由于法律没有对保护性医疗的行使范围做出明确立法解释，也没有统一的行业标准供医方参考，会发生法理冲突的情况。(4)危险性极其轻微的医疗行为或者患者本身非常清楚而不必告知的情形。如日常肌肉注射会感觉疼痛并伴有局部皮肤轻微红肿的现象，但这种疼痛及红肿的危险性极其轻微，是患者自身非常清楚的，因而无须告知。(5)患者明确表示自愿放弃其知情同意权的情形。如患者对医疗机构和医务人员非常信任，明确表示某些医疗行为不用告知，不必经过其同意。

（七）违反患者知情同意权的法律评价

未获得患者知情同意的医疗行为，对于患者的身体结构、生理功能、心理状态、

---

⑩ 参见赖鹏：《患者知情同意权研究》，中南财经政法大学 2019 年版，第 40 页。

⑪ 参见黄丁全：《医事法》，中国政法大学出版社 2003 年版，第 266-267 页。

⑫ 参见曹露聪：《患者知情同意权适用的例外》，载《中外企业家》2013 年第 5 期，第 253 页。

精神情况等会产生一定的影响。在刑法上，该行为可能构成故意伤害或杀人；在民法上，该行为将构成侵权行为。

从法律角度评价医疗机构侵犯患者知情同意权，应从行为模式和因果关系的认定两个方面进行。《医疗机构管理条例》第33条、《中华人民共和国执业医师法》第26条、《中华人民共和国基本医疗卫生与健康促进法》《中华人民共和国民法典》第1219条对实现患者知情同意权的行为进行了具体规定。违反患者知情同意权的主要行为模式有5种：(1)未告知病情、手术风险、并发症、手术方式以及最佳治疗方案；(2)未告知医疗服务费用；(3)未经患者许可更改手术或麻醉方式；(4)未经患者许可进行临床试验；(5)未经患者许可过度医疗。违反患者知情同意权因果关系的认定：侵犯患者知情同意权责任成立之因果关系仅限于损害必须和医疗机构没有尽到告知义务之间存在因果关系。未履行告知义务的过错与损害后果之间有多大的原因力？该过错如何造成损害？造成多大程度的损害？完成以上两个方面的评价有利于进一步分析责任主体和相关赔偿问题。

四、完善医疗知情同意权的立法建议

我国患者医疗知情同意权存在立法过于分散、立法行使范围的规定不够明确、医方告知标准及患者知情同意判断标准不够明确、知情同意权例外情况的规定不完善等问题。针对以上立法方面的问题，笔者提出以下几个完善建议：统一患者知情同意权立法、明确权利主体的顺位及立法行使具体内容和标准、明确规定医师的告知义务标准，完善知情同意权的例外规定等。希望通过这些建议能够增强知情同意权在实践中的适用性，以便在最大程度上保证患者的合法权益。

（一）统一患者知情同意权立法

我国知情同意权的立法分散、法条不统一是我国患者知情同意权被侵犯进而发生医疗纠纷的原因之一。由于我国基本法没有对患者知情同意权进行规定，所以其并不具备基本权利的地位。1982年至今多种法律法规的颁布对该项权利都有相关规定，但其不具有系统性以及明确的法律应用规定。新近出台的《基本医疗卫生与健康促进法》《民法典》两部法律对知情同意权的相关条款规定并不一致，产生了法律冲突，就《民法典》与《基本医疗卫生与健康促进法》的效力而言，《民法典》的位阶高于后者，立法内部的不统一会带来法律适用的选择困境。

（二）明确权利主体及其顺位和立法行使具体内容和标准

我国患者知情同意权的行使中，按照《民法典》第1219条规定：医务人员在诊疗活动中应当向患者说明病情和医疗措施。需要实施手术、特殊检查、特殊治疗的，医务人员应当及时向患者具体说明医疗风险、替代医疗方案等情况，并取得其明确同意；不能或者不宜向患者说明的，应当向患者的近亲属说明，并取得其明确同意。医务人员未尽到前款义务，造成患者损害的，医疗机构应当承担赔偿责任。第1220条规定：因抢救生命垂危的患者等紧急情况，不能取得患者或者其近亲属意见的，经医疗机构负责人或者授权的负责人批准，可以立即实施相应的医疗措施。

患者本人知情同意能力的判断标准应做具体说明[13]，当今世界各国法律没有一个固定的标准去判断权利主体的同意能力，理论上有三种学说：(1)民事行为能力说。该学说主张以民事上的标准去判定权利主体是否具有同意能力，即完全民事行为能力人具有医疗领域上的完全同意能力，限制行为能力人包括未成年人和间歇性精神病人拥有与之相应的同意能力、无行为能力人不具有同意能力。(2)责任能力说。主张以刑法上的标准去判断是否有同意能力。(3)识别能力说。以患者是否有识别能力为准，是以权利主体是否能够充分了解病情、是否可以在得知手术方案后做出合理的选择为标准作为主要依据。

近亲属行使权利的具体顺位关系，立法中并没有明确规定。笔者认为，近亲属的顺位关系可以按照《民法典》继承篇中的顺位关系来行使代理权力。在具体实施时，法定监护人优于近亲属，近亲属优于其他亲属，关系人优于医院负责人[14]。

近亲属内部意见矛盾以及近亲属意见对患者生命健康明显不利时的处理方式[15]也没有做具体规定。在同一顺位的近亲属发生内部意见冲突时，应该由医疗机构基于其专业的视角，权衡患者的利益之后做出有利于患者的选择。对于患者近亲属的不当代理行为，可从两个方面予以限制[2]。一是确定构成代理权滥用行为的标准。法律预设患者近亲属的代理行为符合患者最佳利益，医方对此具备合理信赖，一般无义务审查代理决定的正当性。但如患者近亲属的代理决定明显构成代理权滥用时，其应负较高的证明标准来证明该代理决定符合患者自主意愿和价值选择，否则医方可认定其构成代理权滥用，拒绝近亲属的代理意见，按医学利益最大化原则实施医疗行为。二是确定代理人的侵权责任承担。近亲属不当行使代理权行为时，造成患者人身利益受损，须承担侵权责任。此外，还可通过撤销代理人、选任新的代理人重新做出医疗代理决定的方式，实现对代理行为的间接限制[2]。

（三）明确规定医师的告知义务标准

在医疗过程中，医生的告知行为是在患者的知情同意权行使之前做出的[16]，只

---

⑬ 参见柳经纬、李茂年：《医患关系法论》，中信出版社2002年版，第54-55页。

⑭ 参见赖鹏《患者知情同意权研究》，中南财经政法大学2019年版，第40页。

⑮ 参见汤茗宇：《紧急救治下的患者知情同意权》，烟台大学2019年硕士学位论文，第21页。

⑯ 参见艾尔肯：《论医疗知情同意理论》，载《河北法学》2008年第8期，第81-88页。

有医生履行告知说明义务并取得患者的同意，该医疗行为才具有合法性。医生履行说明义务的标准如何界定就显得极具意义。根据当前患者知情同意权相关立法规定，在一般情况下，医务人员在诊疗活动中应当及时向患者说明“病情”和“医疗措施”；需要实施手术、特殊检查、特殊治疗的，医务人员应当及时向患者具体说明医疗风险、替代医疗方案等情况。但是立法并未对需要实施手术、特殊检查、特殊治疗的情形做具体界定，在《医疗纠纷预防和处理条例》相关法条中将“特殊检查、特殊治疗”说明为“开展临床试验等存在一定危险性、可能产生不良后果”，但在医疗纠纷实务操作中，此处的限定表述并不具体，这就导致在医疗实践中，一些未征得患者同意的检查或者治疗，就会产生到底归属一般性治疗还是特殊性治疗的纠纷。

在实际工作中，医患双方基于不同的利益诉求和立场产生不同的判断标准，总结目前学术界的观点主要有以下四种：(1)合理医师标准说：医生应当参照合理的医疗水准来说明有关信息，即要求医师遵从职业的惯例加以说明。(2)合理患者标准说：强调以患者的需要为标准，主张一切可能影响患者合理性决定的危险均应予以说明。(3)具体患者标准说：为了最大限度地贯彻患者的自我决定权，医生的说明义务应就个别患者而定。(4)折中说：为合理患者标准说与具体患者标准说之折中。应当考虑患者和医生两方面的因素，医师根据其所知道或者应当知道患者的整体情况，在患者行使自己决定权时，医师都应当给患者加以说明⑰。

此外，对于告知的方式，是口头还是书面，需要签署知情同意书的具体情况需要做具体规定。医疗实践中以患者签字方式为主，因为书面的同意是证明患者确实做出了同意的最清楚的证据，故一些医疗服务机构更青睐于书面形式，以备出现纠纷时在司法程序中用来抗辩，但是在医疗实务操作当中，医生通常不会对知情同意书做过多详细的说明，所以会出现患者在不了解知情同意书的内容的情况下由于时间紧迫等原因就签署了，当产生医疗纠纷时会导致患者的自身权益无法有效的维护。而且目前在知情同意书的书写内容上存在着一些不合理之处，具体表现在：知情同意书内容对于患者而言难以理解，比如专业性术语过多，内容比较固定，缺乏一定的灵活性和针对性等。笔者认为，应尽快确立一个标准，以便减少负面效应，减少医患冲突、医疗纠纷和医疗诉讼事件的发生，从而增进医患之间信赖，创造良好的医疗环境。

（四）完善知情同意权行使的例外规定

2010 年《侵权责任法》中相关法条规定在紧急情况下，医务人员告知后同意义

---

⑰ 参见叶光辉：《医生说明义务法律问题研究》，西南大学 2009 年硕士学位论文，第 13 页。

务的豁免，对患者知情同意权行使的例外情况有所说明。即在一些特殊的情况下，为了实现医师对于患者应尽的救助义务以及维护患者根本权益，需要对患者的一部分自主权利进行限制，医师的这种权利就叫做医疗特权，或者称为医师豁免权、医师干预权。但是相关法律法规中却并未对知情同意权利的行使中的例外情形做具体限定。笔者认为，有必要对知情同意的例外情形进行具体限定，改变目前“防御性医疗”日益兴起的现状，让患者理解医疗行为的合理性以及增强医患之间的信任感，推动我国医疗卫生事业健康发展。

知情同意权行使的例外情形主要包括紧急情况下的医疗处置权和病人非理性放弃治疗、强制性医疗和出现不适合实验性临床医疗的情况⑱。首先，在紧急情况下对患者进行救治时，由于家属不同意导致医院不对患者进行紧急处理，从而产生患者紧急救治权与知情同意权之间冲突。因此，需要对紧急情况下的医疗处置权进行明确规定。在应对“紧急情况”时应明确：存在对患者生命健康严重的威胁；威胁是现实的、眼下发生的、十分紧迫的；患者没有同意能力并且无法联系到患者近亲属。

其次，在病人非理性放弃治疗的具体规定上②，应明确：拒绝治疗将对患者造成严重后果，造成无法弥补的损害；患者的心态处于不稳定状态，拒绝接受治疗；药物对患者的思维以及认识能力产生严重影响。

再次，在强制性医疗的具体规定上，应明确：对吸毒人员进行强制医疗；对部分精神疾病患者进行强制医疗，即患有严重的精神病并且由于疾病原因给周围人员或者社会造成了严重的财产和生命危险；对患有传染性疾病的患者进行强制医疗。

最后，不应继续实验性临床医疗的具体规定上，应明确：在实验性临床诊断的情况下，即使患者已经知情并同意对其采取医疗措施，当具体临床活动中出现一些高度的危险和难度，继续治疗很可能会导致病人生命受到严重危害或者身体出现伤残时，应立即停止或中断临床试验⑲。此外，笔者认为，在权利救济方面患者知情同意权的实施缺少程序性的保障，可以建立相应的权利救济监督机构作为第三方机构帮助保障患者的合法权益。同时可借鉴其他国家的立法经验，先在观念上改善医务人员对患者知情权利的认识，然后参照国外成熟的经验，在方式上选择科学且有利于保护患者合法权益的规则。

五、余论

随着近年来人们对患者知情同意权意识的提升，如何在实践中使患者知情同

---

⑱ 参见王炜：《我国患者知情同意权现实状况与策略应对》，哈尔滨商业大学2019年版，第12页。

⑲ 同上文。

意权的行使更加合理有效，在最大程度上保障患者的合法权益已经成为人们关注的焦点。一方面，医务人员的知情同意的意识在大量的司法实践中不断得到强化，医疗机构也不断重视对医务人员的教育培训，整体上医者的告知虽不完美，但在临床诊疗活动中已然得到很好的落实；另一方面，随着我国国民素质的提升和信息化时代知识获取的便捷，患者同意的能力在不断加强，然后如何让患者在医学知识的海洋中，去伪存真、去粗取精，有选择地对患者所患疾病开展专门自我教育，则是当下医疗机构面临的新课题。此外，作为对医疗纠纷的解决起到关键作用的医疗损害鉴定，对知情同意权的过错侵权的认定应该更加精准，以避免过错门槛太低导致医务人员由此产生防御型医疗行为。在医患之间信赖缺乏的今天，导致医务人员在医疗活动中一定程度上存在防御性医疗的现象，这显然不利于我国医疗卫生事业的健康发展。综上所述，只有廓清患者知情同意权的相关立法，正确行使知情同意权，才能更好地保护患者的合法权益，促进我国医疗卫生事业的良好发展。

The Legislative Adjustment and Application of Informed Consent Right of Patients in China

Huang Meng-qin，Tan Zai-xiang

Abstract：Patients' informed consent right is related to the protection of patients' legitimate rights and interests. In recent years，the infringement of patients' informed consent right in medical activities has resulted in an endless stream of medical disputes. At present，there are still many problems in the legislation of patients' informed consent in China. For example，the legislation is too decentralized，the scope and content of the legislative exercise is not clear enough，and the medical party's notification standard is not clear enough，so there are still some disputes in the practice of patients' informed consent. In order to better protect the legitimate rights and interests of patients in practice，the author sorts out the context of the legislative adjustment of informed consent right，introduces the judgment of its legal application，and puts forward some suggestions to improve its legislative adjustment.

Key Words：the right of informed consent；legislative adjustment；application of law

智慧医疗背景下患者个人信息处理的困境及出路

刘春林　邓明攀　段　强[*]

摘　要：随着数字化时代的到来，智慧医疗建设成效显著，但医疗健康个人信息处理安全事件的数量也随之增加。虽然《中华人民共和国个人信息保护法》(以下简称《个人信息保护法》)即将施行，但这并不能完全解决患者个人信息处理在法律适用中面临的困境，尚需制定和完善相应的行业配套规范，实现个人信息保护法律体系的协调和统一。个人信息处理者还需提高自身的信息处理水平，增强法治意识，拟定科学合理的个人信息保护条款。同时，理清行政监管职责，充分发挥行业协会的作用，建立政府、行业协会、个人信息处理者和个人等多元主体共同参与的社会治理体系，平衡患者个人信息处理相关主体之间的关系，兼顾个人信息处理和保护目的，破除个人信息处理法律适用困境，进而促进医疗健康产业的高质量发展。

关键词：智慧医疗；患者个人信息处理；同意；行政监管

近年来，智慧医院建设在全国广泛开展，成为医院实现现代化和精细化管理的重要举措，也是实现“健康中国”发展战略的重要支撑。加之，互联网信息技术日新月异，医疗健康与5G技术、大数据、云计算、区块链、人工智能、3D打印等技术相融合，对医疗卫生健康事业的发展产生深远影响。[①] 通过与医疗卫生健康领域的融合，远程医疗、互联网医疗、手术机器人、智慧诊疗、移动救援等医疗新技术融合服务相继产生，并不断升级和优化，有利于提高患者诊疗质量和安全，增强患者就医

---

* 刘春林，四川闰则律师事务所专职律师，硕士，主要从事卫生法学、经济法学研究。邓明攀，四川闰则律师事务所合伙人、副主任，学士，主要从事卫生法学、民商法学研究。段强，四川闰则律师事务所专职律师，学士，主要从事卫生法学、民商法学研究。

① 参见《四川省卫生健康委员会关于推进5G智慧医疗融合发展的指导意见》《国家卫生健康委办公厅关于进一步完善预约诊疗制度加强智慧医院建设的通知》。

获得感和满意度，也有利于充分利用医疗卫生资源促进产业融合发展。在技术创新驱动产业融合背景下，患者个人信息处理成为核心环节，贯穿智慧医院建设和发展始终。[②] 医疗新技术融合离不开对患者个人信息进行收集、存储、使用、加工、传输、提供、公开和删除等处理，这也是促进医疗卫生健康产业可持续发展的优势和动力之所在。然而，随着《个人信息保护法》的出台，[③]国家和社会日益重视对个人信息的保护，于个人信息处理者而言，个人信息保护压力增大，在个人信息特别是个人敏感信息处理时受到极大限制，这必将引发患者个人信息处理和患者个人信息保护之间的冲突，二者之间的张力和平衡被局限或打破，或阻碍医学事业的进步，或使个人处于信息泄露或处理失序的恐惧中，均不利于医疗卫生健康事业的持续性和高质量发展。在智慧医疗发展和《个人信息保护法》出台双重背景下，本文就患者个人信息处理过程中面临的困境进行阐述，如患者个人信息处理是什么？患者个人信息处理常见类型有哪些？医疗机构作为患者个人信息处理者，其面临哪些适用困境？患者个人信息处理权和个人信息保护类权利是否存在冲突？如存在冲突，原因何在，个人信息处理相关主体又需如何应对？在此基础上，探讨患者个人信息处理应对路径，以期为医疗机构及相关处理者适用法律和完善相关规定提供参考。

一、患者个人信息处理的概念及常见类型

（一）患者个人信息处理的概念

2021 年 8 月 20 日《个人信息保护法》正式发布，说明有关个人信息保护的一般法和专门法已基本形成，在个人信息立法进程中具有重要的里程碑意义。而有关个人信息处理的概念，法律亦对其进行了明确规定，《个人信息保护法》第 4 条第二款以列举的形式对“个人信息的处理”进行了明确规定，即“个人信息的处理包括个人信息的收集、存储、使用、加工、传输、提供、公开、删除等”。与《民法典》第 1035 条规定比较可知，《个人信息保护法》延续了《民法典》有关个人信息处理概念的规定，并增加了“删除”内容。结合第 4 条第一款规定可知，[④]有关个人信息定义的规定，与《民法典》第 1034 条规定存在细微差异，[⑤]即以“与已识别或者可识别”替换了

② 参见徐安琪等：《智慧医院建设与规划研究》，载《医学信息学杂志》2021 年第 5 期。

③ 本文所称《个人信息保护法》系指将于 2021 年 11 月 1 日正式施行的《中华人民共和国个人信息保护法》。

④ 《中华人民共和国个人信息保护法》第 4 条第一款规定，个人信息是以电子或者其他方式记录的与已识别或者可识别的自然人有关的各种信息，不包括匿名化处理后的信息。

⑤ 《民法典》第 1034 条规定，自然人的个人信息受法律保护。个人信息是以电子或者其他方式记录的能够单独或者与其他信息结合识别特定自然人的各种信息，包括自然人的姓名、出生日期、身份证件号码、生物识别信息、住址、电话号码、电子邮箱、健康信息、行踪信息等。

“能够单独或者以其他信息结合识别”，删除自然人前缀“特定”，增加各种信息的前缀“有关的”，并限定“不包括匿名化处理后的信息”，同时，未以列举的形式将个人信息范围进行明确。对比前述法条可知，《个人信息保护法》有关个人信息概念的立法目的，为个人信息处理限定个人信息收集范围，限定了“有关”，应与处理目的有关，而非全部采集。而已识别和可识别这一限定词，落脚点在于“已”和“可”识别，扩大了个人信息识别调整范围，不限于通过结合来识别的信息，达到可识别程度即可。同时，个人信息种类内容未进一步明确，说明法律调整的范围并不局限于《民法典》第1034条规定，可在立法框架内和行业实际背景下做扩大解释，如患者个人信息处理范围，除了一般信息外，生物识别信息和医疗健康信息这一敏感信息属于患者个人信息保护范畴，而基于一般信息和敏感信息之间的非诊疗信息，依然受到个人信息保护法律调整。因此，本文在患者个人信息处理概念上，倾向于法律所采取的列举式规定，理由有三：首先，个人信息保护法这一概念解释，在法律体系内，可与《民法典》保持一致，确保个人信息保护一般法和专门法之间的统一，符合立法体例；其次，医疗机构患者个人信息处理者多元，形式多样，以节点形式识别患者个人信息处理中可能面临的法律风险或存在的适用困境，可及时反馈，提出适用建议；最后，符合个人信息处理本身属性，个人信息处理是集合概念，包括个人信息的收集、存储、使用、加工、传输、提供、公开、删除等行为束。每一行为在不同场景内有不同的风险，所面临的权利(权力)和义务(责任)有所不同，如医疗机构采集患者信息目的是为了诊疗，而卫生健康监管部门采集患者信息是为了实现诊疗质量和安全监管，企业或其他第三方采集患者信息则有通过患者画像实现商业用途的目的。故患者个人信息处理，是指患者个人信息处理者实施收集、存储、使用、加工、传输、提供、公开、删除等患者个人信息的一种行为，并在行为过程中履行相应的法定义务，兼顾个人信息保护和个人信息开发使用权益。此外，患者个人信息处理已从一般的计算机收集、存储患者信息扩大到计算机处理，较之传统的纸质或非计算机处理，其商业价值和社会影响更为显著和广泛。⑥

(二) 患者个人信息处理的常见类型

智慧医疗背景下，医院信息化建设进程加快，从临床医技科室辅助决策系统(如病历书写、手术管理等信息系统)所获取的患者个人信息是巨大的，且是持续性的过程。随着数字化时代的到来，医疗机构在患者个人信息的采集、存储和使用等处理过程中所采用的处理方式和处理目的已发生重大变化，其处理适用场景也有所不同。

---

⑥ 参见高富平：《个人信息处理：我国个人信息保护法的规范对象》，载《法商研究》2021年第2期。

1. 患者个人信息采集

患者个人信息是医疗数据重要组成部分，也是现代化医院建设的不可忽视的关键资产。实践中，医疗机构通过临床医技诊疗服务活动获得患者的基本信息和健康信息，其获取路径包括传统纸质记录、录音视频记录和电子化录入，如打印病历系统、电子病历系统和临床医技诊疗辅助等信息系统。与此同时，医疗机构所获取的患者个人信息亦是信息采集行业最为完整的，除了姓名、身份证号码、联系电话、住址、亲属关系及其姓名和联系方式外，还可获取患者敏感信息，如医疗健康信息和生物识别信息，如虹膜、指纹和人脸等，以及保险、银行、数字金融等支付信息和精准医疗所必需的基因信息。⑦

2. 患者个人信息处理应用场景

医疗机构因机构和服务属性，具有获取患者个人信息的优势和正当性基础，在健康中国发展战略践行过程中，必然引发健康产业从业主体的关注，包括患者和医疗机构、社会资本和卫生健康监管部门等相关机构和个人，甚至是境外。医疗机构因其机构等级、服务区域和定位不同，而承载了不同疾病类型患者，或综合性或专科性，但其应用场景则基本相同。

(1) 医疗机构自用

一方面，医疗机构基于其自身所具备的天然优势和社会公共利益需要，将所采集的患者个人信息广泛用于临床科研和管理，以便于临床决策和医学进步，同时，也为患者安全管理和医院运营管理提供了便利。另一方面，在人工智能、区块链、大数据等信息技术时代，患者个人信息通过计算机算法处理，在临床疾病诊断治疗、药品研发或升级、疾病筛查、流行病学调查和警示、家庭医生、远程医疗、移动诊疗和健康管理等诸多方面发挥着重要的社会作用。⑧

(2) 第三方企业使用

医疗机构在智慧医院建设过程中，因其自身在信息技术应用方面的水平有限，或者是不同界别医疗机构其信息化程度有所不同，导致其对第三方信息技术公司的依赖程度存在差异。部分医疗基于自主研发，而大部分医院则是通过技术项目合作或信息系统采购来加快医院现代化建设步伐。无论是自主研发还是委托或合作研发，均离不开系统维护和升级，与第三方企业的合作是企业短期内首要选择，且也得到实践所验证。通过与医院合作，第三方企业可以通过自身设计的系统获取患者个人信息，包括医疗健康等信息，并依法和依约使用。此处，第三方企业多

---

⑦ 参见叶琳、罗铁清：《医疗数据治理综述》，载《计算机时代》2021 年第 5 期。

⑧ 参见陈治、吴娟娟：《基于关联规则的医疗数据挖掘研究》，载《统计与决策》2020 年第 6 期。刘建利：《医疗人工智能临床应用的法律挑战及应对》，载《东方法学》2019 年第 5 期。

以信息技术公司为主，但并不排除非信息技术公司对医疗机构患者个人信息的使用，如第三方支付公司、医疗废物公司。

（3）卫生健康等行政监管部门使用

数字化时代的到来，除了给患者就诊带来便捷，也为产业创造了极大的商业效益，同时，也给卫生健康等行政监管部门带来监管挑战。基于行政监管需要，监管方式亟待转变，卫生健康部门通过信息技术解决数字化时代所产生的挑战，如“医疗三监管”政策，通过数据接口对接，可将卫生健康和医疗保障等监管政策落实到位，通过数据抓取，极大地为行政部门发现不合规行为和证据固定提供便利，如“大处方”“分解住院”“病历书写不规范”等问题，符合医疗卫生事业公益性特点。⑨

《个人信息保护法》规范的是个人信息处理行为，而患者个人信息处理同样受其约束。通过对患者个人信息处理概念及常见应用场景的阐述可知，患者个人信息处理已进入数字化时代，但在这个过程中，医疗机构虽作为患者个人信息安全的责任单位，但其在法律适用和权益冲突方面上存在应用困境。

二、患者个人信息处理的法律适用困境

（一）“处理”受到“同意”原则限制⑩

《个人信息保护法》第 29 条明确规定，处理敏感个人信息应当取得个人的单独同意，法律法规有特殊规定的，还需取得书面同意，无疑增加了“处理”权利行使的限度。患者个人信息涉及患者本人诊疗信息，属于敏感个人信息范畴，医疗机构作为个人信息处理者，⑪在处理过程中，理应取得患者同意。实践中，患者个人信息处理受到“同意”原则约束，主要表现如下：

1. 未取得“同意”便已提供信息

患者到医院就诊，预约或挂号之时便已向医疗机构或诊号预约平台提供个人信息，包括医疗健康信息，而采集行为属于个人信息处理活动范围。然而，患者在医疗机构窗口或线上预约挂号并未签署有关同意医疗机构处理其本人个人信息的协议或知情同意书，也未在入院后就个人信息处理签署专门的知情同意书。⑫

2. “同意”范围或程度待明确

《个人信息保护法》第 13 条明确规定个人信息处理者需取得患者个人同意，但

---

⑨ 参见钟三宇、范亲敏：《互联网医疗服务法律监管研究》，载《重庆邮电大学学报》2018 年第 2 期。

⑩ 本文如未特别说明，所称“处理”均按《个人信息保护法》第 4 条约定理解。

⑪ 参见汤敏：《论同意在个人信息处理中的作用——基于个人敏感信息和个人一般信息二维视角》，载《天府新论》2018 年第 2 期。

⑫ 参见王欢、李雅琴：《个人医疗数据利用中知情同意的伦理探讨》，载《中国医学伦理学》2021 年第 7 期。

同时也规定了7项除外的情形，比如“为订立、履行个人作为一方当事人的合同所必须”，回到诊疗服务本身，医疗机构提供诊疗服务，患者据此支付相应的医药费，医疗机构与患者之间建立的是医疗服务合同关系，医疗机构基于此采集患者个人信息，则无须取得患者同意。随后，医疗机构基于病历管理规定，还需将患者的医疗健康信息载体进行妥善保管，针对存储，医疗机构可为履行法定职责或义务，而不需要取得患者个人的同意。然而，医疗机构在使用、加工、传输、提供、公开和删除阶段，是否可以基于医疗服务合同，而不需要取得患者个人同意尚存争议，有待法律或法规予以明确。学界对此有不同的看法，有的学者认为，“同意”原则泛化，不应作为个人信息保护基本原则，或不能完成形式上的“同意”，即视为履行了个人信息保护义务。[13] 有的学者认为，“同意”原则仍有其重要的价值，彰显了对人格尊严和自由的保护，符合宪法基本原则和立法精神。[14]

3. 无法取得患者个人同意的情形

患者是医疗机构接诊的常见人群，但仍然存在有急危重无法表达意志的患者，如昏迷、休克患者，经救治无效死亡或变成植物人的患者，其个人信息仍存在，但除采集和存储外，则无法进行处理，或处理受到限制。因此，在医疗卫生健康领域，有关患者个人信息处理环节，取得患者个人同意的主体是否在特殊情况下做扩大解释，如取得患者配偶、父母或子女同意视为患者本人同意，有待商榷。

4. 患者个人信息使用授权成本高

医疗机构使用患者个人信息，包括一条或多条，甚至通过运算法则，将同一疾病谱患者医疗健康信息做临床科学研究，或作个案分析并对外发表，或纳入公开课或编入教材，甚至是发表学术论文，如均要求取得患者个人同意，无疑将加重医疗机构或健康产业从业者对患者个人信息处理的成本，包括财力、人力和时间成本，从长远来看者并不利于健康产业的可持续发展。[15]

患者个人信息处理在“同意”原则上存在未取得即已采集、同意程度和范围不确定、无法取得、取得使用患者个人信息的成本高等困境，其本质在于《个人信息保护法》并未就个人信息处理范围在取得个人信息条件进行限制，特别是具体环节的细分，并未就单一信息和信息集进行区分，单一信息和信息集的处理均适用取得个人同意这一前提，故增加了个人信息处理成本，特别是医疗服务活动中，患者的个

---

⑬ 参见王籍慧：《个人信息处理中同意原则的正当性——基于同意原则双重困境的视角》，载《江西社会科学》2018年第6期。

⑭ 参见王文祥：《知情同意作为个人信息处理正当性基础的局限与出路》，载《东南大学学报》2018第S1期。

⑮ 参见李伟群、郭宇：《健康医疗数据商业化运用法律问题研究》，载《齐鲁学刊》2021年第4期。

人信息基本可以敏感信息而论，增加了患者个人信息处理法律适用困境。

（二）“处理”行为不规范法律适用冲突

医疗机构所拥有的患者个人信息量是巨大的，各级医疗机构均已形成自身的医疗数据池，并在医学和社会领域发挥极其重要的作用，却也难以完全避免个人信息不当处理的风险。实务中，因患者个人信息处理不当而引发的争议纠纷或监管问题并未停止，在数字化时代更为突出，表现形式更为隐蔽，多与计算机处理相关。其中，有关患者个人处理不规范的具体表现主要为如下几点：

1. 医疗机构或其工作人员泄露患者隐私

患者个人的健康状况即属于个人隐私，同时，也属于《个人信息保护法》规制的对象——个人敏感信息。患者疾病信息，特别是传染性肝病、性病、艾滋病，直接关乎患者的合法权益，然而，实践中，因患者疾病信息泄露所引发的法律风险，因适用不同的法律规范有所不同。例如，保险公司未取得参保人即患者的授权，即从医疗机构获得了患者病历资料，导致患者发生理赔情形时无法获得商业保险理赔。又如，医疗机构将体检人员的健康体检信息结果直接向委托单位披露，其中，部分员工体检结果显示身患艾滋病这类传染病，委托单位据此与该部分体检人员解除劳动合同，此时，体检人员追究医疗机构泄露个人信息的法律责任，除了民事风险，甚至将该安全事件向上级行政主管部门反映或投诉，引发行政风险。⑯

2. 篡改或倒卖患者个人信息

就篡改患者个人信息而言，多由医疗机构具有患者信息管理权限的工作人员实施，通过非法修改实验室数据或检查报告，出具虚假病情证明，或发表不真实、不科学的实验室报告，或通过病历不规范记录骗取医保基金，或利用其职务之便，钻医保业务管理漏洞，骗取医保资金或医院资金。就倒卖患者个人信息而言，随着医疗机构信息化建设进程不断加快，医疗机构对外合作，特别是互联网医疗合作逐步加深和成熟，并从临床医技术辅助决策信息系统向行政后勤和采购覆盖，以期实现医疗机构信息化建设全覆盖。而这一过程也可能使得患者个人信息在互联网上被截取，再被倒卖给相关的商业主体，较为集中的是药企、母婴产品经销商、保健品以及康复器械供应商，部分患者家属因患者个人信息被倒卖，而被欺诈的情况也时有发生。此外，基于信息或数据安全，我国医疗卫生一度成为信息安全重灾区，特别是多次受到勒索病毒侵袭，严重影响患者个人信息处理安全。⑰

---

⑯ 参见吴丁娟：《大数据背景下医疗数据的隐私关注及其影响因素——基于保护动机理论的实证研究》，载《河南师范大学学报》2020年第5期。

⑰ 参见周彬等：《浅论医疗数据及其安全防护》，载《医学与社会》2020年第9期。

3. 数据应用脱离医疗机构和卫生健康行政部门管理

随着信息技术的进步,医学+技术相结合的医疗人工智能、手术机器人、3D打印技术等已广泛应用于临床,也促使了医疗机构与第三方的合作,包括临床业务和科学研究项目。合作则涉及系统接入和数据共享,患者个人信息存储于第三方系统,双方通过合同或协议约束双方,实现信息系统免费使用和数据免费分享目的,然而,患者个人信息在脱离医疗机构后,因大多数医疗机构并无数据处理和资金优势,难以完全控制相关患者个人信息的使用,也使得第三方数据公司在处理患者个人信息时,在未取得患者同意处理之时,便已对外公开,甚至将数据传输至境外,特别是当科研合作对象存在外资背景时,无疑加重了医疗机构自身的法定义务和卫生健康等行政监管部门的法定职责。

前述不同情形,或基于医疗机构自身管理不当,或第三方机构信息技术合作存在安全风险,或行政监管手段单一或滞后,但不可否认的是,这一环节促使不规范的患者个人信息处理行为在法律规制方面陷入两难困境,即使依据《中华人民共和国医师法》《民法典》《医疗纠纷预防和处理条例》《中华人民共和国数据安全法》《中华人民共和国网络安全法》还是《个人信息保护法》有关个人隐私或个人信息泄露、转让、买卖的法律责任规定进行处罚,是其他部门发现违法犯罪行为移交线索给网信部门作统一裁量,还是各部门各司其职,在所属行业规范内予以处罚,抑或依据一事不再罚,择一适用进行相应的处罚,但这又提出如何确保行政处罚的公平公正问题,这些均为患者个人信息处理法律适用中所面临的困境。[⑱]

(三)患者个人信息处理权利理解分歧

《个人信息保护法》明确规定个人对个人信息处理的权利有知情权、决定权、限制或拒绝处理权、查阅复制权、更正权、删除权,但在适用时,就个人而言,可能就个人信息处理权利保护进行扩大解释,加重个人信息处理者的法定义务或限制其个人信息处理权利的行使。例如,患者对其个人信息处理的知情权和决定权、知情范围和处理目的和方式及安全保护措施进行了解,并有权限制和拒绝处理,是否意味着医疗机构除诊疗服务外,就患者个人信息另作他用,如大数据分析、药品临床试验和临床术式或诊疗技术应用的效果分析,则需取得患者本人同意方可开展,若对患者个人信息处理的权利边界不作限制,则可能不利于了临床医学经验总结和推广,阻碍医疗卫生事业的发展。同时,实务中,患者基于基本医疗保障或商业保险或其他用途,通常就病史采集部分的信息或个人一般信息向医疗机构提出更正请

---

⑱ 参见储陈城、胡子昕:《大数据时代个人医疗信息利用的入罪界限——对〈刑法〉第二百五十三条之一的再思考》,载《四川师范大学学报》2021年第1期。

求，如姓名、身份证号码、住址和联系方式等一般信息，医疗机构可通过审查其居民身份证或其他相关身份证明进行核实，但病史采集部分的核实义务，除非患者提供过往病史记录或相关证明，否则医疗机构的核实义务，只能限于患者本人或近亲属的自述，难以履行核实义务。《个人信息保护法》第46条第二款之规定，无疑将在某些特殊情况下加重医疗机构的法定义务，有待区分“核实”义务的履行程度或明确相应的判断标准。

（四）“处理”不规范救济路径冲突

患者个人信息泄露或使用不规范，便极易损害众多患者的个人信息权益。而根据《个人信息保护法》第70条规定，个人信息处理行为不符合本法规定的，侵害众多个人权益的，人民检察院、法律规定的消费者组织和由国家网信部门确定的组织可以依法向人民法院提起诉讼。这就是公益诉讼路径。对于患者个人信息处理侵权事宜，“众多”二字在数量上有待明确，以便法律适用。同时，该公益诉讼路径并未规定人民检察院等组织必须或应当提起诉讼，而是“可以”，故在适用时，容易陷入众多个人分别提起诉讼或共同委托诉讼代理人提起诉讼，或由法院基于审判职能合并审理，抑或直接交由人民检察院或其他法定组织提起公益诉讼，在司法救济路径选择上，衔接机制存在冲突，有待明确。[19]

三、患者个人信息处理适用困境因由分析

1.《个人信息保护法》与医疗卫生法律规范不衔接

部分医疗卫生法律规范已将“依法保护患者个人信息”纳入，但在实操层面，针对医疗健康这一敏感信息，直接适用《个人信息保护法》一般规定，难免出现对个人敏感信息保护不当或不力情形。而且《个人信息保护法》对敏感信息及其处理规则进行了规定，但在处理过程中，取得患者个人的单独同意，甚至在特殊情况下，取得其书面同意，在医疗卫生领域，难以把握适用情形和合理边界，亟待卫生健康领域配套个人信息保护的规范及时制定。

2. 患者个人信息处理者的保护意识和法治意识淡薄

医疗机构每日将成千上万的患者信息载入或存储，涉及的工作人员涉及卫生技术人员和管理人员以及第三方劳务派遣人员，而患者个人信息采集、存储、使用、加工、传输、提供、公开和删除等行为涉及的经办人员有所差异，且大部分是不同的工作人员，且个人信息处理因科室职能和工作人员职务层级不同而所赋予的查阅

---

⑲ 参见刘艺：《检察公益诉讼的诉权迷思与理论重构》，载《当代法学》2021年第1期。彭钰婷等：《论消费者公益诉讼》，载《法学》2021年第3期。

权限也存在不同。基于职责分工和信息处理目的不同，患者个人信息处理的环节风险极大，加之，医疗机构在个人信息保护这块的重视程度尚且不足，使医疗机构及其工作人员并不能意识到个人信息特别是患者敏感信息保护的重要性，也难以识别日常信息管理过程中可能面临的隐患或风险，这也是前述个人信息处理安全事件屡防不止的原因所在。

3. 个人信息处理者自身信息化处理能力普遍不高，契约失灵

智慧医疗大背景下，医疗机构信息化建设逐渐受到重视，并成为医院发展规划的重要内容，也是医疗机构实现现代化和高质量发展的重要评价标准和基本保障。然而，医疗机构自身的信息化技术水平普遍不高，加之受互联网＋医疗发展趋势被动改变，从降低成本的角度，医疗机构多选择与第三方信息技术或管理公司进行合作，虽在便民就诊和医院智能化建设方面取得显著成效，但不可忽视的问题是，如第三方公司信息系统接口与医疗机构患者诊疗系统相通，实现个人信息无限制传输，或者通过设置程序漏洞，对患者个人信息做虚假处理或删除，那么大部分医疗机构可能束手无策或没有发现这一问题，说明当下医疗机构普遍不能对患者个人信息数据的实施完全加以控制。虽然合作协议或合同设计受委托或合作的第三方企业具有个人信息保护义务，甚至约定相应的违约责任，但仍然不能减轻医疗机构作为个人信息处理者所应承担的法定职责或义务。同时，医疗机构也欠缺对第三方机构个人信息处理能力和信誉进行评价的标准，除资质审查外，在业绩和信誉方面，难以做出有效评估。而且，《个人信息保护法》第 52 条虽然借鉴了欧盟《通用数据保护条例》(GDPR)个人数据保护官制度[20]，建立个人信息保护负责人制度，但并未就个人信息保护负责人的资格认定、工作职责和业务能力要求进行配套规定，这也是有关个人信息处理者自身信息化处理水平评价的重要标准之一。同时，患者个人信息属于敏感信息，大多数医疗机构在处理患者个人信息数量方面，早已达到或超过国家网信部门所规定的 10 万人次，[21]理应存在患者个人信息保护负责人配套规范，而实践中尚缺与此相关的配套规范。

4. 行政监管职责交叉，重复监管或监管空白待防范

《个人信息保护法》第 6 章就履行个人信息保护职责的部门进行了专门规定，其中，国家网信部门负责统筹协调个人信息保护及其相关监管工作，而国家有关部

---

[20] 参见刘江山：《欧盟通用数据保护条例中的数据保护官制度》，载《中国科技论坛》2019 年第 12 期。

[21] 《信息安全技术　个人信息安全规范》(GB/T 35273—2017)第 11.1 条规定："c)满足以下条件之一的组织，应设立专职的个人信息保护负责人和个人信息 保护工作机构，负责个人信息安全工作：1)主要业务涉及个人信息处理，且从业人员规模大于 200 人；2)处理超过 100 万人的个人信息，或预计在 12 个月内处理超过 100 万人的个人信息；3)处理超过 10 万人的个人敏感信息的。"

门则依法在其职责范围内负责个人信息保护及其相关监管工作。针对患者个人信息处理,国家网信部门和卫生健康部门以及国家市场监管部门均有权在其职责范围内负责个人信息保护及相关监管工作。此时,行政监管便存在职责交叉,行政监管部门职责分工不明确,特别是在交叉领域容易发生重复监管或重复处罚的问题,甚至是没有监管,这将加重医疗机构保护患者个人信息的法定义务,在多个行政部门针对同一行为实施监管时,可能做出不同的判断,使得医疗机构陷入适用两难,也可能因信息化技术不断提高,个人信息处理不规范的隐蔽性增强,在相关监管部门缺乏技术和行业沟通时,将容易产生监管空白,难以防范相应的法律风险。[22]

四、患者个人信息处理法律适用出路

《个人信息保护法》已作为个人信息保护专门法就相关主体的权利(力)和义务(责任)进行了规定,弥补了个人信息保护碎片化规定的缺憾,并总结了个人信息和数据安全技术规范和域外经验,以法律的形式确立个人信息保护的重要性。针对患者个人信息处理中如何兼顾患者个人信息保护问题,从完善配套规范、增强法律适用的可操作性、增强法治意识和多部门联动机制等方面提出如下建议。

(一)制定和完善医疗卫生行业配套规范,促使个人信息保护法律体系的协调和衔接

1. 制定或完善患者个人信息即敏感信息处理规则或配套规范,将“同意”原则使用的边界进行合理界定

第一,“同意”原则其理论和实践意义均较为重要,不能废弃,但也不能唯“同意”论,还需结合个案、处理目的和方式以及处理风险和相应的科研或社会意义进行评估,就“同意”原则除外的情形,在医疗卫生健康领域逐条落实,包括但不限于以下情形:(1)履行合同所必需,则可就履行医疗服务合同义务本身及延伸范围进行确定,如欠费或医疗损害责任纠纷,基于权利主张,可依法予以使用;(2)基于法定职责,则可将卫生行政等监管部门实施监督检查纳入,配合行政监管检查,个人信息处理者可不需取得患者或其近亲属同意,以及病历保管主体的委托存储,而将纸质病案存储于第三方机构等;(3)突发公共卫生事件或患者急危重情况或基于社会公共利益需要,将患者信息传输至上级医师或会诊单位或互联网远程合作单位,则属于医疗机构自主处理范围。

第二,梳理患者个人信息处理目的和方式以及常用项目,为降低授权成本,可在患者就诊期间就制定患者个人信息采集和使用知情同意书,明确告知患者其个

---

[22] 参见邓辉:《我国个人信息保护行政监管的立法选择》,载《交大法学》2020 年第 2 期。

人信息处理目的和方式和可能用于的项目或接收者。为便于证据固定，优先选择取得书面同意。

第三，扩大患者同意主体，即考虑患者昏迷、休克等危重情况，在患者无法表达意志或不能表达意志时，可提供完善行业配套规范，取得患者近亲属的同意，但需限定相应的特殊情形，避免扩大患者同意主体的随意性，进而导致患者个人信息保护权益受损。

第四，明确"同意"情形，结合医药卫生健康实际，完善相应的配套规范，以概括或列举的方式明确，就患者个人信息应用场景涉及单一或聚合信息考虑"同意"原则适用力度，可结合合法和合理原则进行考量。例如，就个案分析而言，可在合理处理患者一般信息、保护其肖像权基础上设定不需要取得患者本人同意即可公开的规则。

第五，根据患者个人信息使用场景，在个人信息处理保护措施完备的情况下，对患者个人信息处理实施全生命周期管理，即对患者个人信息从采集到删除或销毁全过程实施，并在匿名化处理等保护措施下，将患者个人信息纳入动态管理，建立信息池或数据流管理流程，确保患者个人信息或数据全程跟踪和控制。㉓

2. 正确理解患者个人信息处理权利，实现个人信息处理和保护之间的利益平衡

首先，患者个人信息权利如知情权、决定权和限制或拒绝权，应限于可识别范畴，个人信息处理者，特别是医疗机构在使用、传输、提供和公开个人信息时，应确保所呈现的信息处理结果匿名化，不能识别患者身份，包括其本人和社会关系人，严格保护患者的隐私权、肖像权、姓名权等人格权益。可在技术措施和法律规范上予以完善。㉔

其次，患者个人信息查阅、复制、更正和删除权的范围应结合不同的请求予以完善相应的合法性和合理性规则，如查阅、复制手续审查，更正范围是否超过其权利范围，比如病程记录基于检查和临床经验获得，不能因患者提出更正即同意更正，应受到合理限制。同时，医疗机构的核实义务也应受到限制，区分一般信息和敏感信息，不能一概而论。撤回同意和删除权，如项目已在进行，且投入巨大，患者删除权的行使便应受到合理限制，结合行业和个案实际，确定删除权行使条件。㉕

最后，基于患者个人信息保护权益和个人信息处理的必要性，个人信息处理者既要依法保护患者个人信息，还需遵循合法合理原则，采取必要而充分的保护措

㉓ 参见刘瑛、高逸：《健康医疗数据法律规制研究》，载《天津师范大学学报》2020 年第 2 期。

㉔ 参见肖夏：《个人数据保护之冲突规则研究》，载《求是学刊》2019 第 6 期。

㉕ 参见马莉：《"数字战役"背景下个人信息处理行为的利益平衡机制——基于双重外部性视角》，载《天水行政学院学报》2021 年第 3 期。

施，减少或避免患者因此遭受财产或人身损害，平衡患者个人信息数据开发与个人信息保护之间的关系，实现利益平衡。[26]

3. 总结现有公益诉讼经验，完善患者个人信息保护公益诉讼适用情形和程序

我国公益诉讼规定已较为完善，且近年来的公益诉讼案件也在增加，特别是环境保护案件，而《个人信息保护法》基于自然人保护个人信息的弱势地位，确立了公益诉讼路径，但实践中，还需在总结公益诉讼经验和教训基础上，考虑个人信息保护的行业背景，特别是医疗卫生行业领域，明确界定“众多”和“可以”适用的情形，如共同诉讼和公益诉讼并存或可能并存的情形发生时，基于司法资源的合理使用，应择一适用，相应的判断标准需予以明确。

（二）加强患者个人信息保护相关规范的学习，增强法治意识和保护能力

一方面，患者个人信息处理相关主体应加强对个人信息保护相关规定的学习和培训，包括法律规范和行业技术规范或标准，认真梳理医疗机构内部处理和委托第三方机构或合作开发医疗数据的主体在相关项目中可能面临的个人信息处理安全风险。另一方面，个人信息处理者，特别是医疗机构应加强自身信息处理水平的提升，在个人信息处理对外合作项目中，应重视对患者个人信息数据处理及控制的水平，有效识别和防范其中的风险。此外，个人信息处理者应结合个人信息保护新规和行业背景，制定科学合理的个人信息保护人制度和流程，明确职责，实现对患者个人信息处理的全生命周期管理。并依法拟定个人信息保护条款，加强资质审查和履约管理，做好事前、事中预防工作。

（三）理清行政监管职责，充分发挥行业协会的作用，实现多元社会治理

首先，理清新行政监管职责，充分发挥行政监管职能，建立个人信息保护行政监管联席会议制度，确保患者个人信息处理工作合法有序进行。个人信息处理所应对的是复杂的新事物，为行政监管带来诸多挑战，履行个人信息保护职责的行政部门，相关行政监管制度和职责尚待进一步完善和明确，为切实回应现实需求，在为数据驱动创新提供便利的同时也需要考虑个人信息处理过程中的疑难问题或变化情况。通过行政监管部门的联席会议制度，可对医疗卫生领域的现实复杂问题或新问题组织展开讨论，以明确各自职责，并就政策规范提供有益建议。

其次，行政监管部门及时反馈患者个人信息处理者的法律适用需求，可针对信息技术公司建立个人信息保护能力认定或评价标准，为医疗机构选择合作对象提供依据，降低或减少个人信息处理不当等法律风险。同时，建立健全患者个人信息

---

[26] 参见于柏华：《处理个人信息行为的合法性判准——从〈民法典〉第 111 条的规范目的出发》，载《华东政法大学学报》2020 年第 3 期。

保护负责人技能资格的认定标准，基于患者个人信息处理者自查和外部监管需要，可结合行业和机构实际，确立患者个人信息保护负责人，以期医疗健康信息数据、合规开发与应用。[27]

最后，充分发挥行业协会的作用，组织医院协会、医师协会、计算机协会、律师协会和行业从业代表参与讨论，就患者个人信息处理安全技术规范或法律风险进行探讨，以期为行业准确理解和适用法律提供指引。行政监管部门可以立项的形式就患者个人信息处理安全技术规范或标准进行专题研究，也可组织论坛就患者个人信息保护中的疑难问题和实际操作层面存在的障碍进行探讨，以降低医疗卫生健康领域的信息处理成本和风险。[28]

综上所述，《个人信息保护法》已围绕个人信息处理相关权利和义务以及行政监管部门职责和跨境传输等内容进行明确规定，以专门法的形式弥补了个人信息保护条款散落在不同法律规范增加适用难度或困境的不足。然而，即将正式施行的《个人信息保护法》在医疗卫生健康领域尚存在适用困境，有待专门法和行业法律规范保持统一，及时更新旧规，以提高患者个人信息处理质量。同时，加强不同处理主体对新规的学习，如普法宣传或专题培训等，不限于线上或线下参与，提高个人信息处理者自身的信息处理能力。此外，充分发挥行政监管职能，建立政府部门、行业协会和个人信息处理者（医疗机构和企业）、个人共同参与的社会治理机制，完善相关的配套规范，提高新法适用的可操作性，平衡技术创新和人格权益保护之间的冲突，实现多元主体利益平衡，为医疗卫生健康产业发展和患者个人信息保护奠定基础。

The Dilemma and Outlet of Patients' Personal Information Processing in the Context of Smart Medical

Liu Chun-lin, Deng Ming-pan, Duan Qiang

Abstract: With the advent of the digital age, the construction of smart medical care has achieved remarkable results, but the number of medical and health personal information processing security incidents has also increased. Although the "Personal Information Protection Law" will be implemented soon, it cannot

---

[27] 参加邓辉：《个人信息保护行政监管的经验与启示》，载《信息安全研究》2020 年第 1 期。

[28] 参见沈永东、应新安：《行业协会商会参与社会治理的多元路径分析》，载《治理研究》2020 年第 1 期。

completely solve the dilemma faced by patients' personal information processing in the application of the law. It is still necessary to formulate and improve the corresponding industry supporting regulations to achieve the coordination and unification of the personal information protection legal system. Personal information processors also need to improve their own information processing level, enhance their awareness of the rule of law, and formulate scientific and reasonable personal information protection clauses. At the same time, it also need to clarify administrative supervision responsibilities, give full play to the role of industry associations, and establish governments, industry associations, and personal information processing A social governance system involving multiple subjects such as patients and individuals, balancing the relationship between subjects related to the processing of patients' personal information, taking into account the purpose of personal information processing and protection, and eliminating the dilemma of the application of personal information processing laws, thereby promoting the high-quality development of the medical and health industry.

Key Words: smart medical; treatment of patients' personal information; consent; administrative supervision

输血医学研究生教育中融入输血卫生法学教育探究

衡敬之　高　蕾[*]

摘　要：目的：通过问卷调查的方式分析当前我国输血相关卫生法学教育的现状，揭示现行教育模式存在的弊端，并以此为契机探索更为适宜的适用于输血医学生的卫生法学教学模式。方法：主要采用问卷调查和文献回顾相结合的研究方法，对输血相关卫生法学教育现状进行分析，并以此为基础，融合可利用的各项条件，探索一种更适宜的输血相关卫生法学教育模式。结果：直面现行输血相关卫生法学教育不被重视和脱离实际的问题，确定培养目标，精简输血医学卫生法学教学内容，改良相关教学模式，以期达到理论与实践相结合的教学效果。结论：通过树立以培养和提高输血医学研究生法治思维及运用法律处理医疗纠纷问题的能力为基本目标，形成了以输血相关卫生法规教育为主要教学内容，兼具培养输血医学生医患沟通技能和处置医疗纠纷的能力，改传统课堂教学为"线上课堂＋线下模拟法庭"相结合的教学形式，并逐步改善输血相关卫生法学教育的师资和教学资料条件。

关键词：输血医学；卫生法学教育；教学模式

2018年4月21日，国家卫生健康委员会发布了最新一版的《医疗质量安全核心制度要点》，其中第十七个要点为"临床用血审核制度"，主要是指通过对临床用血的全过程进行审核与评估，以保证患者临床用血安全，[①]减少医疗安全事件的发生，预防输血相关医疗纠纷。这一制度要点对医疗机构输血岗位人才配置提出了更高的要求，同时也对输血工作者掌握并熟练运用输血相关卫生法学知识的能力

---

* 衡敬之，西南政法大学2020级在读博士研究生，研究方向：民商法学、卫生法学。高蕾，博士，中国医学科学院北京协和医学院输血研究所助理研究员，研究方向：卫生管理。

① 《国家卫生健康委员会关于印发医疗质量安全核心制度要点的通知》，http://www.nhfpc.gov.cn/yzygj/s3585/201804/aeafaa4fab304bdd88a651dab5a4553d.shtml，2021年2月16日访问。

提出了挑战。但是，现阶段输血医学专科人才培养自身就滞后于社会需求，相较于输血医学专业课程教学而言，输血相关卫生法学教育存在着重要性和重视度之间的较大矛盾，同其他医学专业的卫生法学教育相似，发展举步维艰。[②] 本文以当前输血相关卫生法学教育的发展现状为基础，尝试探索一种更适宜的输血相关卫生法学教育模式，希冀能够为提升输血医学专业人才的规范意识和法治思维提供理论参考。

一、输血医学研究生卫生法学教育现状回顾及研究缘起

（一）输血医学研究生卫生法学教育现状

输血相关卫生法学教育是指以输血医学临床或输血医学研究中涉及的卫生法律规范及输血临床实践中的医疗纠纷处置等为教学重心的一门应用法学教育课程。其主要特征是涉及输血医学与卫生法学两门学科的交叉，属于典型的应用法学教育。其面向的受众单一，主要是输血医学生或输血医学继续教育人员。主要目的是规范临床输血诊疗行为与临床血液、血液制品管理，提升输血医学专业人才预防和妥善处理输血医疗纠纷的意识或能力。这也符合《医疗纠纷预防和处理条例》所倡导的理念，即医疗纠纷应以预防为主，预防与处理相结合。

输血相关卫生法学教育属于医学生法律素质教育的特殊分支之一，而医学生法律素质教育又属于医学生人文素质教育的重要组成部分。三者之间存在的这一种属关系也可以反映在他们的教育现状上。

首先，就我国的医学生人文素质教育总体情况而言，由于长期受到应试教育模式的影响，医学生人文素质教育存在比例严重失衡、内容单一随意[③]、知行几近分离[④]等问题。其次，就我国的医学生法律素质教育[⑤]（又称“医事法律素养”与“卫生法律素养”）而言，国内有研究显示，我国的医学生法律素质教育总体上呈现出医学生认知程度低[⑥]、学习积极性低[⑦]的“双低现象”。

因此，受到以上两种通识医学人文素质教育效果不佳的影响，作为医学教育的

---

② 尤海菲、尹文：《国内外输血医学教育初探》，载《中国输血杂志》2016 年第 5 期。

③ 许俊卿、詹健铨、黎琳：《中国大陆、香港、台湾三地医学生人文教育的比较及其启示》，载《医学教育探索》2008 年第 6 期。

④ 张学思等：《台湾中山医学大学医学人文教育特色与反思》，载《医学与哲学（A）》2013 年第 8 期。

⑤ 刘晓红：《基于医学教育标准的本科医学生人文素质培养路径探讨》，载《中国卫生事业管理》2015 年第 11 期。

⑥ 杨丽、岳远雷、赵敏：《武汉地区医学院校大学生医事法律素质现状调查研究》，载《医学与法学》2013 年第 5 期。

⑦ 高雪娟、曾真、金浪：《医学生法律素质教育的实证调查与优化》，载《福建医科大学学报（社会科学版）》2015 年第 4 期。

一个特殊分支，输血医学教育只重视输血医学专业技术教育而忽视输血相关卫生法规教育的情况也是难以避免的。纵观国内现有的输血医学教育，并没有针对输血相关卫生法规教育的独立课程。以协和医学院为例，公共选修课程中也仅有一门医事法基础知识和典型案例供学生选择，而在输血医学专业课上，输血相关法律法规也仅占用了3学时进行授课。

（二）输血医学卫生法学教育研究缘起

为弥补输血医学生在输血相关卫生法学教育方面的不足，培养其相关卫生法学理论和实践相结合的综合素养，我们首先树立了以培养和提高输血医学研究生法治思维及运用法律处理医疗纠纷问题的能力为基本教学目标，并以此目标来分析和评价输血相关卫生法学教育模式的现状和存在的问题，希望进行有针对性的教学改革。同时希冀通过输血相关卫生法规教育模式的探索，逆向推动输血医学教育的规范发展，同时提升医学院校对医学生法律素养培养的重视度。

二、输血医学研究生教育中融入卫生法学研究实证调查

通过查询官网数据和电话调查发现，目前我国的输血医学本科教育已经销声匿迹，研究生层次专业教育也仅仅集中于少数国内知名高校和科研机构，例如南方医科大学、海军军医大学、空军军医大学、陆军军医大学、北京协和医学院（输血研究所）。为了解我国输血相关卫生法规教育的发展现状，发现潜在的问题，我们对其中2所开设输血医学专业的高等医学院校的研究生（包括在读研究生和已经毕业的研究生）就输血相关卫生法规教育情况做了调查分析。

（一）研究方法

针对学生对输血卫生法规认知度，对输血卫生法规教育的态度，对输血卫生法规教育的建议等内容设计调查问卷，内容包括个人基本信息、本科毕业专业、研究生专业及研究方向、在研究生课程未学习阶段的卫生法学教育情况、对研究生阶段输血相关卫生法学教育课程的态度、对医学相关法律法规以及对输血医学卫生法规的认知度、所学法律法规知识对于应对输血相关医疗纠纷的实用性等。其中关于“认知度”和“实用性”等项目内容需要以学生评估的问题采用评分的方式，按正态分布规律以100～0分逐项递减为选项赋分。将调查问卷以纸质的形式发放给在读学生，同时以电子邮件的形式发放给已毕业学生，所有学生均以匿名的方式参与调查问卷。问卷在规定的时间内收回，并由2名专职教师整理出有效问卷（按要求对调查内容进行勾选判断为有效问卷），对有效问卷的数据结果进行分析。采用SPSS 19.0统计学软件，对问卷的各项答案的得分进行描述性统计学分析，其中率用百分比（%）表示，多项选择题仅列出选择人数。

（二）调查分析

研究组在此次调研中，向国内 2 所著名医学高等院校的输血医学专业研究生共发放 60 份调查问卷，最后收回 54 份调查问卷，其中有效填写的调查问卷有 54 份，调查问卷有效率为 90.0%。具体分析结果详见下文。

基本信息分布情况：第一，被调查者年龄与性别。该批被调查者的平均年龄值为 26 岁，男、女性别比为 1∶2。第二，被调查者所属学校。在 54 份有效调查问卷中，大学 A 的被调查者占 22 人，大学 B 的被调查者占 32 人。第三，被调查者所属专业。54 位被调查的输血医学研究生，其本科专业集中分布于分子生物学与生物工程技术（22 人）、医学检验学（17 人）、临床医学专业（10 人），占总人数的 90.7%，这些专业都与输血临床和科研工作紧密相关，仅有 4 人是临床医学专业（输血医学方向）。在研究生专业中，输血医学专业占 29 人，其他 25 人多数属于微生物与分子生物专业（输血医学方向）。

为了便于归纳，研究组将输血相关卫生法学教育现状划分为本科培养阶段和研究生培养阶段两个部分，见表 1。

表 1　我国不同培养阶段的输血医学生输血相关卫生法规教育情况　（单位：人）

培养层次	非自主学习			自主学习		未开展
本科培养阶段	思修	卫生法	培训	执医考试	互联网	—
	25	23	19	19	16	
研究生培养阶段	输血医学	输血医学概论		执医考试	互联网	46
	1	7		—	—	

表 1 中的“非自主学习”是指由培养单位按照教育部规定的课程大纲设置的卫生法学课程，由于学生多数没有选择权，故称为“非自主学习”；而与之相反的是“自主学习”，它主要是指在课程学习外，学生基于个人兴趣或自主就业主动学习的卫生法学知识。

从表 1 可以发现，两个不同培养阶段的输血相关卫生法学教育存在较大差异。本科培养阶段，学生主要通过“卫生法学”等通识课程获取卫生法学相关知识，但即使是输血医学本科专业学生，也没有接触专门的输血相关卫生法学教育。研究生培养阶段，仅输血医学概论设置了 3 学时的输血相关卫生法学内容。

由于本科阶段几乎不涉及输血相关卫生法学教育内容，而研究生阶段仅是一笔带过，所以关于对输血相关卫生法学教育课程的态度，有 44 名占比 81.5%的被调查者认为输血相关卫生法规教育的总体教学实际效果不佳。

对医学相关法律法规以及对输血医学卫生法规的认知度情况：对于医学相关法律法规的认知度总体偏低。仅有 19 名占比 35.2%的被调查者较为了解（50～

100)；其余35名，占比64.8%的被调查者不太清楚(0～50)。而对于输血医学卫生法规的认知度情况稍好，但是仍然不理想。有26名占比48.2%的被调查者较为了解(50～100)；有28名占比51.8%的被调查者不太清楚(0～50)。

关于所学法律法规知识对于应对输血相关医疗纠纷的实用性情况：有39名占比72.2%的被调查者对所学输血相关卫生法规知识能否有效应对发生于自身的输血医疗纠纷持怀疑态度，认为其实用性差(0～50)。仅有15名占比27.8%的被调查者认为所学输血相关卫生法规知识可以有效应对发生于自身的输血医疗纠纷，实用性佳(50～100)。

关于导致当前输血相关卫生法学教育效果不理想的主要原因，被调查者认为应当包括以下内容：(1)教学缺乏实用性(41人选择)；(2)教学形式单一(28人选择)；(3)教学内容枯燥(21人选择)；(4)考核形式单一(20人选择)。

关于输血医学研究生对完善输血相关卫生法学教学模式的建议，在教学内容上，有42名占比77.8%的被调查者建议教学内容应当以输血相关卫生法学知识为主，然后辅之以其他卫生法学知识，特别是应当注重知识的实践应用性。在教学形式上，有44名占比81.5%的被调查者建议应当将理论教学与见习相结合。77.8%的被调查者对于情景案例讨论等贴近实践的教学形式颇具好感。

三、输血医学研究生教育中融入输血卫生法学教育具体路径

基于以上关于我国输血相关卫生法学教育现状的调查和分析，我们认为，面对现阶段仍然较为严峻的医患纠纷形势，有必要调整输血相关卫生法规教育的目标，探索新的输血相关卫生法规教育模式。下面将从4个方面具体构建输血相关卫生法学教育模式：(1)输血相关卫生法学教育的教学设置；(2)输血相关卫生法学教育的教学内容；(3)输血相关卫生法学教育的教学形式；(4)输血相关卫生法学教育的教学保障。

（一）输血相关卫生法学教育的教学设置

1. 课程目标

2016年7月25日，国家标准化委员会批准了GB/T 13745—2009《学科分类与代码》国家标准第2号修改单并宣布此修改单自2016年7月30日起实施。此修改单的主要内容是："(1)在临床医学下增设二级学科输血医学；(2)在输血医学下分设基础输血学等三级学科。"[⑧]至此，输血医学正式成为一门具有相对独立知

---

⑧ 《国家标准委员会关于批准发布GB/T 13745—2009〈学科分类与代码〉国家标准第2号修改单的公告》，http://www.syzj.gov.cn/zjj/board-10003-367327266315，2021年2月16日访问。

识体系的二级学科，但是此国家标准主要适用于科技规划与科研项目、成果的统计及管理，即主要应用于科研领域，而非教学领域。根据《普通高等学校本科专业设置管理规定》《普通高等学校本科专业目录(2012 年)》，输血医学还不是一个独立的本科专业。

由此可见，我国的输血医学教育相较于欧美发达国家仍然不成体系，本科教育存在断层，输血医学专业教育集中开设于研究生培养阶段，并且多数学生属于跨学科培养。因此，输血相关卫生法规教育针对的主要对象目前是以研究生、继续教育学生为主的群体。

针对这一掌握了基本法律知识、具备一定输血临床实践经验的输血相关卫生法学教育受众，需要调整课程的目标。输血相关卫生法学教育应当更加倾向于实务操作层面，注重培养输血医学生正确预防与处理输血医疗纠纷的思维。换言之，输血相关卫生法规教育不是针对法学生的法学理论教育而是法律实践教育，应当在培养输血医学生规范意识的同时增强其预防与处理医疗纠纷的法治思维能力。

2. 课程性质

目前，输血医学专业教育仅存于研究生培养阶段，医学高校在本科阶段仅设置“思想道德修养与法律基础”“卫生法学”或“医事法学”等法律通识教育课程。其中，“思想道德修养与法律基础”作为思想政治课程和研究生统一入学考试必考科目，一直是必修课程。而“卫生法学”(或“医事法学”)也逐渐受到各大医学高校重视，甚至有部分高校将其列为必修课程。

由于我国尚未建立完整、独立的输血医学专业教育体系。我们建议各输血医学人才培养单位可以根据《关于批准发布 GB/T 13745—2009〈学科分类与代码〉国家标准第 2 号修改单的公告》(以下简称《批准修改公告》)划分的不同培养方向，如基础输血与输血技术学、临床输血学、输血管理学，设置对应的输血相关卫生法学课程，具体见表 2。

表 2　输血医学不同培养方向输血相关卫生法学教育课程性质

拟培养方向	课 程 性 质
基础输血与输血技术学	非专业选修课
临床输血学	专业选修课或专业必修课
输血管理学	专业必修课

总之，我们认为输血相关卫生法规教育课程的性质应当遵循“越贴近输血医学临床实践、输血相关卫生法学教育越重要”的原则，参考《批准修改公告》的学科定

位，确定不同培养方向的输血医学研究生的卫生法学课程性质最为恰当。

3. 课程安排

首先，作为针对输血医学研究生或继续教育学生的一门重要的医学人文素质教育课程，我们认为输血相关卫生法学教育应当放在研究生培养的第一学年或第一学期，从一开始就树立输血医学专业人才的规范意识。

其次，鉴于绝大部分输血医学研究生或继续教育学生存在跨专业的背景，系统补充输血医学专业知识会占据其大部分教学课时，因此输血相关卫生法规教育的课时设置宜短而精，避免本末倒置，具体可放置于输血医学专业公共课程后进行。

最后，教学课时宜突破传统，采用学生线上网络微课学习＋线下模拟法庭实践及单位见习相结合的教学安排，线上教学时长约为 10～12 学时，线下模拟法庭实践不低于 4 学时，见习则可安排至专业实习过程中进行。

（二）输血相关卫生法学教育的教学内容

1. 与输血相关的法律法规的系统教育

输血相关卫生法学教育最核心的教学内容是输血相关卫生法规。输血相关卫生法规是指用于调整、规范输血诊疗、管理、科研等活动过程中相关法律关系的法律规范的总称。我们在查阅全国人民代表大会、国家卫生健康委员会、中国输血协会官方网站并结合北大法宝网后，总结了现行有效的输血相关卫生法规。

现行有效的输血相关卫生法规范主要分为两大类：(1)法律型规范（或者称一般性规范）；(2)专业型规范（或者称技术型规范）。法律型规范包括三大类：法律以《中华人民共和国献血法》（以下简称《献血法》）为代表，约有 6 部；行政法规，以《血液制品管理条例》为代表有 7 部，加上国务院新颁布的《医疗纠纷预防和处理条例》（2018 年 10 月 1 日起施行）；部门规章，以《医疗机构临床用血管理办法》为代表，共有 7 部。而专业型规范主要是涉及输血医学专业的一些行业规范、国家标准等，数量超过 50 部。基于这一分布特点，我们认为输血相关卫生法规教育理论教学部分应当以法律规范为主，辅之以一些重要的专业型规范，同时在理论教学中加入典型案例分析。而专业型技术规范主要置于见习或专业实习过程中完成。

当然，授课教师可以根据实际情况调整具体教学内容，但涉及以输血医学为主要规范对象的卫生法规，比如《献血法》、《中华人民共和国传染病防治法》（以下简称《传染病防治法》）等不应当被省略。

2. 与采供血有关的医患沟通技能教育

据学者研究发现，医疗机构面临的医疗投诉和医疗纠纷中，80％以上的案件是由于医患沟通不畅、服务态度不佳导致的。[⑨] 因此，重视医学生医患沟通技能教育已经由医学教育理论逐步发展为各医学高校医学教育的共识。[⑩]

采供血活动是输血医学临床实践的重要组成部分，同样存在因为沟通不畅引发的各种医疗纠纷和医疗投诉。此外，血液作为一种特殊医用物品，被《中华人民共和国药品管理法》(以下简称《药品管理法》)归入药品进行管理，由于采集的无常性，需要征得献血者的同意，并告知相关风险；而输血相关的风险中，最常见、最严重的是血液传播性疾病，例如艾滋病、乙肝等。所以，让医学生掌握采供血各环节中基本的沟通技巧，减少献血者或患者及其近亲属的误解，能够有效规避潜在的法律风险，促进输血医学健康发展。

3. 与输血有关医疗纠纷的防范处理程序教育

医疗纠纷是指在疾病诊疗过程中医患双方发生纠纷。由于医疗纠纷的发生并非无迹可寻，也不是无事生非，因此增强医学生提前识别高风险患者、家属的能力，及时引导患者、家属至医疗机构设置的医疗纠纷处置机构、组织，有必要施以专门的医疗纠纷防范与处理程序教育。

具体到输血有关医疗纠纷，输血相关卫生法学教育可以从三个方面展开教育：第一，梳理与输血有关的医疗纠纷风险点。这是此教育内容的至关重要的一步，通过教师与学生的互动，找寻真实案例中变现的风险点，增强其风险预警能力。第二，让学生掌握基本的医疗纠纷防范措施。风险识别后，指导学生针对不同风险情景制定防范预案，例如及时报备等。第三，让学生掌握纠纷发生后的处理程序与技巧。程序与技巧可制作为流程图讲授，或由学生自己先思考设计，教师现场修改完善，并把处置流程作为考核重点。

(三) 输血相关卫生法学教育的教学形式

在具备以上条件后，如何开展输血相关卫生法学教育成为构建输血相关卫生法学教育模式的关键。

现行输血相关卫生法学教学形式枯燥乏味，学生迫于学分要求到堂，但实则是在做与自己专业相关的事情。我们认为，即使输血相关卫生法学教育现在主要面向研究生或者输血医学继续教育学生，但是教学形式也应当保证多样化，以确保教学效果。由于输血医学研究生培养的时间较短，将以上教学形式与互联网相结合，可以有效打破地域和时间的限制，减少与输血医学专业教学的冲突。

1. 线上共享知识平台教学

由于全国开设输血医学专业教育的医学院校较少，各大院校或研究机构的输

---

⑨ 戴娟：《新常态下医疗投诉纠纷成因分析及防范对策研究》，载《江苏卫生事业管理》2019 年第 1 期。

⑩ 梅春英、徐学华：《医学院校加强医患沟通教育探索》，载《医学与哲学(A)》2017 年第 12 期。

血相关卫生法规教育发展相对迟滞。特别是输血医学研究生教育阶段，基本不接触与法律相关的课程，输血相关卫生法规教育更是缺乏。

随着我国互联网技术的飞速发展，各种线上远程教育在很大程度上缓解了地区间、高校间的教育资源。我们认为输血相关卫生法学教育完全可以建立全国性的教学资源共享网络平台，各高校或研究机构借此分享彼此在输血医学卫生法学教育方面的最新成果。

具体采用何种合作网络建设方式，我们建议在开设输血医学专业教育的高校之外可以与其他《卫生法学》《医事法学》教育的医学高等院校合作，丰富教学资源。[11]

2. *典型案例模拟法庭教学*

输血医学专业研究生或继续教育学生的培养还处于初级阶段，人数较少，传统的理论教学缺乏师生之间的充分互动。[12] 无论是输血医学专业技术知识，还是输血医学卫生法规知识都是被动接收。并且，输血相关卫生法学教育的目标是培养和提高输血医学研究生法治思维及运用法律处理医疗纠纷问题的能力。这两者都要求输血相关卫生法学教育要打破“静坐”教学。

典型案例模拟法庭教学，是通过组织学生扮演输血医疗纠纷法庭角色的方式模拟典型案件，以此身临其境的方式感受输血相关卫生法学教育。教师可将学生进行分组，分别扮演法官、患者方、医疗方，学生根据案情准备庭审资料，由教师主持，学生按照真实法庭程序完成模拟听审，旁听学员可向三组成员发问，最后由老师做点评，并总结该案件得到的启示。

以上两种输血卫生法规教学形式是基于同类教学实践的经验移植，比如哈尔滨医科大学、西南医科大学、首都医科大学等开设“卫生大学”“医事法学”等课程的医学高等院校，通过由学生扮演法庭角色的形式，将现实中真实医疗纠纷案例进行生动的模拟展示，更好地传达医疗卫生法律规范在医疗运行实践的注意事项，使学生更易于接受。另外，借助国家级网络教学平台爱课程(iCourse)，哈尔滨医科大学将“卫生法学”国家级精品课程上传于此，总课时 42 学时，并搭配在线课堂作业和考试，目前总学习人数为 6000 余人，极大地便利了课时紧张的学生，受到广大医学学子的欢迎。[13]

设计线上教学＋线下模拟训练相结合的方式，使学生能够将理论应用于实践，

---

⑪ 王文敬等：《输血医学专业课程的远程教学模式初探》，载《中国高等医学教育》2013 年第 5 期。

⑫ 李艳霞：《从符号互动理论解析医事法学课程教学的师生互动》，载《医学与法学》2017 年第 3 期。

⑬ 哈尔滨医科大学国家级精品网络在线课程“卫生法学”，http://www.icourses.cn/sCourse/course_2416.html，2021 年 2 月 16 日访问。

解决未来工作中可能遇到的问题，参与法律实践，培养法治思维。同时训练学生在法学知识方面以外的素质，例如沟通、协同配合等综合素质。

（四）输血相关卫生法学教育的教学保障

输血相关卫生法学教育模式的构建除了完善教学设置、教学内容、教学形式以外，还有一些外部保障条件必须考虑。

1. 教学师资保障

输血医学教育或输血医学研究生教育在我国起步较晚，专业师资较少，主要集中于北京协和医学院输血研究所、南方医科大学以及几个军医大学。南方医科大学通过开展国际合作的方式引进美国先进的输血课程和优秀的师资。这一方面补足了输血医学教学师资的不足，也开阔了输血医学生的学术视野和提升了其国际交流能力。[14]

相比输血医学专业教育而言，输血相关卫生法规教育师资力量匮乏程度更为严峻。因此，若要建立新的输血相关卫生法规教育模式，拥有一支高素质的师资队伍至关重要。对此，我们建议从两个角度逐步加以解决：(1)与区域内临近的综合性大学或者政法学院合作，建立联合研究院，师资互聘，充实教学实力；(2)通过互联网远程教育平台，以共享优秀课程的方式解决师资短时不足的问题。

2. 教学资料保障

输血相关卫生法学教育的教学资料既是理论教学的重要参考依据，在必要时还是输血专业医学生的医疗纠纷预防和处理指南。

目前，有关医学生法律素质教育的教材主要是《卫生法学》(人民卫生版)，以及由卫生法学会组织编写出版的“卫生法学”系列教材，还包括一些案例教材和模拟法庭教材。但是，有关输血相关医疗纠纷处置的专门教材比较少见，比较有代表性是由中国科学技术出版社在2006年出版的，由周林、武峰主编的《输血医疗纠纷与事故防范》一书。由于出版时间较早，相关输血卫生法规范已几经修改，部分内容不适合现阶段教学使用。

我们认为可以从两个方面缓解教学资料的不足。其一，以输血相关卫生法规教育为主题申报教改课题，通过课题研究的方式组织全国输血医学卫生法规教育领域的专家编写专业教材。其二，充分利用现有教材，包括优秀的卫生法学教材和医疗纠纷案例讨论教程，具体内容需要由任课教师或教学组根据课堂实际需要进行筛选、编辑，以适用于输血相关卫生法规课堂教学。

---

⑭ 王文敬等：《输血医学专业高等教育模式的探索》，载《中国输血杂志》2012年第10期。

Research on Integrating Blood Transfusion Health Law Education into Postgraduate Education of Blood Transfusion Medicine

Heng Jing-zhi，Gao Lei

Abstract：Objective：to analyze the current situation of health law education related to blood transfusion in China by means of questionnaire survey，to reveal the disadvantages of the current education mode，and to explore more suitable health law teaching mode for medical students of blood transfusion. Methods：using questionnaire survey and literature review，the present situation of health law education related to blood transfusion was analyzed，and a more suitable model of health law education related to blood transfusion was explored on the basis of all available conditions. Results：facing up to the problem that the current health law education related to blood transfusion is not paid much attention to and divorced from the reality，the cultivation target is determined，the teaching content of health law related to blood transfusion medicine is simplified，and the relevant teaching mode is improved，so as to achieve the teaching effect combining theory with practice. Conclusion：through set up to foster and improve the blood transfusion medicine graduate students of the rule of law thinking and the ability to apply the law dealing with medical disputes as the basic goal，to form the blood transfusion related health law education as the main teaching content，develop blood transfusion medical students' doctor-patient communication skills and the ability of the disposal of medical disputes，to change the traditional classroom teaching as"online＋offline simulation court class" combination of teaching form，and gradually improve transfusion related conditions of health law education of teachers and teaching materials.

Key Words：transfusion medicine；health law education；model

论基因治疗研究投资行为的伦理审查

吴焱斌　王　岳*

摘　要：中国基因治疗市场具有数亿人民币的规模，并且保持着每年百分之十几的复合增长率。资本和基因治疗技术的结合，无疑在助推技术风险的扩大化，使得科学家异化为科学家商人。基因编辑婴儿事件，中国政府当局将其界定为追逐商业利益的非法犯罪行为。目前，中国基因治疗研究投资行为并无相应的法定伦理审查。笔者分析认为，在基因治疗研究的投资阶段，现有的自治性风险评估存在资本利益绝对优先和缺乏外力约束等问题。并且，临床试验阶段的法定伦理审查的局限性在资本扩张面前更加明显。道德投资理论为基因治疗研究投资行为的伦理审查奠定了学理基础，中国基因治疗研究投资行为的法定伦理审查具有必要性和可行性。因而，笔者提出机构内置的伦理审查应当前置于基因治疗研究的投资阶段。

关键词：基因治疗；风险规制；伦理审查；道德投资

引言

基因治疗（Gene Therapy）是指将外源正常基因插入靶细胞以替换缺陷的或异常的致病基因，也包括将外源基因插入患者的靶细胞从而借外源基因制造的产物来治疗疾病。[①] 基因治疗分为体细胞基因治疗和生殖系基因治疗。随着第三代基因编辑技术 CRISPR 的出现，基因治疗拥有更加便捷、高效的工具，一批欧美基因治疗生物科技公司相继上市。据市场研究机构 Allied Market Research 分析和预

---

* 吴焱斌，北京大学医学人文学院 20 级博士生，研究方式：卫生法。王岳，北京大学医学人文学院教授，研究方向：卫生法。

① Rainsbury J M. "Biotechnology on the RAC—FDA/NIH Regulation of Human Gene Therapy." Food and drug law journal. vol. 55, no. 4, 2000.

测，全球基因编辑市场将从2020年度的48.1亿美元增长到2030年的360.6亿美元，年复合增长率高达22.3%；由于发展中国家对基因编辑和医学遗传学投入资金增加，该机构报告中预测亚太地区的市场年复合增长率达25.2%。[②] 根据智研咨询发布的《2021—2027年中国基因治疗行业市场研究分析及发展规模预测报告》显示，2020年中国基因治疗市场规模为2380万美元，2016—2020年的市场年复合增长率为12.2%。[③] 近年来国内CGT临床试验的大量开展、基因治疗产品的陆续获批上市及相关产业政策支持，智研咨询预计中国基因治疗市场规模将迅速扩大。

中国对CRISPR技术的研究位于国际前列，发表论文发表数量位居世界第二，仅次于美国。[④] 中国于2015年在世界范围内首次报告了人类生殖系基因编辑工程；[⑤] 2018年11月26日，中国人民网上发布了题目为《世界首例免疫艾滋病的基因编辑婴儿在中国诞生》的报道，[⑥]贺建奎生殖系基因编辑婴儿事件轰动科技界。针对贺建奎事件的恶劣行为，中国法院最终以非法行医罪判处贺建奎有期徒刑三年，并处罚金人民币三百万元。[⑦] 中国的这两次基因编辑事件均引起了世界范围内的恐慌和批评，我国的基因治疗规制体系也饱受诟病。尽管贺建奎事件后，中国政府进行了系列针对性的立法行动，主要包括《生物安全法》(2021)专章规定"生物技术研究、开发与应用"安全和《刑法修正案(十一)》(2020)增加刑罚打击非法基因编辑类犯罪，试图规制基因编辑技术研发及应用的风险。目前为止，中国基因治疗的规制措施仍有不少问题，[⑧]在资本的强势扩张下，现有的伦理审查和风险规制措施有待加强。综上所述，如何在资本投入阶段就启动法定的伦理审查从而在投资环节就将违反伦理道德的基因治疗研发项目叫停，是一项具有社会价值的研究。

---

② Allied Market Research. Genome Editing Market by Application: Global Opportunity Analysis and Industry Forecast, 2021—2030. https://www.alliedmarketresearch.com/genome-editing-market-A12445, 2022年2月1日访问。

③ 2021—2027年中国基因治疗行业市场研究分析及发展规模预测报告，产业信息网：https://www.chyxx.com/industry/202109/973682.html，2022年2月8日访问。

④ See supra note 2.

⑤ Liang P, Xu Y, Zhang X, et al. "CRISPR/Cas9-mediated gene editing in human tripronuclear zygotes."Protein Cell, vol. 6, no. 363, 2015.

⑥ 世界首例免疫艾滋病的基因编辑婴儿在中国诞生，中新网：http://www.chinanews.com/jk/2018/11-26/8685635.shtml，2022年2月8日访问。

⑦ "基因编辑婴儿"案一审宣判，贺建奎等三被告人被追究刑事责任，人民日报网：https://baijiahao.baidu.com/s?id=1654333219580716977&wfr=spider&for=pc，2022年2月8日访问。

⑧ Li J R, Walker S, Nie J B, et al. "Experiments that led to the first gene-edited babies: the ethical failings and the urgent need for better governance."Journal of Zhejiang University SCIENCE B, vol. 20, no. 1, 2019.

一、基因治疗投资阶段的伦理规制困境

（一）法定的伦理审查并不管辖基因治疗研究投资行为

基因治疗技术研究以治病救人为目的，其属于涉及人的生物医学研究。国家卫生和计划生育委员会（现卫健委）于 2016 年颁行《涉及人的生物医学研究伦理审查办法》（简称《伦理审查办法》），基因治疗研究投资行为属于《伦理审查办法》所规定的伦理审查对象吗？根据笔者以下的分析可知，《伦理审查办法》中规定的法定伦理审查并不管辖基因治疗研究投资行为。《伦理审查办法》的第 1 条明确了立法目的——运用法治来维护人的尊严、尊重和保护受试者的合法权益以及规范涉及人的生物医学研究伦理审查工作。[⑨]《伦理审查办法》的第 7 条规定："从事涉及人的生物医学研究的医疗卫生机构是涉及人的生物医学研究伦理审查工作的管理责任主体并应当设立伦理委员会"，同时该办法具体规定了伦理审查委员会的设置、审查程序、知情同意保护、对伦理审查委员会的行政性管理和委员会的违法责任。也即由机构内审查委员会（Institute Review Boards）负责保护受试者权益和保障人群整体的尊严。具体而言，伦理委员会负责对受理的申报项目开展伦理审查和提供审查意见。其中，《伦理审查办法》第 19 条规定，伦理审查申请人在申请伦理审查时需要向机构内的伦理委员会提交研究项目方案和受试者知情同意书。与之相应，《伦理审查办法》第 20 条规定，伦理委员会收到申请材料后应当重点审查研究项目的科学性和受试者的权益保障情况。综合可知，依据《伦理审查办法》的规定，伦理委员会负责审查的"申报项目"是指进入临床试验阶段且受试者已确定的项目，并且重点在于保障研究项目中已确定的受试者的生命健康、人格尊严、隐私等合法权益从而维护人类整体的尊严。基因治疗研究的投资行为在时间顺序上先于临床试验，两者属于具有时间先后差序的且属性不同的行为，伦理委员会负责审查的"申报项目"并不包括资金来源、资金多寡和资金能否投入等投资属性的问题。因而，《伦理审查办法》中规定的法定伦理审查并不管辖基因治疗研究投资行为。

（二）基因治疗研究投资行为的自治性风险评估

1. 资本逐利要求投资人进行风险评估

现行法中并没有直接的法律依据课以基因治疗研发机构在投资阶段恪守伦理

---

⑨ 国家卫生和计划生育委员会：《涉及人的生物医学研究伦理审查办法》，载《中华人民共和国国务院公报》2017 年第 27 期。

审查的法定义务，这里的伦理审查主要包括技术的安全和伦理争议等方面。[10] 尽管基因治疗的投资人并无法定的伦理审查义务，但是投资人是否有包括伦理风险评估在内的法定风险评估义务呢？依据《生物安全法》的第 38 条第二款规定，从事高风险、中风险生物技术研究、开发活动，应当进行风险评估，制订风险防控计划和生物安全事件应急预案，降低研究、开发活动实施的风险。基因治疗新技术的研究目前属于中高风险的生物技术研究。但是，从文意解释和体系解释来理解，该条款规定的风险评估并非是遏制资本流入“非法的”基因治疗技术的研发，而是对合法的基因治疗技术研发风险的管控。既然没有外部的强制性法律义务要求基因治疗研发机构必须开展投资阶段的风险评估，是否意味着投资人无需进行投资阶段的风险评估呢？实则不然，资本具有“趋利避害”的本质，资本运营遵循着资本逐利规律。[11] 依据企业财会理论，投资阶段的风险—收益分析已然是组织投资行为的惯例。[12]

基因治疗产业作为以生物医学新技术为第一驱动力的产业，属于技术驱动、资金密集和风险密集型的生物制药产业，并且具有产品开发周期长和成功率低的行业特征。[13] 基因治疗作为风险密集型产业，其资本融入属于风险投资，并且实现投资增值的根本在于项目潜在收益的挖掘和风险（包括伦理风险）的规避。[14] 因而，笔者认为投资阶段的风险评估是基于资本逐利规律下的必然行动，也是除科学家自由心证和学术共同体科学文化约束之外的，风险规制路径上的第一道关卡。中国著名医学伦理学家丛亚丽教授在就贺建奎基因编辑婴儿事件撰写的一篇学术论文中，她亦将投资环节的项目评审作为高风险基因编辑技术实施路途上的制约要素，[15]和笔者的观点一致。概而言之，资本逐利要求投资人在资本投入阶段进行包括伦理风险在内的风险评估。

2. 投资阶段的风险评估具有私人自治的品性

基因治疗投资阶段的风险评估主体是投资方本人。资本自身为了逐利，对拟投资的技术研发项目进行私人自治性的风险评估。风险评估的私人自治是指，投资方本人为了保障其金钱资本成功转化为技术资本，投资方进行自由最大化诚

---

⑩ 王康：《人类基因编辑多维风险的法律规制》，载《求索》2017 年第 11 期。

⑪ 王红建、张丽敏、曹瑜强、李茫茫：《持股金融机构、资本逐利规律与实体企业竞争力——基于实物期权理论框架的实证研究》，载《财经研究》2020 年第 10 期。

⑫ 朱新财：《生物技术研发不确定性与投资研究》，载《管理评论》2013 年第 1 期。

⑬ 彭朝晖：《基因治疗产业现状》，载《生物产业技术》2009 年第 3 期。

⑭ 俞颖：《我国风险投资评估指标体系研究——基于高新技术项目产业化过程的分析》，载《经济问题》2008 年第 4 期。

⑮ 丛亚丽：《基因编辑婴儿事件制度层面的反思》，载《医学与哲学》2019 年第 2 期。

命。[16] 私有化公司的投资行为属于民商法上的私人自治行为，私人主体进行投资前的收益评估、投资与否的抉择以及投资数额的确定等均是私人自治事项，遵循私法自治原则。[17] 私法自治原则具体到基因治疗研究投资行为的风险评估事项，其展开意义是，基因治疗技术的投资人在风险评估中有绝对的决定权来对风险点的重要性进行排序。风险评估的主要风险点包括安全风险、合规风险、知识产权风险、伦理风险或不公正风险等，这一揽子选项的决定权完全属于投资人所有。并且，不同的风险排序将直接影响投资人的投资决策。比如，A 项基因治疗技术研发方案，在 10 分制度量衡下，安全风险数为 6，知识产权风险数为 1，法律风险数为 7，伦理风险数为 6，不公正风险数为 5。B 项基因治疗技术研发方案，在 10 分制度量衡下，安全风险数为 3，知识产权风险数为 6，法律风险数为 3，伦理风险数为 3，不公正风险数为 2。投资人在综合考量各项风险点的重要性及其风险数值后，如果其将知识产权安全性放在重要战略地位，那么该投资人将会尽可能地选择知识产权风险数更小的 A 方案。投资人如此这般的风险点偏好选择的范式，导致了其他风险点被选择性地忽视。

3. 投资人资本收益最大化是投资阶段风险评估的唯一标准

资本逐利驱动投资人自治性地开展基因治疗技术研发的风险评估，得到风险评估数值之后，投资人将各项风险的金钱成本总和与基因治疗技术给投资人所产生的预期金钱利益进行比较。如果资本的金钱收益大于各项风险的金钱成本总和，投资人在此项基因治疗技术研发方案中就有利可图，从而做出支持投资的决策。[18] 在投资人资本收益最大化的过程中，技术安全风险、法律合规风险、知识产权风险、伦理风险等被折算为运营成本。比如，技术安全风险被换算为民法上消费者的侵权损害赔偿额以及行政法上的处罚额；伦理风险被换算为企业运营上的公关费用和宣传费用；等等。另外，在投资人利益最大化的过程中，基因治疗技术所具有的各种风险数值也是仅以投资人的损失作为唯一衡量指标，而未将投资人以外的其他主体的权利克减纳入其中。具体而言，基因治疗技术的受试者或消费者的生命权、身体权和健康权等人身权利在“成本—收益”核算中被降格为投资人的成本支出，也即临床实验的受试者或消费者的人身权利因投资人的财产利益而遭到了降格和克减。另外，公序良俗等社会伦理同样因投资人的财产利益而被降格。概而言之，投资人利益最大化的过程，受试者或消费者的人身权利和社会的伦理价

---

[16] 易军：《私人自治与私法品性》，载《法学研究》2012 年第 3 期。

[17] 王觊：《国家干预公司自治的限度》，《吉林大学》2014 年博士学位论文。

[18] 郑志刚：《利益相关者主义 V.S. 股东至上主义——对当前公司治理领域两种思潮的评析》，载《金融评论》2020 年第 1 期。

值等被降格为企业的运营成本；人身权利和社会伦理价值等高阶利益降格为给投资人利益让路的低阶利益。

二、临床试验阶段伦理审查的基本界定

投资人在基因治疗投资阶段并无法定的伦理审查义务，投资人在资本逐利和对资本增值负责的道义下开展包括伦理风险评估在内的自治性风险评估。投资人在投资阶段进行的风险评估是一种简化为成本—收益的评估，伦理风险被折算为企业运营成本，人格权和社会伦理价值被降格和忽视。临床实验阶段的法定伦理审查能否被前移至投资阶段？假设将法定伦理审查前移到投资阶段，在制度设计上又该如何处理投资阶段伦理审查和后续阶段伦理审查的关系？要解答上述两个问题，前提是厘清临床试验阶段的伦理审查的特征。

（一）临床试验阶段的法定伦理审查

1. 机构内伦理委员会是三级监管体系中的实质审查主体

《伦理审查办法》指出："国家卫生计生委负责全国涉及人的生物医学研究伦理审查工作的监督管理，成立国家医学伦理专家委员会。省级卫生计生行政部门成立省级医学伦理专家委员会。县级以上地方卫生计生行政部门负责本行政区域涉及人的生物医学研究伦理审查工作的监督管理。"《伦理审查办法》第 7 条规定："从事涉及人的生物医学研究的医疗卫生机构是伦理审查工作的管理责任主体，应当设立伦理委员会。"依据《伦理审查办法》，我国形成了"国家—省级—机构内置"伦理审查的三级监管体系。其中，国家医学伦理专家委员会负责对涉及人的生物医学研究中的重大伦理问题进行研究，提供政策咨询意见。省级的医学伦理专家委员会，通过指导、检查、评估机构内审查委员会的工作来保障伦理审查的规范化，并且对伦理委员会提供培训和咨询等，其中评估工作的内容包括机构内审查委员会的人员构成、规章及程序的规范性、过程的独立性、结果的可靠性和管理的有效性等。

概括而言，我国现有的事关伦理判断的委员会可以分为两种：一种是咨询性质的委员会，国家和省级医学伦理专家委员会属于咨询性质的委员会；另一种就是实质审查性质的委员会，医院、企业等机构内审查委员会属于实质审查性质的委员会。但由于目前具有实质审查性质的委员会本身并非由官方筹建，而是民间的医疗机构、高校等科研机构和民营科技企业自我管理和自我负责，可以将现有的伦理审查称之为民间伦理审查，不是公权力介入下的官方伦理审查。[19]《伦理审查办

---

[19] 满洪杰：《我国生物医学研究伦理审查组织立法的检讨与重构》，载《上海政法学院学报（法治论丛）》2021 年第 2 期。

法》要求机构内置的伦理委员会在人员构成上必须引入机构外的专家，避免机构内置伦理委员为沦为受机构操控的摆设。尽管引入机构外成员的伦理委员会开展伦理审查从而维护科研活动的善与正当，但问题在于这种审查的独立性很难被保证，同时极容易被其所在机构本身操纵。[20] 贺建奎基因编辑婴儿事件中，和美医院伦理委员会否认进行过伦理审查，更让社会对伦理审查制度的信任蒙上一层阴影，后经查明该伦理审查书确系贺建奎团队伪造。[21] 可见，我国官方建立的医学伦理专家委员会在对机构内审查委员会的监管权上存在监管真空和制度性不足。

2. 受试者生命健康权、隐私权和社会公序良俗是伦理审查的保护对象

《伦理审查办法》第 18 条指出，“生物医学研究应当首先将受试者人身安全、健康权益放在优先地位，其次才是科学和社会利益；研究风险与受益比例应当合理，力求尽可能地避免伤害受试者”。由此可知，该立法精神主要是避免和杜绝生物医学研究为了获得企业资本利益、科学价值和社会利益而牺牲受试者的生命健康权、隐私权以及公序良俗等社会价值观。《伦理审查办法》设立了“知情同意原则”“风险控制原则”“ 免费和补偿原则”“隐私保护原则”“依法赔偿原则”和“弱势群体特殊保护原则”来落实受试者生命健康权、隐私权和社会公序良俗的保护工作。[22] 因而，临床试验阶段的法定伦理审查在一定程度上能够减小风险评估中“投资人利益最大化”造成“受试者和社会伦理价值缄默”的危险。与此同时，机构内审查委员会的成员应当包含生物医学领域和伦理学、法学、社会学等领域的专家。由于自然学科专家和人文社会学科专家在价值立场有较大差异，前者思考“什么是科学家可做到”和“什么是有利于科学进步”，后者考量“什么是社会允许做”和“什么是有利于公平正义、公序良俗等社会核心价值观”。[23] 因而，伦理委员会汇集自然学科和人文社会专家，这在一定程度上可以多方面和全视角地保障受试者和社会伦理价值。

3. 外设监管存在基础薄弱问题

机构内置伦理委员会负责的伦理审查具有较强的机构内部视角，很难保障其独立性。因而，代表公共利益的政府机构需要以外部规制力介入其中。在外部规

---

⑳ 谭波：《“深圳基因编辑婴儿事件”中伦理审查的法治考问》，载《河南工业大学学报(社会科学版)》2019 年第 2 期。

㉑ 广东初步查明基因编辑婴儿事件，新华社网：https://baijiahao.baidu.com/s?id=1623252989819686423&wfr=spider&for=pc，2022 年 2 月 10 日访问。

㉒ 关于《涉及人的生物医学研究伦理审查办法》的解读，卫生和计划生育委员会：http://www.nhfpc.gov.cn/zwgk/jdjd/201611/e83d2ecb1e6645999437506a4e060a27.shtml，2022 年 2 月 10 日访问。

㉓ Liam W. Harri. “Recognizing and Legitimizing the Transnational Scientific Governance of Human Gene Editing.” McGill Journal of Law and Health, vol. 11, no. 2, 2017.

制力量中，一方面是官方伦理委员会对机构内伦理委员会的指导和监管。具体而言，依据《伦理审查办法》的有关规定，省级医学伦理专家委员会应当对医疗卫生机构内置的伦理委员会进行检查和评估，对发现的问题提出改进意见或者建议。与此同时，国家医学伦理专家委员会对省级医学伦理专家委员会工作进行指导、检查和评估，并且对涉及人的生物医学研究中的重大伦理问题进行研究，提供代表官方的政策咨询意见。另外，《伦理审查办法》第 28 条规定，对风险较大或者比较特殊的涉及人的生物医学研究伦理审查项目，伦理委员会可以根据需要申请省级医学伦理专家委员会协助提供咨询意见。立法用语使用“可以”而不是“应当”，表明研究项目的风险大小如何、伦理争议特殊与否以及申请省级医学伦理委员会提供咨询与否等均属于机构内伦理委员自主决定的事项。综合而言，官方伦理委员会对机构内伦理委员会的指导是一种无强制力的咨询性指导，对机构内伦理委员会的监管是一种事后性的监管模式，官方力量并不介入机构内伦理委员会对“申报项目”的伦理审查过程和决策过程。

外部规制的另一方面是，科研主管单位对生物医学新技术研发的监管以及医疗主管单位对生物医学新技术临床应用的监管。依据《生物安全法》第 38 条规定，从事高风险、中风险生物技术研究、开发活动，应当依法取得批准或者进行备案。人体基因治疗技术研发活动目前属于中高风险的生物技术研发，其应当“依照有关法律的规定”向法定监管机构申请许可或进行备案后方可实施。依照《立法法》的规定，《生物安全法》经由全国人大立法，属于“法律”，“法律”规定了“中高风险生物技术研发应当‘依法’许可审批或备案”，国务院的部委作为执行“法律”的主体，其应当在部门权限范围制定部门“规章”来执行法律的事项。科技部作为指导生物新技术研究的主管单位，其应当针对中高风险的生物技术研究的审批或备案事项制定实施细则，从而为中高风险的生物技术研究的审批或备案事项的落地提供技术性法律依据。另外，国家卫健委作为指导生物新技术临床应用的主管单位，其应当针对中高风险的生物技术临床应用的审批或备案事项制定实施细则，从而为中高风险的生物技术临床应用的审批或备案事项的落地提供技术性法律依据。

从国家科技部于 2017 年颁布的《生物技术研究开发安全管理办法》和国家卫生健康委员会于 2018 年颁布的《医疗技术临床应用管理办法》的立法内容来看，上述两部委的规章内容比较粗糙，并未明确界定哪些生物技术研发活动属于中、高风险，更没有界定中、高风险生物技术研发活动中哪些研发活动属于需要实行许可审批制以及哪些活动又属于需要实行备案制。从目前的立法来看，基因治疗技术研发与临床应用是否得许可审批或备案并无法律依据可循，属于监管的真空状态。因而，基因治疗技术研发与临床应用的外设监管存在基础薄弱问题，公权力外部规制在我国发挥着一种模糊性的指引作用，并不能够实质性地发挥风险规制的功能。

我国基因治疗风险规制的真正主体是机构内伦理委员会，是一种内生性自我监管，而非外在公权力主体的介入性监管。

（二）临床试验阶段医方的附带性审查

《生物安全法》第40条规定，从事生物医学新技术临床研究应当在具备相应条件的医疗机构内进行，其中进行人体临床研究操作的，应当由符合相应条件的卫生专业技术人员执行。依据此规定，我国确立了生物医学新技术临床研究“科—医合作”模式，并且将医方引入生物医学新技术临床研究的专家群体，使其成为临床试验受试者利益保护的监管者和利益保护的责任人。《执业医师法》（1998年）和《医师法》（2021年）均确立医务人员守卫患者健康的神圣职责。基因治疗中的生物医学新技术临床研究的本质是研发新的医学技术来守卫更多人的生命健康，其技术研发和技术临床应用二分为两类专家群体—科研群体和医务人员。科研群体在进行生物医学新技术临床研究时，其关注点在于追求科学知识的创造和学科的进步；医务人员在进行生物医学新技术临床研究时，其关注点在于治病救人。另外，科研群体在日常科研活动中，其更多的是通过开展动物实验来验证其科学方案的安全和有效性。科研群体对以人为科研对象的诊疗活动并无相应所需的专业知识，并且生物医学新技术临床研究还涉及人体受试者的临床并发症等复杂医学实践问题，单纯的科研群体并无必备的医学知识和行医能力去予以解决。当然，现今中国的三级甲等医疗机构中很多医务人员具备医生和科学家双重角色，这也一定程度上缓解了基础科研的学术群体和临床医务人员角色二分带来了科研活动的风险。因而，生物医学新技术的人体临床研究操作由合格的医务人员执行，此种立法行动具有合理性和必要性。然而，从实践中来看，卫生专业技术人员作为临床工作者并不一定对生物医学新技术本身有足够的认知，其从临床角度为受试者的权益保障和技术伦理争议监管提供的帮助有限。因而，临床试验阶段的卫生专业技术人员提供的医疗职业性审查仅仅是一种附带性审查，并不能成为技术风险规制的主力军。

三、伦理审查前置于基因治疗投资阶段的价值秩序

（一）突破基因治疗投资阶段自治性风险评估的窠臼

1. 风险评估异化为成本—金钱收益分析

投资人之所以对基因治疗研究项目投入资金支持，其最核心的目的在于追求尽可能多的盈利。由投资人主导的风险评估容易异化为成本—金钱收益分析。成本—金钱收益分析的万能公式将丰富多彩的风险转化为单一的企业运营成本。具体而言，患者的人身安全被转化为侵权损害赔偿中的补偿金以及行政处罚中的罚

金；技术的伦理争议被转化为“花钱堵人口舌”的公关费用；等等。概而言之，在成本—金钱收益分析过程中，患者、社会大众等其他人的权益均可被换算为企业成本，并且是以企业资本的盈利作为换算的唯一度量衡。相比较而言，法定伦理委员会的伦理审查汇集自然学科和人文社会学科的专家，这在一定程度上可以多方面和全视角地保障受试者利益和社会利益，保障消费者人身安全、社会稳定、公序良俗价值和公平公正价值等得到应有的重视和维护。

2. 风险评估是私人自治而缺乏外力约束

目前，基因治疗投资阶段的风险评估人是投资方本人，投资方本人负责对投资项目进行风险评估和决策。投资方在投资阶段的风险规制中既是裁判员，又是运动员。在投资环节，投资人经过利益—风险评估之后，如果投资人得出有利可图，那么其自行决定对特定的基因治疗研发项目进行投资，从而让该项目带着资本往下推进。在投资阶段的风险规制整个的过程中，没有任何外部主体对投资人的评估行为进行外力约束或检视。如此这般，最终是对投资人最有利益的基因治疗技术方案得以启动，至于该方案是否对患者和社会有害，或者何种程度的损害，这些要素均在投资人自主斟酌的黑匣子中被暗箱操作掉了。与之相反，伦理委员会的设置依据《伦理审查办法》要求，其组成人员必须包含机构外人员，这些非本机构的社会人士作为负责人公民的代表对科研项目进行外力约束。因而，确有必要将外部约束力引入投资阶段的风险评估环节。

（二）预防临床试验阶段法定伦理审查的病变

1. 扼制资本对临床试验阶段的法定伦理审查的侵蚀

依据边际成本理论，企业运营行为越往后发展，其运营的成本越大。因而，企业为了避免前期的投资沦落为无效的沉默成本，企业突破法律和伦理规制的动力随着科研项目的推进而进一步加大。中国涉及人的生物医学伦理审查是机构内置的自主审查，其独立性本身就受到一定程度的质疑。当控制资本的管理层已经做好投资决策部署后，作为机构组成部分的机构内审查委员会更容易被组织规训为科研投资项目落地的服务者，而不是科研项目向前推进的绊脚石。如此这般，已经获得管理决策层审批的科研方案带着为投资人谋利的使命启动，依附于机构财政资金供给的机构内审查委员会将会在多大程度上进行公正的伦理审查，这是一件引人质疑的事情。当机构内部风险规制核心力量——法定伦理审查失效之后，将希望寄予最后开展临床操作的医务人员，无疑是远水难救近火。加之，在引言部分引用的数据显示，中国基因治疗市场规模具有 2380 万美元，并且以 12.2%及以上的年复合增长率在增长，如此庞大的利益市场无时无刻不在试图突破现有规制措施的囚牢。现实世界中，贺建奎事件正是对上述流程的最佳印证。据天眼查显示，贺建奎是7家公司的股东、6家公司的法定代表人，并且是其中5家公司的实际控制人；这7家公司的总注册资本为1.51亿元。[24] 贺建奎进行生殖系基因编辑具有极强的利益驱动，深圳市南山区人民法院对贺建奎等3名被告人非法行医一案进行公开宣判中，法院将贺建奎的基因编辑行为认定为“追名逐利”。[25] 也正是，投资的多米诺效应，导致后续的贺等人伪造伦理审查材料以及伦理审查和患者知情同意程序形同虚设。问渠哪得清如水，为有源头活水来。因而，加强源头活水的治理和对投资阶段进行伦理审查具有较强的现实需求。

2. 弥补临床试验对社会伦理争议的忽视

《伦理审查办法》的主要内容是在构建保护受试者合法权益的体系。从该法第20条所列举的12条伦理审查的重点内容来看，仅有第11条是要求审查社会舆论风险，其余9条均是直接以受试者合法权益保障为主题。生物医学技术进入临床试验阶段，受试者作为技术操作的直接受体，其理应成为伦理审查中保护的重点对象。然而，当伦理审查者将视域主要聚焦于受试者个体时，容易忽视更为广泛的社会公共的伦理价值。因为，受试者的个体利益不一定总是和社会公共的伦理价值相一致。个人的自由主义和公共善的社会责任之间的紧关系始终是国家治理经验中的一部分[26]。以人类生殖系基因增强技术为例，人类中有不少个体痴迷于追求自身和后代完美的冲动，个体通过技术进步实现塑造完美自身的愿望和人类整个社会的传统智慧—反对化人为神—具有不可协调的内在矛盾。[27] 生物医学技术的临床应用对受试者本人而言是利大于弊且完全符合受试者的心之所求，但是它对整个人类社会的传统价值而言可能具有某种损害。在这种可能的情形下，伦理审查委员会如果将视域主要聚焦于受试者个体，那么更为广泛的社会公共伦理价值将成为受试者个人利益的牺牲品。因而，当临床试验阶段由于其自身属性而天然聚焦受试者利益保护时，确有必要在临床试验前的投资阶段针对技术的社会伦理争议开展更为专业的伦理审查。前后阶段各有侧重并形成互补合力，从而保障社会伦理价值与受试者权益保护的共同实现。

四、伦理审查前置于基因治疗投资阶段的基本路径

依据上文的分析可知，法定的伦理审查并不管辖基因治疗研究投资行为，基因治疗研究投资行为的现有伦理审查属于自治性风险评估。投资阶段自治性风险评

㉔ 陈冰：《贺建奎的“生意”》，载《新民周刊》2018年第46期。

㉕ 参见前引7。

㉖ 张康之：《限制政府规模的理念》，载《行政论坛》2000年第4期。

㉗ [美]迈克尔·桑德尔：《反对完美：科技与人性的正义之战》，黄慧慧译，中信出版社2013年版。

估的问题有：(1)投资人利益最大化驱动风险评估异化为成本—金钱收益分析；(2)成本—金钱收益分析过程中，患者人身安全、隐私安全、社会公序良俗和公平公正价值自身的重要性被忽视；(3)投资阶段的风险评估出现了裁判员和运动员同为一体的情形，从而缺乏外力约束。与此同时，临床试验阶段的法定伦理审查在资本扩张面前大打折扣，并且一旦"坏"资本支持的带病项目启动，后续阶段的伦理审查对项目进行阻止的难度增大。另外，临床试验的法定伦理审查聚焦受试者保护而并未足够重视技术的社会伦理争议，需要在投资阶段针对技术的社会伦理争议开展更为专业的伦理审查。综合诸多原因，基因治疗研究投资行为的法定伦理审查成为当务之急。但是，需要进一步分析，是否有成熟的理论依据能够支持将法定伦理审查前置于基因治疗的投资阶段，以及前置的法定伦理审查是机构内置还是官方外设更为合适。

（一）道德投资奠定了理论基础

道德投资是金融领域内发展最快的模块之一，其在"社会责任投资"(Socially Responsible Investment，SRI)这个别称下，其逐步成为金融投资市场的主流趋势。[28] 道德投资或社会责任投资兴起于英国《养老金法》(*Pensions Act*)改革的实践。在英国，学术界道德投资定义为负责任的和可持续的投资，用来描述投资者在向组织和企业投入资金时，社会、环境和道德准则对投资行为产生影响。[29] 自2000年7月3日起，所有英国私营部门养老基金在法律上都必须考虑社会责任投资和股东社会责任投票权作为其整体投资政策的一部分。其改革的基础是1995年《养老金法》第35节中的条款，该条款规定所有养老基金的受托机构都得履行做投资原则声明(Statement of Investment Principles，SIP)的法定义务。声明中必须涵盖投资类型以及投资、风险、回报和变现之间的平衡，2007年的新法规要求所有基金受托机构在其基金的SIP中增加以下考虑：受托人在选择、保留和实现投资时考虑社会、环境或道德因素的程度。[30] 道德投资或SRI发展到现当下，在全球投资基金中的主流化已经将最初"做好事"的目标转变为对盈利能力的追求。[31]

我国学者关于道德投资或SRI的研究起步的较晚，最早以道德投资为主题的

㉘ Sparkes R. "Ethical investment：whose ethics，which investment?" Business Ethics A European Review，vol. 10，no. 3，2010.

㉙ Ward S. "Socially Responsible Investment." London：Directory of Social Change，1986.

㉚ See supra note 28.

㉛ Revelli C. "Socially responsible investing (SRI)：From mainstream to margin?" Research in international business and finance，vol. 39，no. 1，2017.

学术文章是李敏岚[32]等于2002年发表的《责任性投资——国外的做法及对我国的启示》。刘波等在总结国内外关于道德投资或SRI研究后，综合性给出道德投资或SRI的定义："通过投资获取金钱回报，同时满足投资者道德要求，实现环境、社会或公司治理的改善，进而推动可持续发展的金融投资方式"。[33] 在中国企业的投资实践中，目前企业社会责任投资的价值取向主要或基本是集中于"环境保护""社区回馈"和"劳资关系"三个领域[34]，尚未深入到"科技风险禁区"领域的讨论。另外，随着《民法典》将绿色原则确认为中国民法的基本法律原则，环境保护已然成为民事投资行为的法定要求。道德投资或SRI除了涵盖"环境保护""社区回馈"和"劳资关系"问题，其在国外起源时就包括对投资行为和"反战争""控烟"和"控酒精"之间互动关系的关注。[35] 因而，科技风险作为一个非常重要的社会问题，尤其是基因治疗技术作为当下极具伦理争议的话题，其理应成为道德投资或SRI范畴内的关切对象，以及道德投资理论也理应成为基因治疗研究投资行为的伦理审查的理论基础。也即，依据道德投资理论，社会的道德准则应当对投资基因治疗行为产生约束性规范，对投资基因治疗行为开展法定的伦理审查具有合理性和正当性。

（二）美国基因重组的伦理审查提供了域外借鉴

在有关基因治疗风险规制的域外立法实践中，美国实行伦理审查前置于投资阶段的制度。在美国，任何一项重组或合成核酸技术研究项目若想从国立卫生研究院（NIH）获得资助，其必须接受专业咨询委员会的审查，如果是高风险或新兴的重组或合成核酸技术研究，还需通过国立卫生研究院院长的审批。国立卫生研究院针对生物技术研究项目开展的审查包括伦理争议问题的考量，符合安全、伦理等要求的方可获得资金支持。[36] 中国有学者认为，美国的做法具有局限性，而我国将所有涉及人的生物医学研究全部纳入到伦理审查管辖范围之中，不存在法规范上的漏洞。[37] 与之相反，笔者认为，在注意到美国以受联邦资助为伦理审查前提的缺陷时，不能忽视其做法中包含的有益之处。虽然美国政府将资助和伦理审查绑定，从而导致自筹资金的基因重组研究不受监管。但是，资助和伦理审查绑定使接受伦理审查成为科研机构获得政府资金投入的前提要件。因此，通过此种制度设计，

㉜ 李敏岚、何捷：《责任性投资——国外的做法及对我国的启示》，载《软科学》2002年第6期。

㉝ 刘波、郭文娜：《社会责任投资：观念的演化及界定》，载《软科学》2009年第12期。

㉞ 唐鹏程、杨树旺：《企业社会责任投资模式研究：基于价值的判断标准》，载《中国工业经济》2016年第7期。

㉟ Winnett A，Lewis A. "You'd have to be green to invest in this：Popular economic models，financial journalism，and ethical investment." Journal of Economic Psychology，vol. 21，no. 3，2000.

㊱ Paradise J. "U. S. Regulatory challenges for gene editing." The SciTech Lawyer，vol. 13，no. 1，2016.

㊲ 陆麒、姜柏生：《谈〈涉及人的生物医学研究伦理审查办法〉的修订对我国伦理审查工作的影响》，载《医学与哲学（A）》2017年第11期。

美国将基因治疗研发的伦理审查提前至投资阶段。另外，美国立法规定任何基因重组技术的产品想要获得 FDA 注册批准上市，其必须接受 IRB（机构内审查委员会）的伦理审查，而不论该基因编辑技术产品研发是否受政府资助。[38] 从而，美国又在一定程度上突破了将资助和伦理审查绑定带来的局限性。美国从源头上将政府资金和危险基因编辑技术分割，较好地避免了资本自我扩张力对伦理审查制度的破坏。综合而言，中国可借鉴美国将伦理审查前置于投资阶段的做法，依据道德投资的相关理论，将存有伦理问题的基因治疗研发项目尽早地叫停在投资阶段。

（三）临床试验阶段的法定伦理审查提供了参照模型

据上文分析可知，我国生物医学技术研发的伦理审查中，实际发挥直接效用的是机构内置的伦理审查，这是一种内生的自主性监管，而非外在公权力的介入性监管。与此同时，《伦理审查办法》关于机构内伦理委员会的人员组成、规章制度、审查程序、监督检查及违法责任等均做了详细的制度设计。笔者认为，投资阶段的伦理审查可以在结合自身需求的情形下参照机构内伦理委员会的制度设计，而无需针对基因治疗研究投资行为重新设计一套由官方组织的且外设于研究机构之外的伦理审查体系。另外，机构内置的伦理审查比官方外设的更具优势。目前，域外国家中，以美国为代表的基因重组研究的伦理审查机构是内置于机构内的，[39]以法国和德国为代表的基因重组研究的伦理审查机构是独立于机构外运行的。[40] 享誉全球的科技政策和科学社会学专家贾萨诺夫教授（Jasanoff）在其专著"第五部门——当科学顾问成为政策制定者"（THE FIFTH BRANCH—Science Advisers as Policymakers）中指出，专家群体的同行评议成为生命科学、核物理、转基因农作物、环境影响评价等领域的必备要件，科学家在其一定程度上成为某些高技术含量决策的首要裁决者。[41] 涉及人的生物医学研究属于高技术含量的学术研究，技术专家共同体相较于官僚政府机构的公务人员，前者对技术本身更具有评议的资格。依据《伦理审查办法》的规定，机构内置的伦理委员会成员均由包括科技专家、伦理专家和法律专家等技术专家构成，其并不包含外部的官方公务人员。另外，由上文分析可知，我国伦理审查的外设监管存在基础薄弱问题。因而，结合中国实际，在投资阶段参照已有的机构内置的伦理委员会比重新设计一套官方组织的且外设于机构之外的伦

---

[38] Grant E. "FDA Regulation of Clinical Applications of CRISPR-CAS Gene-Editing Technology." Food and drug law journal, vol. 71, no. 4, 2016.

[39] Eileen M. Kane. "Human Genome Editing: An Evolving Regulatory Climate." JURMETRICS, vol. 57, no. 1, 2017.

[40] 满洪宇：《人体试验法律问题研究——以受试者权利保护为核心》，复旦大学 2009 年博士学位论文。

[41] Jasonoff S. "The Fifth Branch: Science Advisers as Policymakers." Contemporary Sociology, vol. 11, no. 3, 1992.

理审查体系更具优势。

（四）基因治疗投资阶段的法定伦理审查路径

关于重组DNA技术研发，以美国为例，其投资阶段的伦理审查不同于临床试验阶段的伦理审查，两者各有审查内容的侧重点。其中，最大的不同在于投资阶段的伦理审查并不涉及具体受试者权益保护的问题，投资阶段的伦理审查需要直接应对社会公众的伦理焦虑和整个社会的共同价值理念。在美国，投资阶段的伦理审查由国家卫生研究院（NIH）和NIH内设的新兴和卓越生命技术研究咨询委员会（NExTRAC）共同负责，两者对申请资金支持的生命技术研究新项目进行伦理议题的审查，包括新兴生命技术对社会价值观和人类未来生存发展影响的判断。具体到我国而言，我国应当加快建立国家自然基金委员会内设的伦理审查机制，将国家自然基金委员会定位为公费科研中伦理把关的第一人。国家自然基金委员会在对生命技术研究新项目判断资助与否的同时需要考量新技术研究的伦理议题，对违反社会公序良俗和共同价值观的新技术研究应当不予资金支持。

在科研资金自费的情形下，自费的投资人应当作为投资阶段的伦理审查负责人和申请人，由其负责组建临时伦理委员会，并采取有效措施保障临时伦理委员会独立开展伦理审查工作。投资人未设立伦理委员会的，不得开展涉及人的生物医学的投资行为。投资人在投资阶段设立的伦理委员会具有临时性特征，投资行为结束，该伦理委员会随之解散，但是相关活动材料应当予以封存并转交负责开展该研究的机构的常设伦理委员会。临时伦理委员会的人员构成参照《涉及人的生物医学研究伦理审查办法》规定的机构常设伦理委员会的构成规则。投资人向临时伦理委员会提交的材料时，不同于常设伦理委员会的运行规则，投资人需要提交基因治疗技术方案的社会伦理研究报告，从而保障该研究方案充分考虑了新技术研究对社会价值观和人类未来生存发展的影响。在其他方面，临时伦理委员会的工作参照机构常设伦理委员会的有关规定执行即可。

结语

本文建议，通过《涉及人的生物医学研究伦理审查办法》的修订，将“机构内伦理审查前置于基因治疗投资阶段”的制度设立为基因治疗投资人的法定义务。具体而言，建议在《伦理审查办法》中新增设以下四个条文。

新增第1条：涉及人的基因治疗研究项目的投资人作为投资阶段的伦理审查负责人和申请人，其负责组建临时伦理委员会，并采取有效措施保障临时伦理委员会独立开展伦理审查工作。投资人未设立伦理委员会的，不得开展涉及人的生物医学的投资行为。投资结束，临时伦理委员会解散。

新增第 2 条：临时伦理委员的人员构成参照本法第 9 条。

新增第 3 条：投资人在申请投资阶段的伦理审查时应当向临时伦理委员会提交下列材料：(一)伦理审查申请表；(二)研究项目投资人信息和研究项目经费来源说明；(三)研究项目方案、相关资料，包括文献综述、临床前研究和动物实验数据等资料；(四)基因治疗技术方案的社会伦理研究报告。

新增第 4 条：临时伦理委员会的其他伦理审查工作参照机构常设伦理委员会的有关规定执行。通过上述立法安排，将“机构内伦理审查前置于基因治疗投资阶段”的制度设计落地为具体行动，保障基因治疗研究投资行为的伦理审查发挥预期的作用。

On Ethical Review of Investment Behavior in Gene Therapy Research

Wu Yan-bin, Wang Yue

Abstract: China's gene therapy market has a scale of hundreds of millions RMB and maintains a compound growth rate of more than 10% every year. The combination of capital and gene therapy technology undoubtedly promotes the expansion of technical risks and alienates scientists into scientists and businessmen. The gene editing baby incident was defined by the Chinese government as an illegal criminal act in pursuit of commercial interests. At present, there is no corresponding legal ethical review on the investment behavior of gene therapy research in China. The author believes that in the investment stage of gene therapy research, the existing autonomous risk assessment has the problems of absolute priority of capital interests and lack of external constraints. Moreover, the limitations of legal ethical review in the clinical trial stage are more obvious in the face of capital expansion. Moral investment lays a theoretical foundation for the ethical review of gene therapy research investment behavior. The ethical review of gene therapy research investment behavior in China is necessary and feasible. Therefore, the paper proposes that the built-in ethical review of institutions should be preceded by the investment stage of gene therapy research.

Key Words: gene therapy; risk regulation; ethical review; ethical investment

风险视角下我国传染病预警制度的挑战与因应

杨 雯 崔 冬*

摘　要：传染病预警制度系传染病危机应对的关键举措，我国以危险防御为指导的传染病预警制度不足以满足传染病预警所欲的风险预防功能。另外，传染病风险的不确定性、科层行政组织的不适应性、预警决策的高度裁量性对我国传染病预警制度的高效运转提出了一定挑战。故而，基于风险预防理念，采用“无理由排除可能性”的预警启动证明标准以消解科学不确定性；通过确保中央独立干预职能、发挥地方能动性、赋予专业机构监督权力以优化组织结构；引入比例原则与公众参与，以保证传染病预警决策的合法性与合理性。

关键词：传染病预警；预警信息；风险预防；风险规制

2020年年初暴发的新冠肺炎疫情是新中国成立以来发生的传播速度最快、感染范围最广、防控难度最大的一次重大突发公共卫生事件，这场肆虐全球的重大传染病疫情对全球市场经济和社会秩序造成了严重威胁。传染病风险及其规制也因此逐步成为包括法学在内的各个学科研究的热点问题。如今，我国新冠肺炎疫情治理已进入防止大规模反复的后疫情时代，对重大突发公共卫生事件应对过程的总结与学习是完善卫生应急治理体系的基本要求。纵观此次新冠肺炎疫情治理，我国传染病预警制度的不足尤为突出。2020年6月2日，习近平总书记在专家学者座谈会中强调要把增强早期监测预警能力作为健全公共卫生体系当务之急。

---

* 杨雯，华东政法大学2022级在读博士研究生，研究方向：行政法学、应急法治研究。崔冬，东北林业大学文法学院副教授，硕士生导师，法学博士，研究方向：行政法学研究。

本成果系四川省哲学社会科学重点研究基地——四川医事卫生法治研究中心立项资助的“风险规制视域下我国传染病预警制度研究”项目的阶段性成果。项目编号：YF21-Y01。本文相关内容首发于《医学与法学》2022年第1期《我国传染病风险预警制度所面临的风险挑战与因应建议》。本文已经发表于《医学与法学》2022年第1期。

[①]因此，本文拟以行政法学为视角，立足于现行法并结合风险行政理论，准确定位传染病预警的制度功能，探讨该制度所面临挑战并提出了完善传染病预警制度的策略。

一、从危险防御到风险预防：我国传染病预警制度的功能转变

目前，学界较少关注传染病预警制度应然的实践功能属性，而对这一最终需运行于重大突发事件的重要制度研究，应当采取功能主义视角，探讨我国传染病预警制度在应急管理中究竟扮演或应当扮演什么样的角色，对该制度的功能准确定位可谓是该研究的必要起点。

（一）传染病预警的适用对象：危险还是风险？

纵观现行法，我国传染病防治法律制度设计虽强调预防原则，但仍秉持"危险防御"的理念，对未知传染病风险的防范效果有限，该立法安排的功能局限在新冠疫情中已有体现。因此，这一现实不得不让我们重新反思，预警的适用对象应该是什么？是"传染病的发生与流行"[②]的肯定性危险，还是不确定的传染病风险？

风险作为法律概念，常常与传统秩序法下的危险概念相对。危险的预估来自于线性因果关系下既有的经验，而风险的概念系指无法从已知可能性预估其豁然率（广义的未知性），或其结果无法预估的情形（狭义的未知性）。[③] 质言之，二者均在不确定中做出决定，但以是否能从已知经验推断豁然性为区分标准，危险能通过既有经验推断相当盖然性，风险则不然。预警制度所面向的传染病，尤其如新冠肺炎病毒此类未知传染病，事前我们无法通过经验法则预估其演变成突发公共卫生事件的可能性，对此种未知传染病我们没有充足的科学证据予以证明风险存在或风险与损害之因果关系，具有明显的科学不确定性，无法适用"危险"概念来涵盖，故传染病预警制度的适用对象系传染病风险。具言之，传染病疫情风险（以下简称"传染病风险"）系指对个人或公共利益产生不利影响事件的不确定性与损害程度的综合反应，它由传染病暴发、流行的可能性与因此所造成损害大小两个要素构成，通过两个要素之乘积来反映风险大小。

然而并非所有风险都是预警的对象，只有具有重要公共卫生意义的传染病风险才是政府干预的对象。对于以下不具有重要公共卫生意义的风险应当在制度所调整

---

① 参见新华社，中华人民共和国人民政府官方网站，http://www.gov.cn/xinwen/2020-06/06/content_5517676.htm.2021年2月27日访问。

② 参见《传染病防治法》第1条：为了预防、控制和消除传染病的发生与流行，保障人体健康和公共卫生，制定本法。这一条款体现了本法的立法宗旨，而"预防"位列于前，突出了立法者对"预防原则"的强调。

③ 参见[德]施密特·阿斯曼：《秩序理念下的行政法体系建构》，林明锵译，北京大学出版社2012年版，第152页。

的对象中予以排除，具体包括：(1)无法被人类“识别”(recognized)的传染病风险。风险实质上系主观认识与客观存在的结合，[④]因认识有限性，尽管有些“风险”客观存在但无法被我们所“识别”，故无法对其进行干预；(2)不足以构成公共卫生事件的传染病风险；(3)政府干预此种传染病风险超出了社会可容忍度；(4)个体或单位的能力足以消解的风险，即该风险无需由公权力介入、借助社会力量共同克服。

（二）传染病预警的价值取向：在不确定中寻找“安全”

在传染病疫情防治领域，无论是秉承“危险防卫”或是呼吁“风险预防”理念，其本质都是在追求人类生存环境的安全性。差别在于，前者是在相对确定的语境下寻找安全，而后者系处于不确定的环境下。这种不确定体现在：是否存在传染病风险？演变成突发公共卫生事件的可能性多少？是否会造成重大损害、损害大小如何？传染病风险的不确定属性使我们无法采取控制、防止或消除等措施予以应对(或曰无法适用危险防卫原则[⑤])。从风险演变规律来说，对风险采取预防措施最根本的原因是回归于损害本身上——不确定的传染病风险最终会演变成确定的危害。因这种可能性最终指向损害结果，多重危险偶然性在事物发展过程中易演变成必然过程，对于可能出现的有害偶然变故，应当防患于未然，限制其从偶然走向必然的趋势。尽管我们无法感知和精准预估，“预防”却是我们努力寻求安全过程中最为恰当的手段。传染病预警制度作为整个卫生应急管理过程的第一个阶段，应保证其能实现预防风险的基本功能，进而实现安全价值的追求。

在行为层面，传染病预警主要涵盖发布警报、决定预警、宣布预警期、预防控制措施[⑥]四个具体行为，传染病预警活动系重大应急行政决策行为，其以传染病监测为基础，经前期充分评估，按照决策程序形成应对方案，不同部门根据方案实施具体行为，即按照“风险识别—风险分析—风险评估—风险应对”的步骤进行。具言之，风险识别系指通过历史数据、资料收集和分析设立预警阈值，基于预警模型中的观察指标超过设定的预警阈值时所发出的预警信号，这是传染病预警的起始点；风险分析系指分析先期预警信号，由监测机构初步核实预警信号的真伪，在核实为真的基础上组织相关部门或专家及专业机构现场调查是否存在异常情况；风险评

---

④ See Slovic P., *Trust, Emotion, Sex, Politics, and Science: Surveying the Risk-Assessment Battlefield*, Risk Analysis, 690(1999).

⑤ 危险防卫是指政府基于肯定性的事实认定与既有经验，在分析与预测未来发展趋势后采取控制或消除危险的活动。只有损害的发生具有相当盖然性时才能采取，它适用于“对盖然性的要求与损害程度的反比例原则”。由于当前的医疗认知水平不能达到掌握或预测所有传染病风险的理想状态，在难以建立一个因果关系的现实中，危险概念中的“对盖然性的要求与损害程度的反比例原则”无法适用。

⑥ 本文参照《传染病防治法》《突发事件应对法》的规定，以“预防控制措施”表述预警后所采取的必要性保障、准备等措施，与此概念相类似的还有表述为“预警响应行动”，具体内容参见杨维中主编：《传染病预警理论与实践》，人民卫生出版社2012年版，第127页。

估是根据风险分析的结果，通过定量或定性评估，根据传染病风险大小及发展趋势，在现有可承受能力下，针对"是否发出预警""发布几级预警""是否向公众发布预警""预防措施选择"等问题通过专家论证，根据讨论结果撰写风险评估报告，该报告应当包括传染病风险等级、传染病风险数值以及相应对策建议三项基本内容。风险应对包括形成决策方案与执行方案。可知，无论系从风险识别到风险应对，传染病预警始终围绕传染病风险运转，旨在预防和控制传染病风险进一步转化为现实的危险或重大损害。

在法律效力层面，预警的目的是为了指导响应行动，预警的法律后果是采取预防、控制措施。基于信息指导行动(information for action)原则，发布传染病预警后，接收预警的相关部门必须主动采取必要性预防、控制措施。这种预警与响应紧密联系的模式可称为"预警—响应"模式。我国即采用了此种模式。例如，《突发事件应对法》要求县级以上地方各级人民政府在发布预警，即进入预警期内除了公布预警信息外，应当启动应急预案并采取防范性、保护性措施；《传染病防治法》第 20 条规定了行政机关接到预警后应当采取相应的预防、控制措施，其中关于传染病的预防控制措施的规定涉及对公民财产与人身自由的限制。这实际上是将预警与采取预警响应措施紧密连接在一起。据此，传染病预警是一种运用强制权力，旨在引起法律效果和拘束力的行政行为。同时，发布传染病预警系进入预警期采取预防控制措施的必经程序，对预警响应主体而言，其为应急处置的应急权力提供了正当性基础。故当预警适用对象为风险而不是危险时，则意味着预防控制措施(行政干预)的关口前移，若未准确定位传染病预警制度功能为风险预防时，该一系列预警措施则可能面临着合法性危机。

据此，不以科学证实为行动依据的"风险预防"理念⑦，符合现代风险社会下传染病预警制度的功能定位的客观需求，应立基于风险预防功能，将"风险预防"贯穿于传染病预警制度的立法安排与具体制度设计中。

二、我国传染病预警制度所面临的挑战

《传染病防治法》第 19 条作为我国传染病预警制度的主要法律依据，从预警主体、预警决策依据、预警时效要求、预警裁量权四个维度⑧基本确立了传染病预警

---

⑦ 参见《里约宣言》第 15 条规定："遇有严重或不可逆转损害的威胁时，不得以缺乏科学充分确实证据为理由，延迟采取符合成本效益的措施防止环境恶化。"See Boute A., *The Rio Declaration on Environment and Development: A Commentary*, 72 The Cambridge Law Journal, 166-169(2016).

⑧ 从法释义学角度，《传染病防治法》第 19 条第二款"国务院卫生行政部门和省、自治区、直辖市人民政府根据传染病发生、流行趋势的预测，及时发出传染病预警，根据情况予以公布"的规定具体解释为：一是预警主体为国务院卫生行政部门及省级人民政府；二是预警决策依据是"根据传染病发生、流行趋势的预测"；三是预警时效要求即"及时"；四是"根据情况予以公布"则是指立法赋予行政机关在公布预警信息上的裁量权。

制度框架。鉴于此,本文拟从上述维度为视角,分析传染病预警制度在卫生应急治理中所面临的具体挑战。

(一)传染病风险的不确定性对传染病预警启动的挑战

不同于传统行政决策的“确定性”事实依据,传染病预警面向的是具有科学上不确定性的传染病风险。对于传染病预警制度,这种不确定带来了两大难题:一是风险识别困难;二是证明标准界定困难。

科学的不确定性(uncertainty)一般分为认识的(epistemic)不确定性与可变的(variability)不确定性,前者系知识不完备所引起的不确定性,后者是内在于事物本身。[⑨] 就传染病而言,这种不确定性不仅包括传染病病种的更迭变化(包括出现新的传染病病种)[⑩],也包括人类认识有限性所引起的不确定。基于人类思维的至上性,真理只能是通过人类生活的无限延续才能完全实现。[⑪] 预警行为所依据的传染病风险预判系人类认识的“个别实现”活动,而这种认识仅在完全有限的思维着的个人中实现,不可能无限期无止境地进行下去——人类认识的相对有限性。这一客观现实直接带来风险识别难题。

传染病预警制度的风险预防功能,则意味着政府在没有充足科学证据的情况下,就应当采取措施来预防风险的发生,这必然导致手段与目的之间的实质性关系难以证成。具体而言,为证明手段与目的之间的适当性,政府需证明:(1)存在传染病风险,且很大可能演变成突发公共卫生事件;(2)所采取的措施能预防或化解风险,且措施本身不会导致次生危机。风险的不确定本质上是一种“未知”,而对于“未知”所采取措施的效果能否按理想轨道实现,更是难以证明。传统行政法依赖于结果的可计算性与决定的透明性,其手段立基在以事件总体概观及事实与评价之区分之上,[⑫]故对不确定状况下所做的预警决定,无法适用传统行政决定的明确性与存续力要求。但这不意味着政府采取措施无须事实依据,风险的不确定虽打破了原有的确定规则,但无法打破“先事实后行为”的基本规则。事实上,《传染病防治法》规定了预警的事实条件——“根据传染病发生、流行趋势的预测”,然这一立法安排尚未明晰风险证明的证据标准。因此遗留下的重大问题是:传染病预警决定所依据的证据规则,即既有证据需达到何种证明程度才能触发预警?

---

⑨ 参见王贵松:《风险行政的预防原则》,载《比较法研究》2021年第1期,第49-61页。

⑩ 参见许海玲、李旭:《中国近60年传染病疾病谱变化情况综述》,载《安徽医学》2012年第6期,第770-772页。

⑪ 参见中共中央马克思、恩格斯、列宁、斯大林著作编译局:《马克思恩格斯选集》(第三卷),人民出版社1972年版,第126页。

⑫ 参见[德]施密特·阿斯曼:《秩序理念下的行政法体系建构》,林明锵译,北京大学出版社2012年版,第153页。

（二）科层行政组织对高效传染病预警的挑战

科层式组织结构在理想状态下，权力应当自上而下高效传递，以确保高层意思的准确执行；信息则应该自下而上高效流动，以确保高层掌握实际情况，从而形成正确的决策意图。[⑬] 但因该垂直型职务构造缺少制衡的权力，在传染病预警决策过程中极有可能导致上层的专断和下层的逢迎，主要存在两个问题。

第一，层级信息报告过程中的信息失真、预警效率递减，无法满足预警的及时性要求。根据现行法的规定，由疾控中心、医疗机构和采供血机构等主要履行信息报告义务，将监测到的相关信息依据属地管理原则按照规定的时限、程序上报至当地卫生行政部门，再由卫生行政部门按照层级分别报告至上级主管部门。具体报告流程见图1：

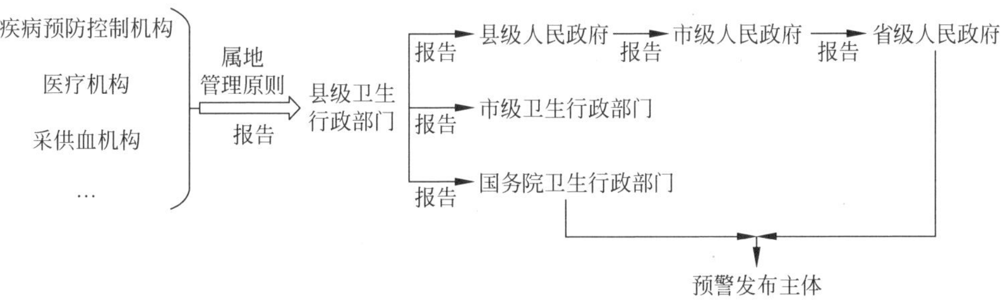

图1　信息报告流程图

这种直线性的层级组织形态在信息传递上会天然地使信息传递效率减低，且易使信息在自下而上的报告过程中出现过滤化、扭曲化等失真现象，使高层无法做出准确的决策意见；

第二，预警决策权集中于中央和省级人民政府，导致地方政府能动性减弱，这与根据“属地管理”原则预设预警主体发生冲突。一方面，信息传输至高层领导，减轻了第一线地方的责任，却增加了高层决策的负担。但远离问题的高层，有时会使得地方因高层决策意思存在功能不全问题而不得不煞费苦心。[⑭]《传染病防治法》将传染病预警发布权力授予国务院卫生行政部门与省级人民政府，远离事发地的广域主体难以对就近于风险源的地区及时有效预警。同时，高层决策使地方面临传染病风险时有了推脱责任的借口。另一方面，依赖于官僚的等级制度，在相对稳定的环境中能充分发挥作用，确保权力分工分级的明确性，但是在行政环境发生巨大变动而不适宜固定事例手段时，这种功能性会大打折扣，凸显的是灵活性与创造

⑬　参见王旭：《重大传染病危机应对的行政组织法调控》，载《法学》2020年第3期，第84-88页。

⑭　参见[日]大桥洋一：《行政法学的结构性变革》，吕艳滨译，中国人民大学出版社2008年版，第288页。

性的缺失。[15] 传染病预警权的高度集中虽体现了统一权威的集权属性，但是传染病风险起始于地方，在属地效能问题上，科层组织的高层预设会窒息了地方的创新精神和自主能动性，无法兼顾地方利益和预警所欲达到的高效预防要求。

（三）高度裁量性对传染病预警正当性的挑战

从法治国角度而言，预警作为一项公法上义务，立法者在法律中予以明确性的规定对法的安定性固有帮助。但此种要求，不能对所有规范对象均以同样程度对待。若僵硬地将传染病预警决策与执行明订于法律中，在实践时因其僵硬性而无法随情形调整，反而使法安全性后退。因此，赋予行政机关在处理风险时的裁量空间实属必要。“根据情况”“可以预警的”[16]等规定即体现了立法所赋予的形塑空间。然而，存在权力即存在边界。传染病预警虽旨在安全维护与国民生存照顾，但其伴随的预防控制措施系属权力性行政行为[17]，以限制一定自由或侵害权利为代价。换言之，传染病预警行为具有两面性：其一，通过预警的发布，对外能够起到风险警示、保障公众知情的效果；对卫生系统内部发出预警，使其做好“战时”充分准备，降低传染病风险，确保安全。二是发布传染病预警伴随着相应措施，尤其是级别越高的预警，其会对既有的利益和价值构成一定程度威胁。在发布警报、宣告预警期后，行政机关不仅需公开信息、保障物资充足与设施安全等准备性工作，还涉及对公民财产的干预控制，甚至对人身自由限制的隔离措施。[18] 从这一角度，预警决策不仅是预警信息公开问题，更是引起既有利益变化的行政决策，且其指向不确定多数人。传染病疫情的特性扩大了行政机关的任务，改变了对法、事实、程序及权力的明确性要求，此重大改变使预警决定陷入正当性危机。

从价值合理性角度而言，传染病疫情涉及公共利益，而公共利益是凝聚个体利益的抽象化，只有利害关系人共同承担并共同参与，个人自由与社会需求之间才能有平衡的关系。行政机关的风险规制并不是一直都被当作高权单方决定的过程，而应视为同意与理解交织的过程。[19] 我国传染病风险评估与预警决定系封闭式地系统内运作，这易使决策者基于其主观价值判断以及掌握的信息优势而轻易采取非正当措施，欲反驳其行为即需要更多的信息予以证实。[20] 因此，如何在预防功能

---

⑮ 参见[日]大桥洋一：《行政法学的结构性变革》，吕艳滨译，中国人民大学出版社 2008 年版，第 173 页。

⑯ 参见《传染病防治法》第 19 条第二款与《突发事件应对法》第 43 条的规定。

⑰ 参见杨雯、崔冬：《突发公共卫生事件中的政府信息公开问题及其破解》，载《中国应急管理科学》2020 年第 12 期，第 55-65 页。

⑱ 参见《突发事件应对法》第 44、45 条的规定，《传染病防治法》第四章“疫情控制”的规定，《国家突发公共卫生事件应急预案》第 4.2.1 条规定，以及《传染病防治法》第 46 条规定。

⑲ 参见[德]施密特·阿斯曼：《秩序理念下的行政法体系建构》，林明锵译，北京大学出版社 2012 年版，第 115 页。

⑳ 参见王贵松：《风险行政的预防原则》，载《比较法研究》2021 年第 1 期，第 58 页。

实现基础上避免行政权的过度扩张？又如何实现决策理性？

三、我国传染病预警制度的因应策略

（一）调适传染病预警启动的证明标准

风险预防不意味着行政机关决策中事实依据的落空，基于法治国原理，先有事实再决策行动是不变的规则，行政决策不能仅受政治人物本身的主观信念所决定。触发传染病预警的事实依据即风险证明是一项极为复杂的认识活动，风险不确定性打破了传统证据标准的基本要求，故应重新确立传染病预警制度的证据标准。

一方面，由于认识有限性与资料不全面性，针对传染病预警所需的风险证明只能是盖然性证明标准。在风险评估方式选择上，在可以量化评估的前提下，定量评估应优先于定性评估。前者多采用基于模型的分析方法，将风险与结果间的因果关系抽象成理论模型，运用概率论与统计学的分析方法，定量计算出风险值、损失值、发生损失概率。[21] 后者主要依托于经验法则。经验证明，通过统计分析方法所得出的结论，其说服力与可信度往往要大于依赖经验判断所得出的结论。马克思·韦伯曾提出合理性的两层含义即工具合理性与价值合理性，工具合理性可以理解对“科学”的主要遵从。[22] 利用现代信息技术如大数据的实时监测，引入科学工具和科学衡量方法等构建数学模型，将所收集到的基础信息进行数学统计分析，努力量化危机的可能性与发展趋势，可以为后续的传染病预警发布提供准确的参考依据。例如，有学者提出的新型随机动力学模型的运用，可以针对新冠肺炎传播机制及防疫措施特点从而对疫情发生和发展趋势进行有效预测。[23] 同时，在传染病风险研判的过程中，有这样一套较为科学、可验证性、可操作的模型和分析方法，能尽可能规避风险研判中的政治因素干扰，从而确保传染病预警决策的科学性。

另一方面，应当将传染病预警启动的盖然性证明标准进行等级量化，减少决策随意性，为行政机关提供一个较为科学、准确的判断标尺。笔者建议，将预警决策的证明标准划分为四个等级：第一个等级系“绝对相信”标准，该标准系“客观真实”标准的具体体现，在充分证据能精准证明事实存在以及发展趋势的情况下方达到风险证明的基本要求；第二个等级系“有理由相信”标准，即相对优势证据予以证明传染病风险的存在及其会造成严重后果的可能性，相较于第一等级的绝对性，此等级中的证明效果并非达到百分百还原，而是基于清晰、相对准确的证据，通过

㉑ 参见杨维中主编：《传染病预警理论与实践》，人民卫生出版社 2012 年版，第 135-137 页。

㉒ 参见戚建刚、易君：《灾难性风险规制的基本原理》，法律出版社 2015 年版，第 203 页。

㉓ 参见张原等：《新冠肺炎(COVID-19)新型随机传播动力学模型及应用》，载《应用数学学报》2020 年第 2 期，第 441-448 页。

较为周严的逻辑推演而得出。此种标准能有效应对已知传染病,但是对于未知传染病,将其作为预警的起码标准可谓过于严格,而往往未知传染病更易演变为重大传染病疫情,其危害性可谓之大;第三个等级系"无理由排除可能性"标准,该标准相较于第二等级最大的优势在于,能够应对未知传染病所引发的重大突发事件。基于风险预防原则,对于可能引发严重后果的传染病疫情,只要在科学上证明上其存在传染病风险的可能就应当引起充分重视并积极预防,即有证据证明或怀疑传染病风险的存在,尽管这种依据只是少数专家的意见,但如果没有充分证据推翻该依据所证明的可能性,则推定存在传染病风险,行政机关应当发布预警并采取措施。[24] 这一证明标准既能及时应对不确定的传染病风险,也能为行政机关在没有科学证实情况下所采取行政规制措施提供一定的事实依据。第四个等级系"无根据"标准,该标准下尚无证明的线索与基础证据,自然无法由此做出预警决定,否则行政机关存有主观臆测之嫌疑。在无任何事实基础上发布预警,违背了依法行政的基本要求。

综上所述,采用"无理由排除可能性"证明标准作为行政机关启动传染病预警决策的证据标准,即对待证的传染病风险事实的证明程度至少达到存在可能性大于不存在可能性时,行政机关方可采取措施,从而避免风险决策中的主观倾向性。

(二)优化传染病预警制度的组织结构

对传染病风险的规制是一个开放的过程,预警作为其风险治理的一环,需要在行政机关、专业机构及专家、公众之间建立新的沟通模式,组建新的组织架构。

1. 确保中央垂直的独立干预职能

"独立行政空间"跳脱出层级行政规定的权力逐级流动规则和严格的行政隶属关系,可以克服权力和信息传递效率逐级递减的官僚制弊端。[25] 因传染病具有突发性、蔓延性和危害性,在发展过程中极易演变为跨地域的重大突发公共卫生事件。而跨地域的重大突发公共卫生事件中,中央政府的统一领导和高位协调能力能够超越局部地域利益和狭隘视角,通过宏观的全局分析以做出最优的统筹安排。只有信息准确、高效流动,才能保证高层掌握真实情况,形成正确决策。因此,应建立以卫生系统内信息报告为主、卫生系统外信息渠道为补充的多渠道信息机制,突破科层报告制度的等级束缚,确保中央在传染病预警制度中的独立干预和监督职责。

其一,完善系统内部信息报告制度。(1)设立特殊情形的越级上报,即下级机

㉔ 参见戚建刚、易君:《灾难性风险规制的基本原理》,法律出版社 2015 年版,第 226 页。

㉕ 参见王旭:《重大传染病危机应对的行政组织法调控》,载《法学》2020 年第 3 期,第 84 页。

关可以在必要情形下越级上报，不再按照固有的等级制度进行层级上报。经风险评估认为其危害性较大且极有可能漫延至其他行政地区，或已经上报至主管部门但未获批准的情形下，授予地方越级上报至国务院卫生行政部门的权力，由中央及时根据不同地区的监测信息进行汇总、分析和疫情研判，从而做出决定。（2）进一步完善传染病网络直报系统。虽然我国已经建立了网络直报系统，但在新冠肺炎疫情中并未充分发挥实际效用。主要原因在于：一是新发重大传染病不属于法定传染病类型，不在直报系统设定范围内。[26] 根据《传染病信息报告管理规范》（2015年）的规定，新冠肺炎病毒因其特性无法被纳入直报系统的传染病类型。二是尚未建立覆盖全国性的、区域间的医院信息系统，各医院使用的监测预警分析系统不同，导致信息无法高效整合。据此，应重新审视《传染病信息报告管理规范》中“其他传染病”类型界定的合理性，使其能囊括非法定的未知传染病类型；同时应建立全国层面和地方区域间的卫生信息系统，以电子病历档案记录为基础，直接通过大数据抓取技术分析监控，实现数据自动交换功能；另外，在纵向上报告主体深入至乡镇卫生院、城市卫生社区服务中心等机构，使地方医疗机构、疾控中心能及时监测、有效整合信息，从而提高信息报告系统的准确性与及时性。

其二，以卫生系统外的信息渠道为补充。我国目前采用的是以医疗病例和医疗诊断为主的单源头传染病监测预警系统，这单一信息来源会导致信息监测敏感度和准确度不够，不利于预警决策的及时性与准确性，故赋予研究院校、媒体、掌握大数据的公司等主体参与信息报告程序中。如清华大学研发的疾病预测智能系统，或哈佛大学研发的传染病疫情追踪平台，前者通过与商业医疗保险合作，用商业医疗保险单进行预测，这一系统在甘肃省做了试点并取得良好效果。后者强化了信息监测过程中的公众参与。志愿者使用 APP，主动报告自己与家人的流感情况，系统对数据的分析、处理并公之于众。

2. 充分发挥地方的主观能动性

在突发公共卫生事件应对体制方面，我国主要采取的是综合协调性的应急处置体制。《突发事件应对法》中对县级以上人民政府做出了应急总指挥的职责分配，为了兼顾权威性与效率性，依据“分级统一领导”“属地管理”原则，将预警权力授予县级以上地方人民政府。然而《突发事件应对法》与《传染病防治法》对预警义务主体做出了不同规定，对此问题不少学者提出了法律解释方法或其他修改意见。如前文所言，预警权的高层设计会减弱预警的预防作用，且无法满足地方群众利益，而面对传染病风险时，庞大、固化的科层组织结构难以做出灵活性变通的决策。

---

[26] 参见杨雯、崔冬：《突发公共卫生事件中的政府信息公开问题及其破解》，载《中国应急管理科学》2020年第12期，第55-65页。

因此，应当遵循“属地管理”原则，将传染病预警权力下放至就近于近风险源的地方政府，发挥其属地效能，确保其应对突发传染病危机的灵活高效。

关于传染病预警主体应由谁来担任的问题。钟开斌教授认为我国应急协调模式由强制性协调走向自主性的应急协调机制，相互间基于互利合作而不是“命令—服从”的领导权威开展合作。[27] 其通过对“非典”、甲流感、新冠肺炎疫情案例的比较研究发现，我国应急协调机制逐步倾向于采用跨部门联防联控机制，由主管部门担任召集单位，相关部门作为成员单位，进行跨部门协调应对，较少启动指挥部模式。[28] 鉴于卫生行政部门系公共卫生系统的主管部门，故在跨部门联防联控机制中，县级以上卫生行政部门可以作为传染病预警系统的中心枢纽，享有传染病预警权，具体包括汇集信息、召集专家及专业机构进行风险评估与疫情研判，发布预警，包括卫生系统内部预警与卫生系统外部预警。前者系卫生行政部门在做出预警决策后，将预警信息回馈至人民政府及其他政府部门、疾控中心以及医疗机构等，使其在接到预警后做好应急准备工作；后者系对公众予以发布预警的行为，以警示公众做好风险防范工作。

3. 赋予专业组织独立的调查权与建议权

为实现预警决策的工具合理性要求，应在立法上给予专家及专业机构独立调查与监督的权利(权力)空间，即赋予医疗机构、疾病预防控制机构等专业机构与专家咨询委员会参与预警决策机制中独立的调查权与建议权。沈岿教授指出，专家应当是受国务院卫生部门或省级卫生部门的委托履行调查和监督责任，从而体现“集中权威”的调查与监督责任，在委托主体的授意下以委托主体的名义及时予以发布。[29] 但这一设计，受委托主体即专家组无法达到独立的专业判断作用，因为其调查与监督的权力源自于行政机关的委托，这一受命是将“专业”受制于行政系统之下，政治因素仍在决策机制中起核心作用。实践中，专家座谈会、传染病会商等决策形式将会形同虚设，专业意见无法真正地在决策过程中拥有“话语权”。

2020 年 10 月国家卫生健康委根据全国人大常委会关于《传染病防治法》修改工作部署，对传染病防治法进行了修改完善，研究形成《传染病防治法》(修订草案征求意见稿)，向社会公开征求意见。虽该征求意见稿尚未被确立为实质有效的法律，但其中第 24 条提出了各级疾病预防控制机构向卫生健康主管部门报告建议的要求，表明了针对疾控中心及医疗机构等组织的预警建议权的设立问题已引起了

㉗ 参见钟开斌：《从强制到自主：中国应急协调机制的发展与演变》，载《中国行政管理》2014 年第 8 期，第 118 页。

㉘ 参见钟开斌：《国家应急指挥体制的“变”与“不变”——基于“非典”、甲流感、新冠肺炎疫情的案例比较研究》，载《行政法学研究》2020 年第 3 期，第 22 页。

㉙ 参见沈岿：《论突发传染病信息发布的法律设置》，载《当代法学》2020 年第 4 期，第 34 页。

一定重视。对此要求笔者予以认同,但建议应进一步扩大提出预警建议的主体,即包括医疗机构、疾控中心、专家咨询委员会等专业组织。在立法中应当授予专业机构或专家咨询委员会独立的调查权与预警建议权,而不是以协助调查或受委托调查等方式进行。此外,专业机构的独立调查权与建议权具有正当性基础,基于民主监督而产生的建议与调查的权利(权力)源于我国宪法对公民监督权的授意,尤其在涉及重大公共利益的传染病预警制度中,更应当赋予专家及专业组织充分的监督权。同时,为了避免专家在调查过程中因不正当行使权利(权力)而侵害被调查主体的合法利益,在赋予独立调查权的同时设立相应的管理机制予以约束,如建立决策咨询论证专家库、专家诚信考核和退出机制、明确专家调查权限、签署保密协议以及规定相应的法律后果等。

(三)强化传染病预警决策的正当性基础

1. 比例原则:传染病预警的权衡过程

对前文所谈到的传染病预警决策面临着正当性危机,尤其是给比例原则的适用带来困难。2000 年欧盟委员会发布的《关于风险预防原则的通讯》,提出了在根据风险预防原则采取措施时应遵循合比例(proportionate)、成本效益分析(examining costs and benefits)等要求。[30] 该要求实际上是风险预防理念下比例原则的具体适用。同是基于风险预防的传染病预警,以比例原则为行政权力性行为在限制个人的基本权利时提供实质正当性。因此,在传染病预警决策及采取对应等级的预防控制措施时应当:一是符合适当性原则,即预警信息的发布以及措施的采取有助于预防传染病风险的行政目的;二是符合必要性原则,即对各种应对传染病风险的方案进行评估,在多种风险预防措施中选取采取侵害最小或方案所用成本最小的行政手段,来达到所欲的行政目的;三是符合均衡性原则,该原则是从"价值取向"上进行权衡比较,即传染病预防中预警所保护的安全价值是否优于采取预防措施所限制的财产或人身自由,在保护的利益与所造成侵害的利益二者中进行衡量。从行政法学的角度言之,比例原则要求下,是否发布传染病预警信息应当与疫情发生的可能性相适应,而传染病预警的级别及采取措施的强度应与传染病疫情所致的损害程度相适应。从行为内在逻辑而言,传染病预警信息发布(包括内部和外部的警报)系预警期间预防控制措施的前提基础。传染病预警决策作为关键性行为决定着发布信息、警报级别及系列措施等,所谓的"关键性"在于决策的警报等级直接现实化为与等级相应强度的干预措施,如预警的等级过低即伴随的预防措施实施则出现反应不足问题,又或是预警的等级过高,依其等级强度的预

---

[30] 参见王贵松:《风险行政的预防原则》,载《比较法研究》2021 年第 1 期,第 49-61 页。

防控制措施极可能出现反应(干预)过度进而不当侵害个人权利。故无论是传染病预警决策还是其伴随的预防控制措施,均应遵循比例原则以权衡并兼顾各方利益,以确保预警行为的合法性与合理性。

其次,对于是否可用成本效益分析作为传染病预警决策的权衡标准。虽成本效益分析是比例原则的精细化权衡手段,两者之间具有一定共通性。然而,在面对传染病风险时,现有的科学技术难以保证预估成本和效益之间衡量的精准性。鉴于传染病风险的本质特性,其无法以科学工具进行准确量化因这种可能性所采取措施的成本付出与其获取的效益如何。因此在传染病预警决策中,不能苛于严格适用比例原则,在价值判断与科学工具综合分析中,对比例原则进行宽泛适用,以限制应急权力的无度扩张。

此外,笔者认为,对传染病预警决策中的利益权衡确实是实际中的难点之一,由于预警行为在风险社会中本身也是可变性的风险因子,可能会导致次生危机。笔者建议增加"风险提示"等公共警告行为作为发布预警的前置行为,在经过监测发现有风险可能,却又尚未达到预警所应具备的标准时,疾控中心或卫生行政部门可通过官方网站、公众号平台,或指定专家说明等方式进行向社会公众警示风险。

2. 公众参与:传染病预警的学习过程

首先,应加大预警决策过程中的公众参与程度。行政机关主导的传染病风险决策在现有制度中虽融入了专业机构的科学性,却排除了公众的民主参与。多数学者认为传染病风险预警决策应当是专业判断范畴的理性判断,而公众的非专业性在决策过程中可能会导致预警决策非理性。笔者认为这一观点仍有待商榷。一方面,专家科学"确定风险"与公众"感知风险"不应当被视为理性与非理性的对立关系,专家在面对超出其专业知识范围的风险时的判断与公众的"感性判断"没有实质区别,并且公众并非当然的非理性。[31] 相较于更专注定量分析的专家,敏锐的公众更关注定性的变量,其基于经验或直觉的风险知识来防范风险是我们人类认知危机最自然和普遍的方式。[32] 另一方面,当科学资讯不完全或当科学家之政治立场倾向于行政机关时,此时的专家并非是事实代言人,而是政策因素流入专业判断。因此,我们不得不怀疑此种专家团体资讯及讨论过程所获得的政策决定结果,其个人意识形态之价值判断多于技术判断。[33]

遭遇到高度发达的民主制和已确立的科学化状况的反思性现代化,将导向科

㉛ See Slovic P., *Trust, Emotion, Sex, Politics, and Science: Surveying the Risk-Assessment Battlefield*, Risk Analysis, 690(1999).

㉜ 参见戚建刚、易君:《灾难性风险规制的基本原理》,法律出版社 2015 年版,第 164-165 页。

㉝ 参见陈春生:《行政法学之学理与体系(二)》,台湾元照出版公司 2007 年版,第 176 页。

学和政治特有的解放(Entgrenzungen)。对知识和政治行动的垄断将发生分化,离开它们原定的未知,并以某种变化了的方式变得越来越普遍可得。[34] 而传染病预警决策的争论本质上是由持不同观念的个体基于其自身经历和认识对价值排序的争论。现代社会下风险复杂多变,不是由单一专业领域的知识所能全面揭示,而且公众敏锐的风险意识和更直观的感性认识和在一定程度上能弥补专业判断的不足。此外,风险预防要求,在风险决策中应以最大可能的透明度基于所有利益当事人不同选择的机会。[35] 尤其面向社会公众的预警,不仅考虑预防效果,还需考虑预警的发布是否会引起社会恐慌,发布预警信息的内容须符合公众的信息需求,采取何种措施不会引起过度干预等问题。据此,在预警决策过程中,应提供公众参与的机会,使其充分表达群众意见及需求,以确保预警决策的价值合理性。

其次,在对社会公众发布预警信息时,应当说明理由。包括预警的级别、行为依据及法律后果等。在行政行为做出时,行政机关有必要也有义务对自己表明的立场附上充分的理据。正因为人民的"服从"在于其找到了应服从的道理——理性言说,[36]具有合理缘由的行政行为才能确保公众根本上的遵循与容忍。另外,发布的预警信息应符合公众可理解程度,发布的方式应当是公众可以接收到的公开渠道。因此,预警信息的发布不仅仅要包含传染病风险本身的信息,同时需要分析公众对该风险和报警服务的感受,以预测社会做出的反应,从而伴随着预警信息的发布提出相应的应对措施。

四、余论

重大传染病疫情的防控并非易事,不是三言两语或单一学科领域的理论即能全盘解决。正如贝克指出我们已进入后工业时代的风险社会,而风险的积聚在这个时代以压倒性的方式存在。[37] 面对无处不在的风险,如何能够避免、减弱或消弭?未来是否会再次遇到类似于新冠肺炎病毒的新发传染病?这种风险又会在什么地方、什么时间"闪亮登场"?突发传染病的应对如其他风险规制一样,面对的都是科学上的不确定性,这使决策机关处于不知所措的两难境地。因为是否存在风险这一基本命题本身就具有争议性,在事前我们无法确定预警发布及相应的风险预防措施是政府的"制造恐慌"(scaremongering)抑或非也。[38] 因此,基于风险预防

---

[34] 参见[德]乌尔里希·贝克:《风险社会:新的现代之路》,张文杰、何博闻译,译林出版社2004年版,第189页。

[35] 参见高秦伟:《论欧盟行政法上的风险预防原则》,载《比较法研究》2010年第3期,第58-59页。

[36] 参见[西班牙]费尔南多·萨瓦特尔:《政治学的邀请》,魏然译,北京大学出版社2014年版,第22页。

[37] 参见[德]乌尔里希·贝克:《风险社会:新的现代之路》,张文杰、何博闻译,译林出版社2004年版,第15页。

[38] See Giddens A., *Risk and Responsibility*, The Modern Law Review, 5(1999).

原则的防患未然思想，对于传染病风险，我们“主动出击”也许好过“被动应对”，而传染病预警正是这一原则的具体体现。法学是一种框架秩序，它在各个领域中建立一套秩序架构，从过去“应急管理”到如今的“应急法治”，法律为传染病疫情防控提供规范的有序的行动指南。本文从行政法学视角以宏观层面讨论传染病预警制度的法治化要求，对于该制度的其他问题尚待进一步讨论。

Challenges and Responses of China's Infectious Disease Early Warning System from the Perspective of Risk

Yang Wen，Cui Dong

Abstract: The early warning system of infectious diseases is the key measure to deal with the crisis of infectious diseases. The early warning system of infectious diseases guided by danger defense is not enough to meet the risk prevention function of early warning of infectious diseases. In addition，the scientific uncertainty of infectious disease risk, the inadaptability of bureaucratic administrative organizations, and the high discretion of early warning decision pose some challenges to the efficient operation of the early warning system of infectious disease in China. Therefore, based on the concept of risk prevention, the precautionary starting proof standard of "excluding possibility without reason" is adopted to eliminate scientific uncertainty. Optimize organizational structure by ensuring independent central intervention functions, local initiative, and oversight authority for professional bodies; The principle of proportion and public participation were introduced to ensure the legitimacy and rationality of infectious disease early warning decision.

Key Words: early warning of infectious diseases; early warning information; risk prevention; risk administration

超越医疗事故：运用机会丧失理论解决因错误出生引起的因果关系和损害赔偿问题

王　婷　王海容*

摘　要：随着医疗技术的发展及社会伦理观念的变迁，我国关于胎儿畸形的纠纷和诉讼不断增多，然而由于缺乏明确的法律规定，司法实践中出现了“同案不同判”的现象。针对错误出生侵权损害赔偿面临的困境，本文尝试引用机会丧失理论予以剖析并合理借鉴，在不改变传统因果关系证明标准的情况下，将损害定义为“机会丧失”，在赔偿方面，将赔偿范围界定为精神损害赔偿和纯粹经济损失，以合理分配医患双方的风险责任。

关键词：机会丧失；错误出生；因果关系；损害赔偿

错误出生是随着社会的发展及医疗水平的不断提高引发的一类新型诉讼案件。具体是指在产前检查中，遗传咨询人员或者医务人员未尽到相关职责，未发现胎儿异常或虽发现胎儿异常但因疏忽大意未告知父母，让父母误认为胎儿无缺陷而未终止妊娠，导致有先天性缺陷的孩子出生。

在我国错误出生诉讼日益增多的背景下，如何看待和规制此类案件成为实务界和学术界的焦点问题。例如，赵西巨认为争议焦点并不在医疗过错和因果关系之构成上，而是落在了损害层面上，并指出原告遭受的损害应为孕父母对拥有健康孩子期待的落空。① 在杨立新看来，错误出生案件侵害的是患者获得适当产前保

---

* 王婷，西南医科大学硕士研究生，研究方向：医事法学。王海容，西南医科大学副研究员。

基金项目：四川省基层卫生事业发展研究中心立项资助项目“我国农村基层医疗机构医疗暴力防控研究”（SWFZ17-Y-41）；四川医院管理和发展研究中心立项资助项目“四川省医务人员法治意识的现状及其培养机制研究”（SCYG2015-2-07）。

① 参见赵西巨：《生命的缔造、期许与失落：人工生殖服务领域的医疗损害责任法》，载《东南大学学报》（哲学社会科学版）2016年第18期，第54-67，147页。

健服务的合法权益，损害赔偿范围包括由此产生的一系列财产损害和精神损害。张红认为被告行为侵害的是原告选择是否产下残障婴儿的优生优育权，包括财产与精神双重利益。[②]

然而，错误出生案件中原告被侵害的客体属性究竟是什么，以及如何确定原告的损害后果和因果关系，仍是当今实务界和理论界的一大难题。我国学者对错误出生案件的“请求权基础”“损害后果”“因果关系”“赔偿范围”等仍未达成统一认识，导致“同案不同判”的现象层出不穷。

机会丧失理论是英美法系医疗渎职领域的重要理论，小约瑟夫·H.金(Joseph H. King Jr.)教授进一步提出的纯粹机会丧失理论，在不改变传统因果关系证明标准的情况下，将“损害”定义为“机会丧失”。[③] 本文基于对目前错误出生案件的困境做梳理，试图通过对机会丧失理论的发展历程进行分析，探讨机会丧失理论在错误出生案件中的适用性和适用界限问题，以期得到对我国错误出生案件得以公正处理的启示。

一、美国机会丧失理论发展概况

纵观学者们对医疗侵权案件的探讨，大多集中于损害后果与诊疗行为之间因果关系的问题上。但在医疗实践中，因果关系的界定往往是复杂的，特别是当患者遭受的最终损害后果由个人既存因素与被告的过失行为共同导致时，在传统因果关系理论下，患者很难去举证证明医疗过失与损害之间存在因果关系。即使患者能够证明遭受的损害后果与医疗过失行为之间存在因果关系，如何划分医务人员的责任比例也是个难题，而正是这些难题催生着机会丧失理论的出现和发展。

美国机会丧失理论大致经历了三个不同发展阶段，依次是“传统的因果关系”“宽松因果关系”和“纯粹机会丧失理论”，逐渐从严格走向宽松。因机会丧失理论在英美法系中是依靠学者们提出的理论和各州的判例逐渐发展的，[④]故本文拟用几个经典判例为线索，对机会丧失理论的发展节点进行梳理。

在传统侵权法中，判断因果关系是否存在，采用的是优势证据规则，即原告必须证明被告之不法行为“甚为可能”导致其损害后果。以百分比言之，原告必须证明被告行为引起原告损害的可能性大于等于51%。在损害赔偿方面，采用的是传统“全有或全无”的赔偿规则，若原告损害后果与被告侵权行为之间存在因果关系，

---

② 参见张红：《错误出生的损害赔偿责任》，载《法学家》2011年第6期，第54-65页。

③ See Joseph H. King, *Causation, Valuation and Chance in Personal Injury Torts Involving Preexisting Conditions and Fu-ture Consequences*, 90 Yale Law Journal, 1373(1981).

④ 参见季若望：《侵权法上生存机会丧失的损害赔偿论——以美国法为借鉴》，载《华东政法大学学报》2018年第21期，第163-178页。

则原告即可获得全赔；反之，若因果关系的可能性不足以证明因果关系存在，原告就不能获得赔偿。举例言之，在 *Cooper V Sisters of Charity of Cincinnati Inc* 案中，[⑤]库珀(Cooper)车祸入院后因医生未及时、恰当的诊疗而死亡。庭审中，医学专家指出若受害人能得到及时治疗，其存活机会大约为 50%，然而因当时举证标准要求达到优势证据规则，即需生存机会达到 51%及以上，法院认为，原告无法证明被告的过失诊疗行为与受害人的死亡之间具有因果关系，从而判决原告败诉。

在传统因果关系理论下，法院因固守因果关系优势证据规则及全有或全无的赔偿规则，出现了“无法赔偿”“过度赔偿”及“赔偿不足”的现象。传统因果关系理论遭受了种种质疑，并有学者指出此种结果有害于侵权行为法追求的平均正义和阻吓之目的。

为解决传统因果关系成立的困境，使受害人获得公平救济，英美法系的判例和学说提出了宽松因果关系理论，降低了因果关系的证明标准。法院在宽松因果关系的认定标准下进行了两种尝试和努力：(1)实质可能性说，即原告无法证明因果关系确实存在时，只要被告的侵权行为实质上剥夺了被害人的生存机会，或者减少了被害人重要的复原机会时，原告即可获得损害赔偿。此学说起源于 *Hicks v. United states* 医疗渎职案(*Hicks* 案涉嫌医疗过失不当死亡诉讼，[⑥]死者在被误诊为病情较轻后死于肠道疾病)，美国第四巡回上诉法院指出：“如果存在实质可能性的生存机会，而被告已将其摧毁，那么他将负责。”在本案中，传统的因果关系理论开始松动，出现了宽松标准的证据规则。此后，下级法院借由“*Hicks* 案”对“实质可能性”一词进行了延伸，将其解释为比传统因果关系标准低的宽松因果关系，从而打开了原告诉讼的“闸门”。(2)危险增加理论，此学说基于美国《侵权行为重述(第二)》第 323(a)节，指出原告只要证明被告的侵权行为增加了其遭受损害的风险，就可以要求被告承担损害赔偿责任。*Hamil* 诉 *Bashline* 案[⑦]是根据第 323(a)条裁决的首起医疗事故判例。哈米尔(Hamil)夫人因哈米尔胸部疼痛将其带到 Bashline 医院，因医生换岗，电子插座故障，医院缺少第二台心电图机器，哈米尔夫人不得不将丈夫送到一家私人医生办公室，当医生正在做心电图治疗时，哈米尔去世了。法院裁定：“原告的情况受第 323 条的管辖，被告的过失行为增加了哈米尔先生的死亡风险。”

尽管法院采用上述两种宽松因果关系的方法来解决传统因果关系的举证困境

---

⑤ See Loss of Chance as Technique: Toeing the Line at Fifty Percent，369(1993—1994).

⑥ See Smith v. State of Louisiana，Department of Health and Hospitals: Loss Chance of Survival: The Valuation Debate，339(1997—1998).

⑦ See Jennifer. C. Parker，Beyond Medical Malpractice: Appiying the Lost Chance Doctrine to Cure Causation and Damages Concerns with Educational Malpractice Claims，373(2006).

和不公平现象，但原告仍然要向法院证明自己损失了重大或实质性的机会。另外，宽松因果关系虽然在证据规则方面有所松动，但其所采取的“全有或全无”赔偿规则仍显不合理。

美国 *Joseph H. King* 教授提出纯粹机会丧失理论，他将机会的丧失本身视为一种独特的、可赔偿的损害。具体而言，当被告的侵权行为在多大程度上降低了原告获得更有利结果的可能性时，原告应该为失去的可能性得到赔偿，即使这种可能性概率小于 51%。机会丧失学说最常见的范例是，受害者患有既存病情，而被告因疏忽而未能预防这种不利后果的发生。最早采用机会丧失理论的是 *Herskovits v. Group Health Cooperativo* 案，[⑧]海尔什科维奇(Herskovits)因疼痛和咳嗽去了医院，在医院进行的胸部 X 光检查显示，其癌细胞已渗入左肺，但医院除了建议海尔什科维奇偶尔进行胸部 X 光检查外，没有进一步询问其症状。大约一年后，海尔什科维奇寻求第二种诊断意见时，被诊断出患有肺癌，并在诊断出肺癌 20 个月后死亡。专家证词表明，诊断和适当治疗的延迟降低了原告的生存机会。法院裁定，伤害不是死亡本身，而是丧失生存的机会，但医院的过失行为将原告的生存机会降低 14%，不足以让陪审团确定医院的过失诊断是否是最直接的死亡原因。最后，法院接受了金(King)教授的纯粹机会丧失理论，并指出金教授的做法是最公平的，因为：“对于被告的侵权行为，法院不必要去应付其是否是等于或超过 51% 的机会。”

纯粹机会丧失理论的提出是侵权法因果关系发展过程中的一个重要突破，从实质可能性说到危险增加理论再到纯粹机会丧失理论，尽管它们之间存在差异，但是这三个子方法展现了法院对因果关系的要求逐渐降低。目前在美国，虽仍有极少部分州拒绝采用机会丧失理论来弥补受害人的损害，但是绝大部分州都允许患者寻求机会型损害赔偿以达到侵权法公平正义的目的。金教授提出的纯粹机会丧失理论将机会丧失案件中的受害人遭受的损害后果转化为机会丧失，将“全有或全无”的赔偿模式转变成“比例”赔偿模式，大大增加了机会丧失案件的赔偿可能性，也禁止了被告将恢复的可能性置于无法实现的境地，即“结果是无法避免的……”这种说法。

尽管绝大部分机会丧失案件都是医疗事故案件，但在其他法律领域，法院确定法律上的不当行为应予赔偿的机会，并珍视这些机会。将机会丧失理论运用到各种领域表明了其在许多情况下的适应性和适当性。因此，本文旨在探讨机会丧失理论在错误出生领域的潜在适用性，从我国错误出生侵权责任的构成出发，揭示理

⑧ 参见柳经纬、周宇：《侵权责任构成中违法性和过错的再认识》，载《甘肃社会科学》2021 年第 2 期，第 135-144 页。

论及司法实务中错误出生诉讼困境，并为纯粹机会丧失理论在错误出生侵权损害赔偿的适用寻找到合适的理论基础，以期为司法实务提供帮助。

二、错误出生诉讼之困境

随着医疗水平的不断提高，医生能够借助医学技术及设备诊断出胎儿是否有先天性缺陷成为可能，但也因此带来了新的法律问题，引发了近年来争议不断的缺陷出生纠纷。关于如何看待和规制此类案件，学者们言人人殊。实务中，也因法律缺乏明确规定，司法裁判截然不同。因此，迫切需要法律积极应对科技发展带来的对伦理和自身的冲击，合理分配产前检查偏差带来的风险责任。因侵权责任的构成要件，学界主要有三要件说与四要件说之分。[⑨] 目前学界对于三要件说的认同也越来越大，主张者认为过错吸收了违法性，没有必要将不法行为作为侵权责任的独立要件。[⑩] 因此，本文采用三要件说来进行阐述。

（一）"错误出生"请求权基础不明确

错误出生是随着社会的发展、医疗水平不断提高引发的一类新型诉讼案件。我国立法未对此明确规定，司法裁判也迥然不同。因此，关于错误出生案件的请求权基础，即请求权主体可以向谁，基于何种规范，提出何种请求存在很大争议。

首先，当发生错误出生案件时，侵权损害赔偿的请求权主体存在着争议，主要有以下三种观点：(1)请求权主体只能是缺陷新生儿的父母，缺陷儿自己不能成为请求权的主体，其主要的理由是单纯的出生事实不能被评价为损害，缺陷儿的残疾是先天性的，并非医疗过失，医疗机构所造成的损害只能被评价为致使有缺陷的孩子出生，而不是孩子的缺陷。(2)请求权主体只能是缺陷儿自己，这种由残疾新生儿以自己的名义起诉医疗机构的赔偿案件，通常又被学者们称为"错误生命"案件。它与错误出生案件的不同在于，请求权主体为缺陷儿自己，而非其父母。其主要认可理由为生命的价值不止于生命的本身，还包括生命的质量。高质量存活的最基本前提就是健康。残疾儿在有生之年所要承受的精神上的痛苦和折磨是毋庸置疑的，因此，缺陷儿有权提出损害赔偿。(3)请求权主体包括缺陷儿及其父母。错误出生给整个家庭带来的损失不仅表现在需要花费大量的金钱引起的财产损害，同时也伴有无尽的担忧和焦虑，以及缺陷儿童成长过程中所承受的异样眼光。从这个意义上讲，父母和缺陷儿都受到了损害，都有权主张损害赔偿。

其次，因违约之诉的合同相对性以及损害赔偿多限于物质损害赔偿等局限，我

---

⑨ 参见柳经纬、周宇：《侵权责任构成中违法性和过错的再认识》，载《甘肃社会科学》2021 年第 2 期，第 135-144 页。

⑩ 参见王利明：《侵权责任法研究》，中国人民大学出版社 2011 年版。

国司法实践中大多选择侵权之诉。[11] 那么，如果以侵权损害赔偿责任来追究医疗机构的责任，请求权主体到底应该基于何种权利来寻求侵权损害赔偿呢？另虽错误出生诉讼的请求权主体仍存在争议，但因司法实践中法院赋予缺陷儿自身提起独立诉讼的权利，即“错误生命”之诉，故笔者重在论述缺陷儿父母作为侵权主体的情形。根据《民法典》第120条，民事权益受到侵害的，请求权人可以基于此来寻求侵权损害赔偿。民事权益分为权利与一般利益。所谓“权利”，是指既存法律关系所明确的权利。“利益”是指虽未上升为权利但受法律保护的一般利益。[12] 目前，我国司法及理论界对错误出生的侵权客体主要有两种观点：(1)权利说：学者赵西巨认为应认定为优生优育权，优生优育是我国的一项国策，具有稳定的社会基础；[13]王泽鉴教授认为应认定为优生选择权，并且指出应包含于一般人格权中；[14]朱晓喆认为应认定为生育自主权，在权利属性方面，其与王泽鉴教授的看法不谋而合，应属于人格意义上的自由权。[15]与此同时，权利说反对者指出，《民法典》人格权编所指的具体人格权属于绝对权，错误出生诉讼涉及的权利因其具有相对性的特殊属性，以及其权利的内涵和外延并没有健康权、名誉权等根本权利那样明确具体，其不应该属于侵权法保护的范围。[16] (2)利益说：学者杨立新认为侵害的不仅是相关权利还包括胎儿父母享有的获得适当产前保健服务的利益，它不仅仅包含产前检查还包括之后获得适当的产前诊断意见；刘昂学者指出应厘清生殖过失的核心实质是对人幸福生活的侵扰和人际关系造成的具体伤害，而不是所谓的“残疾”，他进一步提出，错误出生侵害父母的不仅仅是知情同意权，还包括直接关涉父母生殖决定权利、社会幸福感和生活安邻的和谐利益；[17]也有学者认为应将其与社会公序良俗挂钩，将优生优育的利益解释为“等于人身、财产利益”。[18]

可见，当前错误出生案件的请求权基础并不一致，究竟是该归属于权利、利益，还是笼统归为权益？理论界与司法界对此争论不休。同时，因我国当前法律对错误出生诉讼关涉的权利属性并无明确的规定，实践中也出现了司法裁判不统一的现象，这种现象使判决书缺乏权威性，易造成当事人不服判决，接连上诉，难以起到

---

⑪ 参见刘昂、陈成建：《错误出生损害责任下救济制度的建构——基于50件生效裁判文书的实证分析》，载《法律适用》2020年第18期，第106-114页。

⑫ 参见陈聪富：《因果关系与损害赔偿》，北京大学出版社2006年版。

⑬ 参见赵西巨：《生命的缔造、期许与失落：人工生殖服务领域的医疗损害责任法》，载《东南大学学报》(哲学社会科学版)2016年第18期，第54-67，147页。

⑭⑮ 参见王泽鉴：《侵权行为法》，中国政法大学出版社2001年版，第143页。

⑯ 参见徐银波：《侵权损害赔偿论》，西南政法大学2012年博文学位论文。

⑰ 参见刘昂、陈成建：《错误出生损害责任下救济制度的建构——基于50件生效裁判文书的实证分析》，载《法律适用》2020年第18期，第106-114页。

⑱ 参见杨立新、王丽莎：《错误出生的损害赔偿责任及适当限制》，载《北方法学》2011年第5期，第13-22页。参见陈珊燕：《我国错误出生损害赔偿问题研究》，苏州大学2016年硕士学位论文。

定纷止争的法律效果。

（二）“错误出生”过错认定不一致

在我国，关于医疗过错的认定，大多数学者将其界定为医务人员在诊疗护理过程中违反应尽的注意义务。[19] 根据《民法典》第1221条的规定，医疗机构及其医务人员应当尽到与当时的医疗水平相应的诊疗义务。换言之，此处的“与当时的医疗水平相应的诊疗义务”可以作“注意义务”理解。因医疗水准是个抽象标准，既要考虑医疗机构的等级、当时当地的医疗水平，又要考虑患者的个体特异性、疾病情况等。[20] 那么如何认定是否尽到了法定的注意义务，即是否做到了“与当时的医疗水平相应的诊疗义务”，在理论上和实践中也有很大的分歧。有学者认为关于医疗水准，因个体差异及具体案情不同，一般情况下应当以具有资质的鉴定机构的意见为准，[21]人民法院基于鉴定意见书来判断医疗机构在诊疗过程中是否尽到“与当时的医疗水平相应”的诊疗义务，但对鉴定机构如何判定医疗过错却只字未提。学者杨立新指出“与当时的医疗水平相应”应是如何确定医疗机构在医疗过程中承担注意义务的标准，即是否达到通常情况下医疗机构及其医务人员的普遍医疗水准。[22] 实践中具体如何认定“医疗水准”也存在分歧，有学者选取了两个省份案情相似、时间接近的判决，都是基于在产前检查中医生未能检查出孕妇腹中的胎儿左手缺失而引发的侵权损害赔偿，但对医疗机构过错的认定则截然不同。在云南省的判决书中，法院认为根据当时的医学水准，医院方在为原告进行产前检查时对胎儿手掌是否缺失能够检查出来，存在医疗过错；[23]在四川省的判决书中，法院认为根据当时的医疗水准，医院方已经尽到了当下医师的一般检查义务，医院方不存在医疗过错。[24] 我们可以看到，在几乎同时发生的案件中，前者法院认为以当时的医疗水平能检查出来，后者法院认为以当时的医疗水平却检查不出来。

那么，当事人不禁怀疑什么是“与当时的医疗水平相应”，它的判断标准究竟是什么。类似“同案不同判”的现象会导致什么样的法律后果，不言而喻。另外，随着大众法治意识水平的不断提升，对医疗机构及其医务人员的高度信赖和赋予医务

---

⑲ 参见向歆、侯国跃、刘蔚：《论中医医疗过错的认定》，载《中国卫生事业管理》2013年第30期，第671-673页。

⑳ 参见宋萍等：《不同等级医疗机构医疗过错特点——附148例医疗损害鉴定案件分析》，载《中国法医学杂志》2020年第35期，第210-212页。

㉑ 参见刘振声主编：《医疗侵权纠纷的防范与处理》，人民卫生出版社1988年版，第148页。

㉒ 参见杨立新：《医疗损害责任构成要件的具体判断》，载《法律适用》2012年第4期，第19-27页。

㉓ 参见云南省昆明市中级人民法院(2017)昆民三终字第854号民事判决书。

㉔ 参见四川省成都市中级人民法院(2008)成民终字第296号民事判决书。

人员更高的注意义务，那么如何去规制相关的认定标准，缓解医患矛盾也迫在眉睫。

（三）“错误出生”损害后果确定有分歧

“无损害则无赔偿”。侵权行为损害赔偿请求权的成立，除不法行为侵害被害人的权利和利益外，基于损害填补规则，必须被害人有损害，才能请求损害赔偿。在错误出生侵权损害赔偿责任中，缺陷儿父母是否遭受损害，若遭受损害，其损害后果如何确定也存在意见的分歧。

国内学者对错误出生侵权诉讼的损害后果确定有分歧，主要有以下三种观点。(1)损害为新生儿的“残疾”，这也是部分学者们不支持婴儿父母要求损害赔偿的最大阻碍，反对者们认为孩子的残疾是先天因素造成的，并不是医生的过失行为导致的，因此侵权行为与损害后果之间并无因果关系，因此，婴儿父母的损害赔偿不应该得到支持。(2)损害为残疾新生儿的“出生”，可赔偿损害范围为因缺陷儿出生所带来的损失。丁春燕认为在错误出生案件中，原告所遭受的损害后果应为被剥夺堕胎的机会致使产下残疾新生儿。㉕ 相应的赔偿范围也应是与“缺陷儿出生”产生的相关损失，包括缺陷儿母亲因未能及时终止妊娠所造成的财产损失和精神损害以及与新生儿的残疾相关的额外经济损失和精神损害。张红教授也认为所遭受的损害并非婴儿的“残疾”，而是缺陷儿的“出生”。㉖ 她强调缺陷儿并非损害后果，因其出生而给父母带来的损失才是损害后果。赔偿损害范围为包括抚养费和残疾护理费在内的财产损害以及以侵害原告优生优育权为请求权基础的精神损害赔偿。(3)损害为孕父母权益的侵害，具体指医院方因过失对原告未告知导致其做出不符合自己真实意思决定的民事权益的侵害。王福友认为损害为原告对拥有一个健康孩子期待利益的损害，损害赔偿之范围包括特别医疗费用和特别抚育费用在内的财产损害和以侵害父母对健康儿出生的期待利益为请求权基础的精神损害。㉗ 杨立新认为损害为医务人员对孕妇享有的获得适当产前保健服务权益的侵害，损害赔偿范围包括医疗机构第一次做出错误产检报告时起至分娩结束时检查怀孕费用和通常情况下必要、合理的抚养费用以及基于侵害父母所享有的获得适当产前保健服务权益为基础的精神损害赔偿。㉘ 也有学者指出错误出生中损害不仅仅包括

㉕ 参见丁春艳：《“错误出生案件”之损害赔偿责任研究》，载《中外法学》2007 年第 6 期，第 682-700 页。

㉖ 参见张红：《错误出生的损害赔偿责任》，载《法学家》2011 年第 6 期，第 54-65 页。

㉗ 参见王福友、王珏：《论错误出生之损害赔偿》，载《净月学刊》2015 年第 6 期，第 101-109 页。

㉘ 参见杨立新、王丽莎：《错误出生的损害赔偿责任及适当限制》，载《北方法学》2011 年第 5 期，第 13-22 页。

对孕父母身体或财产的有形损害，还包括对自治和幸福侵扰的重大伤害。[29]

皮之不存，毛将焉附？损害后果乃损害赔偿范围的基础，正是因为对错误出生的损害赔偿后果认定不同，才导致损害赔偿范围不一致。在我国司法实务中，错误出生的损害赔偿范围主要有下列几种情形：[30]（1）只赔偿精神损失。有法院认为错误出生中的"残疾"与医疗过失行为并无因果关系，被告侵犯的生育选择权属于人格权范畴，其仅限于精神抚慰金。又或者因错误出生诉讼案涉经济损失无法计算，因此只赔偿精神抚慰金；（2）既应赔偿精神损失，又应赔偿特别抚养费，这里的特殊抚养费主要包含医疗费、康复费、护理费、误工费、交通费等；（3）既应赔偿精神损失，又要赔偿抚养一个残疾孩子支出的全部抚养费，包含抚养一个健康孩子的正常费用。值得一提的是，错误出生案件涉及的抚养费期限不同于一般案件中以成年为期限标准，特殊抚养费问题一直困扰着法官。对于可以康复的缺陷孩子，司法实践中一般以康复时间为准。但如果是严重缺陷的孩子，当其成年后，如何计算抚养费期限尤为困扰着司法实践。可见，我国错误出生损害后果存在分歧，且在实践中如何认定损害赔偿的范围，理论界和司法界也缺乏一致观点。

（四）"错误出生"因果关系认识不统一

在侵权损害赔偿责任中，医生的过失行为与缺陷儿父母遭受的损害事实之间是否存在因果关系是诉讼中认定是否赔偿的关键一环。但从"纸面上的法律"变成"行动中的法律"，尚需理论与实践相契合。通常情况下，因果关系是比较复杂的，而我国学者们出现了对错误出生诉讼中因果关系认识不统一的现象。在上文中，我们可以看出错误出生诉讼的损害后果面临着无法明确的现象，因此在讨论因果关系的时候，应根据不同损害后果来分类进行阐述。其主要分为以下两种情形：（1）医方的过失行为与新生儿的"残疾"之间不具备因果关系。有学者认为胎儿的身体缺陷并非医方的过失行为导致的，新生儿的残疾是天生的，是胎儿发育自然形成的。因此，错误出生案件中缺陷儿父母所受的损害与医疗过失之间不具有因果关系。例如，张家口宣化平安医院与祝晓玲医疗损害责任纠纷上诉中，法院认为，由于先天性心脏病是在胚胎发育中自身因素导致的，并不是由于医生的过失行为导致的，因此不具有因果关系；[31]（2）医方的过失行为与原告的损害之间具有因果关系。根据对原告损害后果的认定不同，又大致分为两类：第一，医方的过失行为

㉙ 参见刘昂、陈成建：《错误出生损害责任下救济制度的建构——基于 50 件生效裁判文书的实证分析》，载《法律适用》2020 年第 18 期，第 106-114 页。

㉚ 参见北京法院缺陷出生纠纷案件疑难问题研究综述。

㉛ 参见冯泠、林萍萍：《错误出生医疗损害责任认定问题探析》，载《法制与社会》2020 年第 32 期，第 23-24 页。

与新生儿的"出生"之间存在因果关系。有学者认为正是因为医方未尽到合理的诊断义务，孕父母未能恰当地选择终止妊娠来避免缺陷儿的"出生"。[32] 虽然缺陷儿的"残疾"与医疗过失行为无关，但是缺陷儿的"出生"与医疗过失行为具备因果关系。第二，医方的过失行为与孕父母权益受到侵害之间具备因果关系。有学者认为错误出生的损害后果为被告未被告知胎儿异常从而丧失避免缺陷儿童出生权利的侵害，被告的医疗过失行为与残疾新生儿的"出生"之间具有因果关系，丁春燕认为正是因为医疗机构违反法律规定，未适当履行法定产前检查义务，才导致孕妇的权益受到侵害，产下先天残疾儿，因此，医院方的过失行为与原告受到的损害事实之间存在因果关系；[33]王洪平学者认为就错误出生的因果关系而言，应该判断的是医方的过失行为与原告生育自主权和堕胎选择权受侵害之间是否具有法律上的因果关系，患者接受产检的目的是非常明确的，因此，医生的过失行为与原告权利受侵害之间的因果关系是确定的。[34] 因此，错误出生损害后果认定的不统一导致对因果关系认识的不一致。

三、纯粹机会丧失理论在错误出生赔偿中的应用

错误出生案件因其涉及法律和伦理争议比普通的医疗损害案件面临的问题更复杂，即使患者可以证明医方存在医疗过失行为，但既存条件的存在也使得难以对可赔偿伤害进行因果关系的确定。尽管面临许多困境，但世界上绝大多数国家对于错误出生损害赔偿正当性是肯定的，且承认的赔偿范围有不断扩大的趋势，包括在我国，不予支持的观点已经不是当前理论界和实务界的主流观点。前文阐述金教授的机会丧失理论将机会丧失视为损害本身，且允许对小于51%的机会丧失进行赔偿，这似乎是解决错误出生困境的一个好方法。从本质上讲，错误出生案件中，被告的过失行为侵害的就是孕父母在不充分知情的情况下做出继续妊娠的选择，从而丧失选择是否终止妊娠的机会。残疾是先天因素造成的，但孕父母因丧失选择终止妊娠机会而造成的侵权伤害是不可忽视的。机会丧失理论可以帮助将因新生儿原有状况造成不可赔偿之基础伤害与因父母丧失选择机会而特别造成的伤害所造成可补偿的侵权伤害分开。

当然，机会丧失理论的适用需满足一些条件，而错误出生案件与之正相符。第一，实际损害已然发生。错误出生中，因医疗机构或医务人员的过失诊疗行为，孕

---

[32] 参见王歌雅、张小余：《"错误出生"的侵权样态与法律规制》，载《哈尔滨工业大学学报》(社会科学版)2020年第22期，第41-47页。

[33] 参见丁春艳：《"错误出生案件"之损害赔偿责任研究》，载《中外法学》2007年第6期，第682-700页。

[34] 参见王洪平、苏海健：《"错误出生"侵权责任之构成——一个比较法的视角》，载《烟台大学学报》(哲学社会科学版)2008年第3期，第34-39页。

父母丧失选择终止妊娠的机会导致缺陷儿的出生。第二，非臆想的机会。机会丧失理论适用的前提是，受害人必须证明他或她的确存在一个"实质性"的，而不是臆想的机会。错误出生所主张的机会主要表现为父母获知胎儿的异常状况后选择终止妊娠的机会。这个机会不管是基于专门的医学知识，还是基于社会伦理、法治环境和社会现实的逻辑判断，其都是真实存在的、有意义的。第三，并非建立在受害人假象行为之上的机会。在优生优育的大背景下，计划生育政策一直是一项受到普遍赞成和拥护的政策。当胎儿存在畸形或严重缺陷时，终止妊娠已经成了绝大多数民众的现实选择。综上所述，机会丧失理论在错误出生案件中的适用性更加凸显。

那么，如何在现行法律框架下适用纯粹机会丧失理论呢？笔者认为，可以从以下几方面进行探讨。

（一）请求权基础

权利的本质在于主体对客体实施之"法律的力"。而对于一般行为自由，例如婚姻自由、生育自由等并非"客体"，不应围绕对生活事务的一般意志自由来构造权利，[35]即不应设计出"生育自主权""优生优育权"来混淆孕父母遭受的损害。在错误出生案件中，被告因医疗机构或医务人员的疏忽导致孕父母在不充分知情的情况下丧失选择终止妊娠的机会，该机会系孕父母对于孩子出生后身体健康的期待，应为人格利益所涵盖。人格权的本质在于对人格自由、人格尊严等人格利益的保护，而机会丧失的实质恰恰也是孕父母原本可能享有选择一个健康孩子出生的人格利益由于被告的医疗过失行为发生了人为的侵害。新出炉的《民法典》将人格权独立成编，不仅是对落实宪法保障人格尊严的回应，而且是新时代人民群众对人格尊严的强烈需求。[36] 将孕父母终止妊娠的机会纳入人格权体系加以保护，既避免了法律上依据的重塑，又体现了《民法典》"以人为本"的内核与外延。

（二）医疗过错

医疗过错的认定，核心在于医疗机构及其医务人员是否尽到法定的注意义务。在错误出生案件中，被告的诊疗行为是否存在过失要以其是否违反了法律、法规所规定的注意义务为标准。《中华人民共和国人口与计划生育法》《中华人民共和国母婴保健法》《中华人民共和国母婴保健法实施办法》《产前诊断技术管理办法》等法律法规对医务人员在产前检查、产前诊断过程中的注意义务进行了明确而具体的规定。医生因疏忽违反法定的注意义务而未能提供足够的医疗指导阻止父母发

---

[35] 参见唐超：《纯粹经济利益还是生育自主权：错误怀孕和错误出生诉讼的恰当路径》，载《北方法学》2020 年第 14 期，第 39-50 页。

[36] https://www.thepaper.cn/newsDetail.

现孩子出生将有严重缺陷，进而妨碍父母做一个明智的决定是否终止妊娠，其行为就具有违法性。同样地，机会丧失理论适用的标准就是被告与受害人基于一种特殊关系、承诺或其他基础关系而存在法定义务，且被告因侵权未能履行对受害人应尽的义务，以保护或保留受害人获得更有利结果的前景。在这一点上，机会丧失理论的标准与一般医疗过失侵权案件的要件并无差异。

（三）损害后果

侵权行为损害赔偿请求权的成立，除了不法行为侵害被害人的权益外，基于损害填补规则，被害人必须受有实际损害才能请求损害赔偿。错误出生否定论主要观点认为，胎儿的“残疾”并非被告诊疗行为所致，而是其先天因素造成的。被告的诊疗行为与损害后果之间没有因果关系，依法不应承担赔偿责任。此观点最大的漏洞在于将婴儿“残疾”损害之现象视为损害后果，而忽略了真正损害应为孕父母选择终止妊娠机会丧失之权益侵害。具体而言，错误出生案件中，原告因医务人员未尽到告知义务，在不充分知情的情况下做出继续妊娠的选择，其导致原告丧失了决定终止妊娠从而避免残疾婴儿出生的机会，其损害实质为孕父母机会丧失之人格权益侵害。另外，在我国的司法鉴定中，鉴定专家也把孕父母终止妊娠的机会作为机会丧失理论的损害来看待，[37]更加凸显机会丧失理论在错误出生案件中的适用性。“机会有价”，没有人认为对其无须给予法律的保护，通常情况下，只要有取得更好结果或避免伤害的可能性，人们都会愿意用金钱去交换它。[38]

（四）因果关系

法院在分析因果关系时，常常陷入分析损害之“现象”与过失诊疗行为的旋涡中，实质上，法院首先应分析责任成立因果关系，即原告机会丧失之“权益侵害”与医生过失诊疗行为之间的因果关系。机会丧失理论中的因果关系沿用了传统优势证据规则，在平稳吸收传统因果关系规则的同时，巧妙地将最终损害后果转化为可赔偿的机会本身，避免了司法实践中的逻辑困境。具体而言，在错误出生案件中，原告因医院方未尽到应尽的产前检查注意义务致使其在未充分获取胎儿信息的前提下及时终止妊娠，并因此丧失了选择一个健康孩子出生的机会，从而使得缺陷儿父母遭受财产和精神的双重损失，医方的违法行为与孕父母被侵害的权益之间理应存在因果关系。

（五）损害赔偿范围

依侵权责任构成三要件理论，在错误出生案件中，被告侵害的是原告在不充分

㊲ 参见张长全等：《机会丧失理论在医疗损害诉讼中的应用探讨》，载《中国司法鉴定》2018年第5期，第45-49页。

㊳ 参见徐银波：《侵权损害赔偿论》，西南政法大学2012年博文学位论文。

知情的情况下，丧失选择终止妊娠的机会，对此机会的侵害将对原告产生财产和精神双重损失。(1)精神损害赔偿。对于原告精神损害赔偿的法律依据，原告被侵害的机会丧失应为人格利益所涵盖。根据《民法典》第 1183 条第一款规定，凡是侵害人身权益造成严重精神损害的受害人，都可以请求精神损害赔偿。人身权益又包括人格权、身体权以及体现人身利益的综合性权益。因此，可将原告被侵害的人格利益视为此处的“人身权益”。(2)纯粹经济损失。纯粹经济损失是指除因人身或财产受到侵害而遭受有形损害之外的经济利益损失。[39] 在现行法律框架下，受到侵权责任法保护的纯粹经济损失的类型如下：[40] ①因侵害他人人身而引发的护理人员的护理费；②证券市场虚假陈述给投资者造成的纯粹经济损失；③专业人员以及专业机构用过错给他人造成的纯粹经济损失，例如：会计师、律师、建筑师等。在纯粹经济损失领域，类型③又称专家责任，因基于其负有高度注意义务，专家应对自己过失行为造成的纯粹经济损失承担赔偿责任。那么，举轻以明重，医疗行为因其独特的侵袭性和高风险性，医务人员作为专家更应对患者负有高度注意义务，当医师自身的过失行为造成患者损害时理应承担赔偿责任。因此，在错误出生案件中，孕父母遭受的抚养费、误工费、交通费等财产损失应当归属纯粹经济损失。

四、错误出生案件适用机会丧失理论的必要限制

尽管产前医学检查技术飞速发展，胎儿先天缺陷从以前未知到现在医生借助医学技术可以变为已知，但是仍然不可能 100% 的发现。不管是过于加重医方的负担，还是让患者自行承担损失，都不符合侵权法的赔偿理念。这样不仅不利于医疗水平的提高，而且会助长“医闹”的不良风气。因此，明晰机会丧失理论在错误出生案件中的必要限制至关重要。

笔者认为主要从以下两个方面来进行限制：第一个方面是错误出生侵权损害赔偿的适当限制，主要包括以下几点：(1)限于当时的产前检查医疗水平难以发现；(2)缺陷儿父母在医生告知可能存在风险的情况下，不进行进一步检查，自愿同意继续妊娠；(3)缺陷儿父母自身存在过错，故意隐瞒或者提供虚假信息；(4)母婴的特殊体质；(5)医疗过程中发生的意外事件。第二个方面是纯粹机会丧失理论在错误出生损害赔偿案件的必要限制，主要包括以下几点，(1)不适用单纯的医疗过失直接引发的损害，在诊疗过程中，医生的过失行为是导致缺陷儿残疾的直接

---

[39] 参见满洪杰：《论纯粹经济利益损失保护——兼评〈侵权责任法〉第 2 条》，载《法学论坛》2011 年第 26 期，第 107-112 页。

[40] 参见程啸：《侵权责任法》(第三版)，中国人民大学出版社 2014 年版。

原因，其与一般的医疗过失以外的侵权案件并无不同，因此，在此种类型中不适用纯粹机会丧失理论；（2）不适用未发生最终损害后果的机会丧失，“无损害则无赔偿”，在机会丧失理论的赔偿只适用于在最终损害后果已经发生的情况下，有学者指出，若在未发生最终损害后果时就按照机会丧失理论对原告进行赔偿，必然会导致发生实际受到损害的人未得到赔偿，而实际未受到损害的人却得到了分外的赔偿；[41]（3）仅适用于确定性的机会，机会丧失理论中的机会必须是受法律保护的确定性机会，而不能是臆想、假想的机会，否则会导致当事人恶意诉讼，法院加重负担，医院也因规避自身风险而出现过渡性医疗，因此，只有在孕父母能够证明在发现胎儿有异常时，其大概率会选择终止妊娠来避免缺陷孩子出生时，才能适用机会丧失理论。

五、结语

错误出生侵权损害赔偿案件，由于医疗行为的复杂性以及社会大众对生命价值的敏感性，常常会引发大量的法律和伦理道德问题。同时医患双方在医疗行为的相对不等性，会导致证据掌握程度的不对等性，为了保护患方的利益，也为了督促医方更好地治病救人，需要在举证不明，或者举证不足的情况下将损害后果从缺陷生命转化为原告终止妊娠机会的丧失来弥补原告的损失。机会丧失理论的出现，会缓解实践中司法机关面临的损害后果不明的尴尬局面，也会缓解医患双方的矛盾。但是机会丧失理论的逐步发展和实践应用，同时需要医疗界、法学界、司法界等各方面专家以及各级行政机关的共同努力来更好地解决现实问题。

Beyond Medical Malpractice：Applying the Theory of Loss of Opportunity to Solve the Problem of Causality and Damages Caused Bywrongful Birth

Wang Ting，Wang Hai-rong

Abstract：With the development of medical technology and the changes of social ethical concepts，the disputes and lawsuits related to fetal malformation are increasing in China. However，due to the lack of clear legal provisions，the phenomenon of different judgments for the same case has appeared in judicial

---

[41] 参见彭洪亮：《侵权法上的机会丧失损害赔偿研究》，西南政法大学 2015 年硕士学位论文。

practice For tort damages the plight of the mistake was born, this paper tries to reference opportunity loss theory analyzed and reasonable guide, without changing the traditional causality proof standard, will damage is defined as a loss of opportunity, in terms of compensation, the compensation scope for compensation for mental damage and pure economic loss at a reasonable distribution of medical risk liability of both parties.

Key Words: loss of chance; wrongful birth; causality; damages

中医药抗击传染病的保障制度研究

冯　玉　赵世雄*

摘　要： 新冠病毒肆虐全球，中医药自古以来一直是抗击疫情的常用手段，此次也成为疫情防控的一大特色和亮点，但种种原因导致中医药防治传染病尤其是新发突发传染病的优势一定程度上得不到发挥。构建完善的中医药抗击传染病保障制度体系，有助于更好地发挥中医药防控疫情的巨大优势，服务于"健康中国"战略，致力于人民健康。

关键词： 中医药；传染病；保障制度；短板；完善

美国约翰斯·霍普金斯大学 2021 年 8 月 4 日发布的新冠疫情最新统计数据显示，截至美国东部时间 2021 年 8 月 4 日 15 时 21 分(北京时间 5 日 3 时 21 分)，全球累计新冠确诊病例超过 2 亿例，达 200 014 602 例，累计死亡病例 4 252 873 例。面对这场突发公共卫生事件，中国和世界公共卫生应急保障体系遭受了巨大冲击。在政府和人民的共同努力下，我国对疫情做到了基本可控，生产生活逐步恢复。之所以能够获得疫情防控工作的阶段性胜利，并坚守这一来之不易的成果，不仅是因为对高危人群进行了跟踪和隔离，暂停公众集会，以及一些限制农村人口流动的综合防控措施，中医药也起到了重要作用。

自中华人民共和国成立以来，中医药的继承与发展被党和国家领导人高度重视。① 因此，中医药在非典型肺炎、新型冠状肺炎病毒、流行性乙型脑炎、甲型流感、病毒性出血热等传染病的防治中取得了前所未有的进步，发挥了突出的作用。在新冠肺炎疫情的防控工作中，中医药迅速介入并深入参与整个防疫治疗过程，充分发挥中医药"未病先防、病中防复、病后防变"等防疫优势，以"中医药治理与社区

---

* 冯玉，湖北中医药大学人文学院副教授，研究方向：卫生法学。赵世雄，湖北中医药大学人文学院公共事业管理(医事法学方法)学生。

① 秦裕辉：《发挥中医药抗击新冠肺炎重要作用》，载《新湘评论》2020 年第 6 期，第 32-34 页。

加互联网"为框架的创新社区防控机制"武昌模式"问世。然而,疫情的成功也暴露了中医药在预防和救治突发性传染病中的薄弱环节。例如,中医药防控应急反应不够准时,缺少卓有成效的循证医学研究证据,缺乏专业中医药传染病技术人才,中药企业人力资源战略管理储备不足,中西医结合治疗协调决策机制存在矛盾,这些社会问题和短板是中医药应急防控体系建设的制约因素。因此,加强中医药抗击传染病保障制度建设是大势所趋。

一、中医药抗击传染病的保障背景

(一)中医药抗击传染病具有鲜明的特色与优势

2020 年新冠肺炎疫情作为中华人民共和国成立以来发生的传播速度最快、感染范围最广、防控难度最大的一次传染病疫情,中医的参与力度和难度也是前所未有的。

中医药广泛运用在新冠肺炎的治疗上,深入介入诊疗全过程,有效发挥了积极作用,助力全国疫情局势实现逆转。数据显示,全国新冠肺炎确诊病例中,有 74 187 人使用了中医药,占 91.5%,其中湖北省有 61 449 人使用了中医药,占 90.6%。临床疗效观察显示,中医药总有效率达到了 90%以上。

国务院副总理孙春兰高度肯定了中医药在抗击新冠肺炎疫情中的重要作用:在没有特效药和疫苗的情况下,中医药是这次疫情防控的一大特色和亮点。重视发挥中医药预防、辨证施治、多靶点干预的特有优势,初次全面管理一个医院,初次整建制接管病区,实施有组织全方位的早期干预,中西医首次联合巡诊和查房,全方位参与重型、危重型患者的救治,不断探索形成了以中医药为特色、中西医结合救治患者的具体方案,是中医药在不断实践中的一次传承创新。筛选出金花清感颗粒、连花清瘟胶囊/颗粒、血必净注射液和清肺排毒汤、化湿败毒方、宣肺败毒方作为治疗不同类型新冠肺炎的中成药和方药,临床疗效确切,有效降低了发病率、转重率、病亡率,促进了核酸转阴,提高了治愈率,加快了恢复期康复。

(二)突发传染病及慢性传染病防治形势日益严峻

此前,我国传染病防控总体形势不容乐观,公共卫生保障水平不高。

根据每月由国家卫生健康委员会公布的法定传染病报告数据统计,2019 年全年全国(不包含台湾地区和香港、澳门特别行政区)共报告法定传染病 10 900 565 例,死亡 25 080 人。对比 2017 年法定传染病报告数据(7 030 979 例、死亡 19 796 人)和 2018 年法定传染病报告数据(7 770 749 例、死亡 23 377 人)可以看得出,我国近三年来法定传染病病例报告数量逐年递增。2020 年年初新冠肺炎疫情暴发,截至 2021 年 8 月 5 日,中国累计新冠肺炎确诊病例 121 195 例,累计死亡 5 639 人,国家经济遭受巨大损失。

从这些数据可以看出,我国的传染病防治形势很严峻。新发传染病不断暴发,传统传染病威胁仍然存在,传染病暴发的风险还很高,后续势头还有可能更猛烈。

国家主席习近平在统筹推进新冠肺炎疫情防控和经济社会发展工作部署会议上曾讲道:"在抗击疫情中,暴露出我国在重大疫情防控体制机制、公共卫生应急管理体系等方面存在的明显劣势,要总结经验、吸取教训,深入研究如何强化公共卫生法治保障、改革完善疾病预防控制体系、变革完整的重大疫情防控救治体系、健全重大疾病医疗保险和救助制度、健全统一的应急物资保障体系等重大问题,抓紧补短板、堵漏洞、强弱项,加强和提高应对突发重大公共卫生事件的能力和水平。"②

(三)服务"健康中国"战略的时代要求

"实施健康中国战略"是在中国共产党第十九次全国人民代表大会上提出的,是以习近平总书记为核心,从长远发展和时代发展方向出发做出的重大战略部署。健康中国战略旨在实现全民健康,在本次新冠肺炎疫情中,中医药在维护和保障人民健康方面发挥了巨大作用。全国组织中医药系统全力投入防治工作,与湖北省、武汉市政府及有关部门协调,动员全行业力量,全过程深度干预。各地党委、政府坚持中西医结合的重要性,协调中西医资源,加强中医药协调,切实发挥中西医结合、诊疗相结合的机制作用,开创了中西医结合抗击传染病的新局面。湖北省中药使用率和确诊病例总效率均超过90%,中医药参与确诊病例治疗的比例高达92%,为中国疫情防控获得重大战略成果贡献了力量。2020年6月2日,习近平总书记主持召开了专家学者座谈会并发表重要讲话③,会上强调"中西医结合、中西药并用,是这次疫情防控的一大特点,也是中医药传承精华、守正创新的生动实践。要加强研究论证,总结中医药传染病诊治的理论和治疗规律,加强经典医学精髓的梳理和挖掘,搭建一批支持科学研究的平台,改革和完善中医药审批机制,促进中医药新药研发和产业发展。加强中医药服务体系建设,加强中医药特色人才队伍建设,加强对中医药工作的组织领导,促进中西医互补协调发展。"④从人民群众生命安全和健康的战略高度,充分肯定中医药在疫情防控中的贡献,对充分发挥中医药的独特优势和作用做出重要部署。当前和今后一个时期,要加强实现人民健康目标的高层设计,深化公共卫生服务体制改革,完善重大疫情防控体制和机制,完善国家突发公共卫生事件应急管理体系,为建设健康中国提供重要保障。使中医药高度服务于"健康中国"战略的时代要求。

---

② 刘国柱:《夯实新阶段现代化美好安徽建设健康基础》,载《中国卫生》2021年第2期,第36-37页。

③ 高彦彬:《发挥中西医结合优势 为打赢疫情防控阻击战献力》,载《中国科技产业》2020年第4期,第17-20页。

④ 《两会声音 加强公共卫生体系建设》,载《中国卫生》2020年第6期,第20-24页。

二、中医药抗击传染病的保障制度短板

（一）对中医药抗击传染病的突出作用认识不足

无论是近代还是现代，中医药都为传染病的防治和其他卫生应急工作做出了巨大贡献。然而，长期以来，社会已经形成了中医的“慢郎中”惯性效应，认为“中医治疗的临床应用相对缓慢，无法治愈急性和突发性传染病”。公众和一些医生对中医的急救能力了解不够，对中医在新型传染病应急治疗中的重要作用认识不足。例如，在防治新冠肺炎疫情的过程中，虽然中医的临床疗效十分突出，但国内企业、部分省份对中医的治疗能力却十分模糊，重视不够，导致中医未能尽快介入疫情，深入学习和参与治疗，从而限制了中医作用的发展和发挥。

（二）中医药应急机制和工作体系滞后

与过去相比，中医药应急响应在新冠肺炎疫情的防控中一直非常迅速，但仍未实现第一时间应对、第一时间参与疫情防控。例如，《新型冠状病毒感染的肺炎诊疗方案》（试行第三版）中首次系统地启动了中医临床诊断和治疗技术方案。[⑤] 在疫情防控过程中，卫生行政部门与中医药主管部门之间存在着沟通协调、各级医疗机构信息共享机制缺乏等问题。中国疾病预防控制中心应急领导小组和部分卫生行政部门没有中医药主管部门和人员参加。由于没有健全的应对市场机制和应急预案，在一些农村地区，“中医救治先行先出”的战略决策和部署尚未得到全面有效落实，一些地方中医药主管部门尚未成立公共突发事件应急管理主要领导小组，一些中医医院尚未成立突发公共卫生事件中医应急教育领导小组及相关工作组，医院应急预案还缺乏更完善、更快捷的实施方案。

（三）中医药应急科研体系和人才队伍缺乏

到目前为止，中医药临床研究思路不明确，缺乏应对重大疫情的临床研究计划和总体方向，缺乏统一领导、统一指挥、各单位密切配合、协调运行机制，难以开展大规模、多中心的临床研究，难以获得高效、高质量的疾病防治证据医学。此外，对突发急性传染病的医学伦理及其时间要求的特殊性，如何保证在不妨碍疾病治疗和救人的同时能够尽可能深入地研究和开展教育研究，获取有益的研究提供证据，即建立中医药应急状态的科研和管理体系有待进一步探索和挖掘。疫情还暴露出一些问题，如中医药疾病预防控制纪律体系有待完善，专业人才缺口大。尚未形成成熟的中医或中西医结合的防疫纪律体系，“中医流行病学”学科队伍建设尚未得

---

⑤ 张颖熙：《疫情下的中国公共卫生服务体系：严峻挑战与改革路径》，载《黑龙江社会科学》2020 年第 5 期，第 39-44 页。

到中医药院校的普遍重视。加强中医药应急人才队伍建设,必须解决专业人才培养不足、复合型人才缺乏的问题。

(四)中医药应急研究平台建设和中医药应急储备管理能力欠缺

在抗击新冠肺炎疫情的斗争中,由于缺乏大型数据库和科研平台,在一定程度上阻碍了中医药在疫情防控中的作用的发挥。建立和完善中医药疾病预警预防平台、高效便捷的药品筛查平台和重大疾病信息网络共享平台也是当务之急。中药资源是国家应对重大疫情的重要战略物资,但其资源储备和科技支撑力量仍然相对薄弱。例如,国家级供应网络平台、防疫相关科研药品企业采购、防疫核心中药种植面积、质量控制、储存加工等方面的正常管理体系,以及药品知识储备数字信息管理理论体系等亟待建立。

三、完善中医药抗击传染病的保障制度

(一)完善中医药应急管理的法律法规体系

加速改进和完善中医药相关法律法规,将其纳入国家突发公共卫生事件管理法律法规体系。《中华人民共和国传染病防治法》《中华人民共和国突发公共卫生事件应急法》《国家突发公共卫生事件应急预案》《国家突发公共卫生事件应急条例》等法律法规中,明确中医药在应对突发公共卫生事件中的法律地位,完善中医药参与公共卫生应急体系的体制机制。建议党中央、国务院出台相关政策措施,将中医药和民族医药作为突发公共卫生事件总体应急管理体系的有机组成部分,实现中西医并重,参与传染病防治工作。建议加快建立和完善《中华人民共和国中医药法》的市县中医药管理体制,特别是建立和完善市、县两级中医药管理体制和人员编制,从根本上解决市、县两级中医药管理问题。

(二)建立健全中医药应急响应与救治机制

1. 中医药应急响应机制

建立和完善中医药分类疫情应急响应工作机制。根据新发传染病疫情的严重程度和危害程度,建立中医药疫情分类应急机制,按照卫生行政部门确定的分级疫情应急机制,切实完善中医药参与突发公共卫生事件防控的启动机制、应急措施和终止机制。明确各级中医药行政部门和医疗机构分级应急响应的具体要求,制定并实施中医药疫情分级管理制度。

建立各级中医药管理机构自下而上的应急报告制度,加强传染疾病风险预警。各级卫生行政部门和中医药主管部门要重视和加强交流,实现卫生行政部门、中医药主管部门和各级医疗机构之间的信息共享。

2. 中西医协同应急救治机制

建立中西医协同应急救治机制，就是要确保中医药在疫情暴发后第一时间介入，参与全过程的防治工作，确保中医药防治疫情的经验和智慧得到充分有效的运用。在此前提下，应尽快加强中西医结合应急机制建设，推动中医药纳入公共卫生法治建设，明确中医药参与突发公共卫生事件防控体系建设的权利、责任和义务。

各级卫生健康行政部门、中医药主管部门做好对传染病救治机构加强中西医协作工作的指导，齐抓共管、精准防治，更好地发挥中医药在新冠肺炎等传染病防治中的作用，保障人民群众生命安全。

新冠肺炎暴发以来，党中央、政府联合部署统一决策，要求积极发挥中西医结合并重、中西医结合的优势。建立中西医协同应急救治机制要求各级卫生健康行政部门会同中医药主管部门建立新冠肺炎等传染病救治中西医协作机制，组建省级专家组时要含有一定比例的中医专家，指导区域内传染病防控和医疗救治工作。传染病救治机构按照上级指令，建立中西医救急机制平台，制定中医药参与诊疗方案、联合查房、多学科会诊、病例讨论等，将其纳入医院管理制度。鼓励当地力量较强的中医医院参加到协作机制中来，加强中医药救治力量。中西医医务人员要学会共享思维，互相配合，互通有无，学会资源共享，形成常态化的中西医协作机制。⑥

（三）加强中医药应急科研体系与人才队伍建设

1. 中医药应急科研体系建设

完善以国家中医药研究平台为主导、省级中医药研究平台为支撑的中医药科研体系。在科研平台和公共卫生基地建设方面，要开展中西医结合临床试验，加强中医药传染病防治重点实验室建设，参与重症、疑难、罕见、新发传染病的防治，加快中医药创新研究。完善中医药科研一体化创新模式，提高中医药在国家突发公共卫生事件体系中的作用和地位。在中医药传染病防治科技创新体系建设下，创建科技与中医药合作模式，大力发展中医药传染病理论创新、筛选优化临床治疗方案、中药新药研发和机制研究，在传染病防治和康复的重点方面取得突破。国家可以通过设立专项资金，依托现有科研院所和医院，建立国家级中医药传染病防治研究机构，在中医药信息系统辅佐下建设专业实验室，加快中医药传染病研究理论基础的形成和完善。建立国家级中医药突发公共卫生事件防治专项，把中医药新发传染病防治专项资金支持作为固定研究内容，建立长效筹资机制。

---

⑥ 秦宇龙：《国家卫生健康委员会、国家中医药管理局针对新冠肺炎等传染病防治工作印发通知》，载《中医药管理杂志》2020 年第 4 期，第 181 页。

2. 中医药人才队伍建设

在高校教育中，加强中医药流行病学、传染病学和公共卫生管理课程教学，建立中医药传染病防治学科体系，培养和造就一支中医药基础深厚、救治急重疾病能力强的临床人才队伍，特别是急重病临床骨干队伍的培养。建议加大公共卫生领域人才培训力度，建立一批国家突发公共卫生事件人才培养基地和培训项目，造就一批公共卫生应急管理和重大疫情防控专业骨干人才。加强中医药培训，培养公共卫生管理能力和执业水平，培养更多预防医学和临床医学相结合的人才，和平时期临床治疗，疫情时期进入红区。⑦

只有提前完善机制，建立良好的平台基础，储备好人才，疫情到来时我们才能快速作战，迅速打赢战争，才不会像最初应对新冠肺炎那样仓促遭遇疫情战争，而是时刻准备打好抗战。

（四）加强中医药应急研究平台建设和中医药应急储备管理能力

1. 中医药应急研究平台建设

建议以疫情为契机，分析整合现有数据和信息资源管理，构建具有中医药文化特色的传染病预警系统平台：与现代气象学等学科知识领域企业合作，深化以“五运六气”为核心的中药疫情预测原则研究。建立更加科学实用的中药疫情预测网络平台，将这些成果转化为实际应用：疫情大数据和高通量筛查手段，确定一批应对疫情的有效目标“靶心药”，并设立专门的科研点，开展中药“量-效-毒”研究，加快中药新药的创新防治。

2. 中医药应急储备管理能力

为确保中医药在第一时间、深度参与各类型传染病的应急防控，应加强中医药应急资源的生产和战略储备。第一，中医药有关部门应当组织编制国家中医药应急物资储备目录，纳入军、民、地方政府综合应急后勤体系，提高中医药应急资源和其他卫生资源的有效调度能力。第二，大力发展以基层为依托的中医药应急资源储备和配置，实现“藏药为民、藏医为民”，疫情之后及时为群众提供基本医疗服务。第三，在突发公共事件时，加大中药资源储备和生产力度，及时调度相关应急资源，各级卫生行政部门、中医药管理部门定期开展应急培训和演练，配备必要的设施和设备，将具有中医药应急特点的应急技术组织起来，研究和推广，在和平时期的临床中发挥其充分的作用，为战时需要做准备。

积极开展中医药研究和科学总结，对于促进和丰富全球医疗事业，促进自然科

---

⑦ 陈曦、张伯礼：《组建中医疫病防治队伍，完善公共卫生防控体系》，载《天津中医药》2020 年第 7 期，第 721 页。

学研究具有积极意义。当前，全球正处在共同抗疫的攻坚阶段，要坚持中西医并重、优势互补、重视中医药在重大公共卫生活动中守“位置”为重，健全中医药保障制度体系，充分发挥我国医学特色，在完善国际疾病防控体系和建设“人类卫生健康共同体”实践中，贡献中国方案，彰显中国智慧。

Research on the Safeguard System of TCM Against Infectious Diseases

Feng Yu，Zhao Shi-xiong

Abstract：COVID-19 is raging around the world. As a feature and highlight of the epidemic prevention and control，TRADITIONAL Chinese medicine（TCM）has been a common means of combating the epidemic since ancient times. However，various reasons have led to the failure to give full play to the advantages and characteristics of TCM in the prevention and control of infectious diseases，especially newly emerging infectious diseases. The establishment of a sound TCM safeguard system against infectious diseases will help to better leverage the huge advantages of TCM in epidemic prevention and control，serve the strategy of “healthy China”and contribute to the health of the people.

Key Words：traditional Chinese medicine；infectious diseases；security system；short board；perfect

危险要素的理论基础——以妨害传染病防治罪为例

高　涵*

摘　要：本论文的研究对象立足于2020年新冠肺炎疫情暴发以来涉及违反疫情防控管理法规、秩序的犯罪行为，对涉疫犯罪中的妨害传染病防治罪进行深入研究，判断其“危险性要素”。本文主要分为三个部分，分别从法益侵害性理论、危险犯理论、行政犯理论分析“危险性要素”的理论基础。

关键词：危险性要素；理论基础；妨害传染病防治罪；法益侵害理论；法定犯理论；危险犯理论

一、法益侵害性理论

法益侵害性理论是资产阶级学者关于犯罪概念的理论之一，由德国刑法学家毕伦巴莫首倡，并被李斯特等资产阶级刑法学家所继承，成为今天的资产阶级学者中的通说。这种理论是在否定安·费尔巴哈的“权利侵害说”的基础上提出的。认为犯罪不是对权利的侵害，而是对法律所保护的利益的侵害。现今的资产阶级学者把犯罪分为三大类：侵害国家法益的犯罪、侵害社会法益的犯罪、侵害个人法益的犯罪。①

（一）法益的基本概念

所谓法益，是指法律所保护的利益和价值。19世纪初，德国刑法学家费尔巴哈在启蒙时期自然法思想的影响下，首倡权利侵害说，认为犯罪的实质是对权利的侵害。此后，德国另一刑法学家毕伦巴莫提出法益侵害说，修正了费尔巴哈的观点。毕伦巴莫认为，犯罪所现实侵害的并不是权利本身，而是反映权利的物或其他

* 高涵，西南医科大学法学院在读研究生。

① 孙膺杰等主编：《刑事法学大辞典》，延边大学出版社1989年版。

对象。犯罪的实质是违背人类共同理性对刑法所保护的国家、社会、个人利益的侵害。经过德国刑法学家宾丁、李斯特等学者的进一步发展，法益这一概念在大陆刑法学犯罪构成理论中的地位逐渐重要起来，被认为是犯罪的基础，从而进一步明确了犯罪的实质内容。进入 20 世纪以后，在新康德学派的价值关系方法论的影响下，法益概念发生了变化，即所谓“法益概念的精神化”。根据这种观点，法益是立法者价值观念的体现。由于法益体现的是立法精神与目的，其意义不仅仅在于规范评价，更重要的是对刑法解释和刑法概念构成以方法论上的指导。[②]

在大陆刑法理论中，法益和犯罪客体是两个不同的概念。一般把犯罪客体分为两类：一类是保护的客体，即法益；另一类是行为的客体，也就是中国刑法理论中的犯罪对象。由此可以看出，犯罪客体是法益的上位概念，法益属于犯罪客体。法益在刑法学中具有以下机能：(1)法益在刑法分则中是犯罪类型分类和其系统化的基础。大陆刑法通常按照三分法，把犯罪分为侵害个人法益的犯罪、侵害社会法益的犯罪和侵害国家法益的犯罪，并由此建构刑法分则的体系。(2)法益是将现实发生的法益侵害当作构成要件的内容。因此，根据法益是否受到现实的侵害，可以把犯罪分为侵害犯与危险犯。(3)法益对刑法的解释具有方法论的机能。因此，法益作为一种观念，在指导刑法目的论的解释上具有重要的意义。(4)法益对于违法性的认定具有重要机能。在违法性阻却事由的一般原理中，都以法益缺乏或者法益优越作为违法阻却事由。因此，法益可以说是违法性的实质内容。(5)法益在刑事诉讼中也有重要意义。因为犯罪受到法益侵害的人称作被害人，对被害人个人，某些国家在刑事诉讼法上被确认为具有告诉权。

（二）法益侵害说的理论基础

在我国刑法领域，对犯罪的认定主要是基于犯罪构成。其中犯罪构成包括客观、客观方面、主观、主观方面四个构成要件要素。对于这四个构成要件要严格遵循从客观到主观的逻辑内涵，体现了一种犯罪认定的导向和客观主义的刑法理念，不能够随便置换。自近代以来，刑法学已经确立了一种基本观念，即成为处罚尺度的只能是物理的、客观外在的有形损害，思想和观念不能成为刑法的处罚对象，因此法益侵害说属于客观主义犯罪理论。

法益侵害说认为，违法性的实质是对法益的侵害或者威胁。如梅茨格尔(Mezger)认为违法性的实质是对生活利益的侵害或者危险。[③] 泷川幸辰认为，违法性的实质是对“被害人利益”的侵害。[④] 因此，将违法行为定义为“导致法益的侵

---

② 高铭暄主编：《中华法学大词典・刑法学卷》，中国检察出版社 1996 年版。

③ [日]木村龟二：《犯罪论的新构造》(上)，有斐阁 1966 年版。

④ [日]泷川幸辰：《犯罪论序说》，有斐阁 1947 年版。

害或者危险(一定程度以上的可能性)的行为"(法益侵害说)。[⑤] 法益侵害说代表了一种自由主义的价值观,认为国家不是凌驾于个人之上,而是为了更好地保护个人利益而存在,在刑法的适用上,应当谦抑,将实际侵害或者威胁到法益的行为作为犯罪处理。在此基础上,法益侵害说主张结果无价值,即在判断行为是否具有违法性时,首先考虑的应当是行为是否侵害或者威胁了法益,如果没有侵害或者威胁法益的,即使行为人的主观恶性较大,仅仅由于行为本身严重违反社会伦理,也不认为具有违法性,自然不具有刑事可罚性。

我国刑法第13条对犯罪概念(保护法益)做了规定,即"一切危害国家主权、领土完整和安全,分裂国家、颠覆人民民主专政的政权和推翻社会主义制度,破坏社会秩序和经济秩序,侵犯国有财产或者劳动群众集体所有的财产,侵犯公民私人所有的财产,侵犯公民的人身权利、民主权利和其他权利,以及其他危害社会的行为"。刑法的任务与目的是保护合法权益(法益),犯罪的本质是一定的社会危害性,而社会危害性的内容是对合法权益的侵犯。由于刑法的任务与目的是保护法益,犯罪的本质是侵害法益,因此,坚持法益侵害说有利于我们在把握了刑法精神与犯罪本质的前提下理解和适用所有的刑法条文,这正是我国刑法理论与司法实践的方向。

(三)妨害传染病防治罪侵犯的法益

犯罪的本质是危害行为对刑法所保护的利益造成的侵害或侵害危险。本罪具体保护的法益存在"单一法益说"和"多重法益说"两种基本对立的观点,"单一法益说"认为本罪具体保护的法益是国家关于传染病防治的管理制度,如马克昌、苏惠渔认为"本罪侵犯的法益是国家医疗卫生管理秩序,特别是国家防治传染病的政策和有关管理活动,以及不特定多数人的生命、健康安全"[⑥],彭兰认为"本罪保护的法益主要是国家对有关公共卫生与健康的管理秩序"[⑦]。"多重法益说"认为本罪所侵害的法益是国家关于传染病防治的管理制度及不特定多数人的生命健康安全或者公共卫生安全,如周振想认为"本罪保护的法益是国家对传染病防治的管理秩序和不特定多数人的生命、健康安全"[⑧],刘远认为"本罪侵犯的主要法益是国家关于传染病防治的管理制度,次要法益是公共卫生"。[⑨] 以上这两种学说展示了各学者对本罪所保护的法益的不同理解和表述。

---

⑤ 张明楷:《新刑法与法益侵害说》,载《法学研究》2001年第1期。

⑥ 苏惠渔主编:《刑法学》,中国政法大学出版社1999年版,第759页。

⑦ 彭兰:《妨害传染病防治罪》,载《中国刑事法杂志》1998年第2期。

⑧ 周振想主编:《刑法学教程》,中国人民公安大学出版社1997年版,第623页。

⑨ 刘远主编:《危害公共卫生罪》,中国人民公安大学出版社2003年版,第21页。

本文认为，妨害传染病防治罪侵犯所保护的法益为公共卫生秩序。对于法益的认定，黎宏教授认为，在判断一个犯罪行为究竟侵犯了何种法益时，首先应当“从罪刑均衡的角度来衡量”[⑩]，即根据法定刑来倒推法益侵害。一是根据法律的罪状规定，二是根据法定刑。构成妨碍传染病防治罪的罪状有五种，[⑪]从该五种罪状来看，本罪所保护的主要是一种卫生管理秩序，法律规制的是管理行为。同时，本罪的基本法定刑为 3 年以下有期徒刑或者拘役，而危害公共安全类犯罪，基本法定刑是 3 年以上 10 年以下。这就说明，妨害传染病防治罪侵害的法益，不具有危害公共安全类犯罪相当的严重程度。《20 解释》明确规定了对故意传播新型冠状病毒感染肺炎病原体，危害公共安全的以危险方法危害公共安全罪定罪处罚的两类情形：一是已经确诊的新型冠状病毒感染肺炎病人、病原携带者，拒绝隔离治疗或者隔离期未满擅自脱离隔离治疗，并进入公共场所或者公共交通工具的；二是新型冠状病毒感染肺炎疑似病人拒绝隔离治疗或者隔离期未满擅自脱离隔离治疗，并进入公共场所或者公共交通工具，造成新型冠状病毒传播的。而本罪主要规制是违反《传染病防治法》的规定的危害行为，对比之下可以发现，本罪与以危险方法危害公共安全罪所保护的法益不同，后者是将一些特别严重的危害行为法律拟制为危害公共安全法益，而本罪只是针对一般违法行为，因此刑法对于违反公共卫生秩序和公共卫生安全分别适用了不同的法条进行规制。

但是，我们并不能因此否认公共卫生秩序法益和公共卫生安全法益的完全割裂。妨害传染病防治罪的加重法定刑是 3 年以上 7 年以下，而危害公共安全类犯罪的基本法定刑是 3 年以上 10 年以下，我们可以合理推测此两种法益之间具有竞合关系。事实上，危害公共卫生秩序类犯罪和危害公共安全类犯罪在法益属性上的竞合特征较为明显，保护不特定人的生命、健康安全本就是公共卫生的应有之义，目前无论是理论或司法实践中均认为公共卫生是公共安全的组成部分。同时，无论在妨害传染病防治罪简单客体还是复杂客体学说的认定上，“传染病防治均系该罪的优先法益，且此处的公共安全也应特指‘公共卫生安全’而非其他”。[⑫] 由此

---

⑩ 黎宏：《法益侵害说与犯罪的认定》，载《国家检察官学院学报》2006 年第 6 期。

⑪ 《中华人民共和国刑法》第 330 条：违反传染病防治法的规定，有下列情形之一，引起甲类传染病以及依法确定采取甲类传染病预防、控制措施的传染病传播或者有传播严重危险的，处 3 年以下有期徒刑或者拘役；后果特别严重的，处 3 年以上 7 年以下有期徒刑：（一）供水单位供应的饮用水不符合国家规定的卫生标准的；（二）拒绝按照疾病预防控制机构提出的卫生要求，对传染病病原体污染的污水、污物、场所和物品进行消毒处理的；（三）准许或者纵容传染病病人、病原携带者和疑似传染病病人从事国务院卫生行政部门规定禁止从事的易使该传染病扩散的工作的；（四）出售、运输疫区中被传染病病原体污染或者可能被传染病病原体污染的物品，未进行消毒处理的；（五）拒绝执行县级以上人民政府、疾病预防控制机构依照传染病防治法提出的预防、控制措施的。

⑫ 陈伟：《新冠疫情背景下妨害传染病防治罪的解释扩张及回归》，载《政治与法律》2020 年第 5 期。

可见，公共卫生安全已经从公共安全法益中独立出来，其具有的独立性法益价值与地位必须得到认可。从相关司法解释来看，无论是《03 解释》抑或《20 意见》最高司法机关均明确规定了故意传播突发传染病病原体或特定情形下妨害传染病防治法因而引发公共卫生安全风险的，按照以危险方法危害公共安全罪定罪是对两罪法益竞合特征的准确把握。[13]

值得一提的是，2020 年 2 月 28 日在两高的联合答记者问会上，最高人民法院研究室主任姜启波、最高人民检察院法律政策研究室主任高景峰指出“妨害传染病防治罪危害公共卫生，实际上也是一种危害公共安全的行为，其与过失以危险方法危害公共安全罪，实际上是法条竞合关系，应当按照特别法优于一般法的适用原则，优先适用妨害传染病防治罪。”

另外，从法条设置的逻辑体系来看。在刑法法益保护体系中，秩序有着自己的独立价值。刑法分则一共分为十章，第三章破坏社会主义市场经济秩序罪和第六章妨害社会管理秩序罪，分别就维护秩序法益而设立。本罪隶属于刑法分则第六章妨害社会管理秩序罪项下，将该罪的保护法益明确为公共卫生秩序将不至于构成对同类法益级别限制的违背(妨害司法、妨害文物管理等秩序)。同时，根据刑法分则体系编排，分别按照侵害国家利益的犯罪、侵害社会利益的犯罪、侵害个人利益的犯罪来设置法条。侵害国家利益的犯罪属于级别最高的法益，因此往往置于刑法分则的第一章，主要包括危害公共安全类犯罪。而本罪置于刑法分则第六章，其所保护的法益级别远远不及侵害国家利益的犯罪。如此，罪名体系位置和法益适用上的对应性，使得法律设置内部体系逻辑自洽。

二、危险犯理论

(一) 危险犯的概念及特征

1. 危险犯的理论学说

对于危险犯的概念，无论是我国刑法还是大陆法系其他国家和地区均没有明确的规定，目前存在的理论学说，仅是从刑法理论上探讨，中外刑法学者对危险犯主要是从以下三个角度来定义：

其一，处罚根据说，立足于危险犯处罚根据的角度对危险犯概念所做的表述。德国刑法学界普遍从刑法的处罚根据角度定义危险犯，认为尚未造成对法益的实际侵害行为之所以具有刑事可罚性，其根据就在于对法益造成侵害的危险，而这种

---

[13] 阎二鹏、杨敏杰：《涉疫情“危害公共安全犯罪”的适用：正当化根据与司法纠偏》，载《法律适用》2020 年第 24 期。

危险就是危险犯的危险。德国学者赫尔佐克(Herzog)将其描述为“危险刑法不再耐心地等待社会损害结果的出现,而是着重在行为的非价判断上,以制裁手段恫吓、震慑带有社会风险的行为”。[⑭] 除此之外,日本学者山口厚在其书《危险犯的研究》中表示:“犯罪根据其处罚根据的内容不同可以分为侵害犯和危险犯。将被保护的法益受到侵害作为处罚根据的犯罪称为侵害犯;不是把发生侵害法益的现实作为处罚根据,而是把发生侵害的危险状态作为处罚根据的犯罪叫作危险犯。”[⑮]我国台湾地区学者陈朴生将其描述为“将对合法权益的侵害作为处罚根据的犯罪就是实害犯,将对合法权益的威胁作为处罚根据的犯罪就是危险犯”。[⑯] 我国刑法学者从处罚依据的角度定义危险犯,认为以实害发生作为处罚依据的是实害犯,不以实害发生作为处罚依据是危险犯。所谓危险犯并不要求实害切实发生,只要行为人的行为导致了实害发生的危险性,即可构成犯罪。高铭暄对此认为危险犯(德文 Gefährdungsdelikte)是具有造成一定后果的危险,不待实际损害发生,即构成既遂的犯罪。[⑰] 如我国《刑法》第 116 条规定的破坏交通工具罪,只要行为人的行为足以使火车、汽车、电车、船只、飞机发生倾覆、毁坏的危险,尚未造成严重后果,即构成本罪的既遂。

其二,犯罪成立说,立足于犯罪成立的角度对危险犯概念所做的表述。危险犯是以对法益侵害的危险,或是以行为造成的特定危险状态为构成要件的犯罪,危险或危险状态的发生是犯罪成立的条件。日本学者木村龟二认为“侵害犯实害犯是指构成要件的行为需要已完成侵害一定的法益……危险犯是指其构成要件的行为不需要侵害一定的法益,单是有发生侵害的危险既以达成的犯罪”。[⑱] 我国学者苏彩霞也认为“危险犯是指法律规定不以发生某种实际危害结果为要件,而是具有发生这种危害结果的危险为要件的犯罪”,[⑲]即某种特定的危险状态的出现为犯罪成立条件之一的犯罪。

其三,犯罪既遂说,立足于犯罪既遂的角度对危险犯概念所做的表述。认为危险犯属于犯罪既遂的类型之一,以对法益侵害的危险的发生或者说以危险状态的出现作为危险犯既遂的标志。高铭暄教授对此阐述为“危险犯指行为人实施的行

---

⑭ 王志祥:《危险犯概念比较研究》,载《法学家》2002 年第 5 期

⑮ [日]山口厚:《危险犯的研究》,东京大学出版社 1982 年版,第 3 页。转引自鲜铁可:《论危险犯概念与特征》,载《法律科学》1995 年第 4 期,第 43 页。

⑯ 王志祥:《危险犯若干问题比较研究》,载《刑法问题与争鸣》第 7 期。

⑰ 高铭暄主编:《中华法学大词典·刑法学卷》,中国检察出版社 1996 年版。

⑱ [日]木村龟二:《刑法学词典》,顾肖荣、郑树周等译校,上海翻译出版公司 1991 年版,第 158 页。

⑲ 苏彩霞:《危险犯及其相关概念之辨析——兼评刑法分则第 116 条与第 119 条第一款之关系》,载《法学评论》2001 年第 3 期,第 56 页。

为足以造成某种危害结果发生的危险状态，严重结果尚未发生，即构成既遂的犯罪”。[20] 从犯罪既遂角度定义危险犯的学者认为，行为人的行为尚未造成实害性的结果，但是已经造成了一种实害性结果发生的危险状态即告既遂的犯罪。“危险犯的既遂与否是以危险状态是否存在作为标准的，与实害犯相比，危险犯的既遂时间相对提前，只要造成实害发生的危险，不等实害发生，犯罪就告既遂。”陈兴良教授也说“危险犯本应该是实害犯的未遂犯，但刑事立法将它拟制为既遂犯，其目的是为了提前防范并严厉打击这类危险的犯罪”。[21]

2. 危险犯的概念界定

首先，处罚根据说将危险犯的处罚根据与危险犯的概念相混淆。其一，危险犯的概念必须表明危险犯的内涵和外延。[22] 在危险犯的内涵方面，危险犯的处罚根据不能认为只是“发生侵害的危险状态”，这只是危险犯中的客观方面，应该是主客观两方面的统一。同时，危险犯的处罚根据，还有可能被看作实害犯的未遂犯以及行为犯的处罚根据。在危险犯的外延方面，此种观点又扩大了危险犯的外延，如果按此种观点来划分犯罪，那么在刑法上除了实害犯的犯罪就全属于危险犯了。其二，立足于处罚根据说的危险犯概念存在着与其相对应的实害犯概念在划分标准上不统一的缺陷。学界一致赞成的观点是“实害犯是能对法益造成实际侵害的犯罪”，是一种严格依照法律规定所划分出来的犯罪类型。而立足于处罚根据说对危险犯概念界定的学者看来，危险犯就不能看作一种严格依照法律的规定所划分出来的犯罪类型，因为除实害犯既遂以外的其他犯罪形态也都可归于危险犯了。据此处罚根据说违背了对事物进行同一次分类应当遵循同一分类标准的原则。[23]

其次，犯罪成立说如果选择立足于犯罪成立来表述危险犯的概念，那么意味着在法定的危险状态没有发生时就不成立犯罪，危险犯中成立未遂犯的可能性就被排除了。[24] 从我国刑法所规定的危险犯的犯罪客体来看，不能排除危险犯的未遂犯成立的可能。“对于危害性质特别严重的直接故意地危害公共安全的危险犯来说，在法定的危险状态没有发生的情况下，很难断定危险状态以外的因素综合起来所反映的行为的社会危害性尚未达到成立犯罪所必需的程度”。[25] 既然如此，承认危险犯的犯罪未遂的存在，就显得非常必要。如某案中刘某为打一把片刀，将一根长 44 厘米、粗 2.5 厘米的铁棒用钢丝绑在京广线铁路一侧，想用火车把铁棒压扁。

---

[20] 高铭暄：《中国刑法学》，中国人民大学出版社 1989 年版，第 169 页。

[21] 陈兴良：《陈兴良刑法学教科书：规范刑法学》，中国政法大学出版社 2003 年版。

[22] 鲜铁可：《论危险犯概念与特征》，载《法律科学》1995 年第 4 期

[23] 尹怡：《我国危险犯理论问题研究》，四川大学硕士学位论文 2004 年。

[24] 王志祥：《危险犯概念比较研究》，载《法学家》2002 年第 5 期。

[25] 同上文。

他将铁棒捆绑了一半时,突然被巡逻人员发现而抓获。后经鉴定,刘某如果将铁棒绑牢后确实存在使火车倾覆、毁坏的危险。最后法院将刘某的行为定为破坏交通设备罪(未遂),[26]从司法实践的情况来看,不能排除危险犯的未遂犯成立的可能。另外,“犯罪成立说的理论前提是我国刑法分则并非以既遂为模式设立而是规定犯罪的成立条件”,[27]我国《刑法》第23条第二款规定对于未遂犯比照既遂犯从轻或减轻处罚,显然这一规定并非为犯罪成立模式的体现。

最后,犯罪既遂说理论在我国处于通说地位,即“危险犯指行为人实施的危害行为造成法律规定的发生某种危害结果的危险状态作为既遂标志的犯罪”。[28] 其一是我国刑法分则对具体犯罪的规定模式是既遂模式,其二是把属于未遂形态的危险犯上升为犯罪既遂,是出于对法益保护的重要性,危险犯本质上是将实害犯的时间节点往前推移,在特殊情况下保护更重要的法益。

综上所述,对危险犯的概念应为,行为人出于故意或者过失而实施的危害行为,造成法定的发生某种危害结果的危险状态作为既遂标志的犯罪。

(二)危险犯的分类

学界对于危险犯的分类主要有五种观点:根据所保护的法益及发生危险性质不同,可分为危害个人法益的危险犯和危害不特定的多数人的危险犯(即公共危险犯);根据构成要件所必要的危险程度不同,可分为具体危险犯和抽象危险犯;根据主观罪过形式不同,可分为故意危险犯和过失危险犯;根据犯罪主体的性质不同,可分为自然人危险犯和单位危险犯;根据危害行为的表现形式不同,可分为作为危险犯和不作为危险犯。目前学界最主流的观点是将危险犯划分为具体危险犯和抽象危险犯。由于本文篇幅有限,仅就具体危险犯和抽象危险犯做进一步探讨。

1. 具体危险犯

具体危险犯指以具体危险作为犯罪构成要件要素并且该犯罪行为对法益造成了具体的危险结果。[29] 其将危险状态作为构成要件要素规定于刑法条款中,要求法官必须就具体状态作为构成要件所保护之客体作为认定要件。[30] 在具体危险犯中,犯罪的成立必须对法益有实害的危险或使法益处于危险状态,因此“危险”本身必然是犯罪构成要件要素之一。因为具体危险犯以某个特定“行为”所引起的具体危险“结果”所构成的犯罪,据此,具体危险犯属于结果犯的一种。在具体危险犯的

---

[26] 此案例来源于鲜铁可:《新刑法中的危险犯》,中国检察出版社1998年版,第14页。

[27] 赵秉志:《犯罪总论问题探索》,法律出版社2003年版,第389-390页。

[28] 高铭暄、马克昌:《刑法学》,北京大学出版社2011年版,第117-118页。

[29] 董泽史:《危险犯研究:以当代刑法的转型为导向》,社会科学文献出版社2016年版,第184页。

[30] 林山田:《刑法通论》(上),北京大学出版社2012年版,第171-173页。

构成要件中，除了要求具有危险行为外，还必须在个案中存在具体的危险，即“危险结果”，以及危险行为与危险结果之间具有因果关系，即危险行为与危险结果之间具有“引起”的关系。

具体危险犯的构造可以分为客观构成要素和主观构成要素两个方面。首先，在主观构成要素方面，具体危险犯要求行为人对于危险的结果具有认识，并且能够切实控制自身的危险行为；在客观构成要素方面，具体危险犯首先需要具有危险结果。危险结果是具体危险犯构成要件明确要求的，其次，具体危险犯的成立还必须具有危险行为，如果没有行为人的举动，也无法将社会危害性的结果与行为人相联系。最后，具体危险犯的行为与危险结果之间具有因果关系。如果行为并未导致危险发生，也不能成立犯罪。如在破坏交通工具案件中，行为人的行为是否具有足以使交通工具发生倾覆、毁灭的危险，要根据行为人的破坏手段、交通工具被破坏的部位、程度等具体案件事实确定。如果具有这种危险，则构成破坏交通工具罪的既遂。其危险状态在相应的刑法条款中一般都有明确规定。审理此类案件时，审判人员除认定行为人实施了一定的行为以外，还须确定是否存在法定的具体危险状态。如果具有这种危险状态，即构成危险犯。如果不具有这种危险状态，则不构成该罪。

2. 抽象危险犯

抽象危险犯将具有一般危险性的行为类型化为构成要件加以规制。只要行为人实施了刑法分则中规定的犯罪行为，即具有产生某种后果的危险，无须再结合具体案情加以判断的犯罪。抽象判断危险是原则，通过行为认定危险是普遍的一般原则，个案考察则是例外情形。其危险状态在法律上一般都不做具体性规定，它是立法者根据一定的行为在通常情况下即是以招致某种危险而预先设定的。行为人只要实施了一定的行为，通常即具有产生一定后果的危险。如放火罪，只要行为人实施了放火焚烧工厂、矿场、油田、港口、仓库、住宅、森林等重大公私财产的行为，就视为可能造成人身、财产的重大损失，危害公共安全，即构成放火罪。对于抽象危险犯，从行为无价值的观点来看，其只是单纯地要求行为人为特定的行为，无需要求任何实际的危险结果就可以构成犯罪。刑法学界将行为无价值作为抽象危险犯理论基础的观点已为广大学者接纳。如张红艳教授认为“在此类犯罪中，危险是一种法律拟制的状态，其本质是反应犯罪行为的规范违反性，对于是否确实的客观发生的危险并不是此类犯罪关注的重点”。[31]

抽象危险犯与具体危险犯的区别在于法律条文中有无明确规定相应的危险构

㉛ 张红艳：《欧陆刑法中的抽象危险犯及其启示》，载《河北法学》2009 年第 9 期。

成，即行为人实行的行为有无发生严重后果的危险，是否需要结合案件具体情况判断。前者只要行为人实施了特定的行为，即具有这种危险，无须再结合案件具体事实来加以判断，而后者则必须结合案件的具体事实才能得出正确的结论。

（三）本罪中"危险性要素"属于何种"危险"理论

通过以上对危险犯理论的分析可知，妨害传染病防治罪属于具体危险犯。

从具体危险犯的主观构成要件要素来讲，刑法上具体危险犯的主观要件与一般的实害犯并无差异，包括故意和过失，对于危险结果的故意和过失是具体危险犯的刑事责任基础。本罪中，行为人应当对于我危害结果具有认识，并且能够切实控制自身的危险行为。

从具体危险犯的客观构成要件要素来讲，首先要求行为人针对行为客体实施了"制造法所不容许的风险"或曰"法律上重要的风险"的行为。㉜ 在具体危险犯中，一般会对危险行为做出定性的规定。如在本罪中，对违反传染病防治法的行为方式列举了五种具体危害行为。其次对于具体危险犯的危害结果，我国通说认为对不特定多数人的生命、健康或者重大公私财产安全造成的危险，即公共危险。在本罪中，违反传染病防治法的具体危险行为侵犯了公共卫生秩序法益的危险。最后，具体的危险犯既然是以行为引起的具体危险结果作为犯罪构成要件要素，则应当就该行为和结果之间的因果关系是否存在作具体考量，在此基础上，还需要就现实发生的危险结果与具体危险犯设定的危险结果之间是否具有联系进行判断。本罪中，只有当违反妨害传染病防治法的具体危险行为引起甲类传染病以及依法确定采取甲类传染病预防、控制措施的传染病传播的严重危险的危害结果时，才能构成犯罪。这种危害结果是将结果犯中结果的提前认定为既遂，因此，本罪从本质上讲属于结果犯。

三、法定犯(行政犯)理论

研究法定犯的违法性认定的问题，首先需要对法定犯的概念进行界定和分析，只有正确理解法定犯的概念，才能进一步论证其认定的问题。所谓法定犯，又称"行政犯"，指行为本身并没有明显违反传统的道德伦理观念，只是由于法律禁止而成为犯罪。对于法定犯的概念，目前我国学术界通说的观点是，法定犯罪应该是在考虑到人类道德理论的基础上，从社会管理的角度出发，在刑法规定中体现出不用于拥有强烈道德谴责性的自然犯的一种犯罪。

（一）法定犯的理论渊源

法定犯和自然犯的区分源于自然法理论。英国著名法学家布莱克斯通和意大

㉜ 郑明玮：《论刑法中危险犯的"危险"》，华东政法大学博士论文 2014 年。

利犯罪学家加罗法洛等，最早从“禁止恶”和“自体恶”的角度区分法定犯与自然犯。加罗法洛在《犯罪学》一书中对自然犯的描述是“这里的‘自然’一词并不具有通常意义，而是存在于人类社会之中，并独立于某个时代的环境、事件或立法者的特定观点之外”。[33] 此外，加罗法洛进一步解释了相对于自然犯而言，其余那些没有被纳入该范围之内的犯罪，是与不同国家的不同社会环境相关，此类犯罪并没有显示行为人的道德缺失，而仅仅是违反了特定社会管理的法律。由此可见，加罗法洛所强调的自然犯罪不是所有犯罪的概念，在自然犯罪之外还存在另一种类型，即被后来学者定义的法定犯罪。

法定犯之不法，系出于法律的禁止性规定，而非行为与生俱来的或行为本身所具有的；自然犯之不法，则是与生俱来的，它不待法律之规定，即已存在于行为本质之中，仅自伦理道德的角度看，就应给予否定的评价及非难。法定犯之不法，国家通常是以一定的行政法规或条例加以规定的。据此，德国刑法学者戈德施米特从司法与行政并立，二者应各具不同的目的与领域的角度，提出了行政刑法和行政犯的概念。即认为，行政的目的在于促进国家与社会福利，其促进手段是行政活动。在此行政活动中同司法活动一样需要具有强制力的法律规范，以确保行政目的之实现。其法律规范的表现形式即为行政刑法，违反此法律规范者即属于行政犯。

我国《刑法》第 3 条规定“法律明文规定为犯罪行为的，依照法律定罪处刑；法律没有明文规定为犯罪行为的，不得定罪处刑”。罪刑法定原则的基本含义是：“法无明文规定不为罪”“法无明文规定不处罚”。第 3 条前段旨在突出刑法法益保护机能，后段则旨在突出刑法的人权保障机能。一方面，保护法益的机能应当受到限制，人权保障机能也不能绝对无条件地优于法益保护机能，故刑法的法益保护机能与人权保护机能总是存在冲突。第 3 条要求司法机关对二者进行调和，在充分权衡利弊的基础上，使两个机能得到充分发挥。另一方面，总体来说，第 3 条旨在限制司法权，只不过前段与后段所限制的内容不同而已。总之，《刑法》第 3 条后段是关于罪刑法定原则的规定。

（二）法定犯的特征

1. 双重违法性

法定犯的双重违法性是区分自然犯与法定犯的重要特征。双重违法性即同时具备前置法律违法性和刑事法律违法性。也就是说，法定犯的成立，既违反了前置社会管理法律规范，又违反了刑法分则规范。

---

[33] ［意］加罗法洛：《犯罪学》，耿伟、王新译，中国大百科出版社 1996 年版，第 20 页。

近年来，频繁出现的赵春华案、王力军案等争议颇大的法定犯案件，这些案件的司法裁判者在认定刑事违法性时，过度依赖前置行政法、经济法的规范并将其当成行为构成犯罪的依据，而忽视了刑法自身的价值，使得这些案件的判决结果与公众对法律的认知有显著的偏差，进而破坏了司法公信力。

2. 较强专业性

法定犯的较强专业性是指普通民众很难凭借自身的常识常理进行罪与非罪的判断，而需要专业知识来进行判断其具有的社会危害性。相对于自然犯的反道德性，法定犯是出于维护国家的社会经济管理秩序的需要而设立的。

3. 较弱反伦理性

法定犯所具有的较弱反伦理性特征是区分其本身与自然犯的重要条件。国家规定自然犯的目的是满足人类道德伦理情感的要求，保障人民基本的生存需要；而法定犯则是出于国家进行社会管理的需要。这一特征是基于加罗法洛犯罪学的思想得出的，自然犯会侵害怜悯和正直的道德情感，而法定犯则很少或者说几乎不存在对传统道德情感的侵害。因此，法定犯具有较弱的反伦理性，换句话说，法定犯的较弱反伦理性实际上就是相对于自然犯缺少人类道德基本方面的可谴责性。

4. 较高隐蔽性

法定犯具有较高隐蔽性的特征。首先，由于法定犯具有较弱的反伦理道德性，法定犯罪的被害人不能够轻易察觉法定犯行为对自身权益的侵害，也就是很难进入刑事诉讼程序；其次，由于法定犯具有双重违法性，需要以违反前置性社会管理法律规范为前提，也导致了部分法定犯的处理终止在其他社会管理规制措施之下，而没有被移送刑事司法机关被追诉；最后，法定犯又具有专业性，刑事司法机关对于法定犯的追诉，同自然犯相比，对于刑事追诉能力的专业要求更高，因此，法定犯具有较高隐蔽性。

（三）对于法定犯的认定问题

解决法定犯的违法认定问题的关键在于，正确认识法定犯的双重违法性特征——行政违法性与刑事违法性，以及正确区分行政违法性与刑事违法性二者之间的关系。

1. 法定犯的行政违法性认定

法定犯以违反前置行政法规为前提，行政违法性是基础，在达到何种条件时，可以达到从行政违法性到刑事违法性的跨越，行政违法性与刑事违法性之间具备什么内在联系，这些都属于违法性判断问题。

一般认为，行政违法性是指违反行政法规的违法行为。张明楷教授认为："行政违法性与刑事违法性存在三种不同的关系。第一,一些刑事违法行为不以行政违法为前提。例如自然犯。第二,一些行政违法行为是不可以上升到刑事违法的。例如吸毒、卖淫。第三,一些刑事违法行为以行政违法行为为前提。只有违法了行政法规,并符合刑法规定的犯罪成立条件,才有可能转化为刑事违法。例如,砍伐树木原本是行政违法行为,但是当情节严重时,可能上升到犯罪。"[34]张明楷教授的第三种关系中的行政违法性,正是本文所指的法定犯的行政违法性。法定犯的行政违法性质是由刑法分则条文明确规定且授予行政法、经济法等行政规范予以确定,它具备行政要素。由于行政法规禁止的数量庞大,只有那些具备严重社会危害性的行政违法行为才会被纳入刑法调整的范围。需要特别指出,当行为仅具有刑事违法性,而不具有行政违法性时,则不属于法定犯。因此,法定犯具备行政违法性与刑事违法性的双重属性,行政违法行在前,刑事违法性在后。

有学者指出:"刑法对法定犯的规定的最大的特点就是都属于空白刑罚规范。"[35]也就是说,我国法定犯的构成要素大多是以"空白罪状"的形式存在的。"空白罪状"是指刑法中仅规定罪名、法律效果与部分犯罪构成要件,而将具有禁止内容的构成要件要素规定在其他法律或者授权行政法规作为补充规范的一种刑罚法规,其性质等同于刑法分则条文字面含义。因此,刑法在法条中规定法定犯的罪名时,总是以"空白罪状±行为犯"或者"空白罪状±危险犯"的模式出现。例如,我国刑法分则第三章"破坏社会主义市场经济秩序罪"第一节规定的生产、销售伪劣产品罪是以违反国家对商品市场管理秩序法规为前提;第二节规定的走私罪是以违反海关管理法规为前提;第四节规定的破坏金融管理秩序罪是以违反金融管理秩序法规为前提。综上所述,法定犯的行政违法性是指行为违反刑法特别授权给行政法、经济法等行政规范,由相应行政机关确定属于行政违法而具有的特性。

2. 法定犯的刑事违法性认定

法定犯的罪状中广泛采用"违反某法规""违反某法律""违法""非法"等表述,这些"法"是指刑法以外的法律法规。因此,若是单独依靠刑法,法定犯违法性的判断是不能完成的,必须借助行政法、经济法等法规进行判断。经行政法、经济法等法规的评价后的行为具备行政违法性。行为再具备刑事违法性才可以认为是犯罪。刑事违法性的含义是行为触犯了刑法,是社会危害性的法律表现。我国的通说认为,在犯罪构成判断过程中,要先进行刑事违法性判断,即犯罪客观要件符合性判断,而一些法定犯的客观要件,包括"违反非刑事法"的内容。这些非刑事法,

---

㉞ 张明楷:《避免将行政违法认定为刑事犯罪:理念、方法与路径》,载《中国法学》2017 年第 4 期,第 50 页。

㉟ 马克昌:《罪刑法定主义比较研究》,载《中外法学》1997 年第 2 期。

绝大部分是行政性法律、法规和规章。所以,就法定犯而言,犯罪客观要件符合性的判断是行政违法性与刑事违法性的双重判断。

对于法定犯刑事违法性的认定,我国有倾向于质的差异说或倾向于量的差异说或倾向于质量差异说的学者,各个学者支持的理由不一,我国大多数学者主张倾向于质的差异说,即主要是从实质审查以及是否侵害刑法法益两方面认定法定犯刑事违法性。通说观点认为应当看是否侵害刑法法益,即行政违法行为在伦理上并无谴责性,但有造成严重后果可能性或有极高的危险性,是致法益于高度危险中,这一行为是具有刑事违法性的。同时某一不当行为不具有或者只有极小的伦理谴责性,但造成损害可能性高以及危险程度高,导致公众在长期意识支配下,对该不当行为的评价发生质的转化,即出现法益侵害可能性,也是具有刑事违法性的。“从法益的保护角度来看,行政违法仅仅是单纯的违反秩序的行为,而行为已发生侵害其他人的具体法益或形成法益危险的情形时,才属于可考虑的刑事违法。”[36]

构成法定犯,应当明确构成法定犯的基础要件,即同时兼具行政违法性与刑事违法性。有学者认为保障前置规范所确立并保护的利益是法定犯设立的目的,即“行为人有意违反前置性规范,就应当认识到行为本身的社会危害性而值得以故意进行非难,应根据行为人对违规行为本身的态度确定罪过形式。”[37]传染病防治罪的罪状表述为“违反传染病防治法的规定,有下列情形之一,引起甲类传染病传播或者有传播严重危险的,处以……”,从犯罪的构成要件来说,构成本罪,必须首先违反前置法《传染病防治法》,具备行政违法性,兼具引起甲类传染病传播或者有传播严重危险的刑事违法性。这里的“违反传染病防治法的规定”,既包括《传染病防治法》《突发事件应对法》《突发公共卫生事件应急条例》等一系列与疫情防控有关的法律法规和国务院有关规定,又包括各级政府和有关部门在疫情防控期间,依据上述法律法规和规范性文件出台的疫情预防、控制措施等一系列有关传染病防治、控制和监督管理的法律、行政法规、部门规章以及其他规范性文件。对此,《中华人民共和国刑法修正案(十一)》明确将“拒绝执行县级以上人民政府、疾病预防控制机构依法提出的预防、控制措施”的行为,纳入妨害传染病防治罪具体表现形式之一。司法实践中,对各级政府和有关部门要求不得人员聚集、提供核酸检测报告、如实报告流调轨迹等疫情防控措施的,如果违反规定,引起新型冠状病毒传播或者有传播严重危险的行为,则涉嫌构成妨害传染病防治罪,应依法追究刑事责任。

通过上述对于法益侵害理论、危险犯理论和法定犯理论的分析,鉴于本罪为典

---

[36] 张明楷主编:《法益初论》,中国政法大学出版社 2003 年版,第 161-164 页。

[37] 陈洪兵:《法定犯时代背景下罪过形式的确定》,载《法治研究》2018 年第 3 期,第 63 页。

型的法定犯，从法秩序具有统一性的角度出发，违反刑法的行为也将必然违反其前置法《传染病防治法》，刑法与该法所保护的法益具有目的一致性的特点。妨害传染病防治罪是以侵害刑法所保护的公共卫生秩序法益为目的，通过对前置法《传染病防治法》及规范的违反，达到一种具体危险的犯罪行为。

Theoretical Basis of Dangerous Elements—Taking Crime of Preventing and Curing Infectious Diseases as an Example

Gao Han

Abstract: The research object of this paper is based on the criminal acts that violate the laws and regulations of epidemic prevention and control management since the outbreak of the epidemic in COVID-19 in 2020, and makes an in-depth study on the crime of obstructing the prevention and control of infectious diseases in the epidemic-related crimes, and judges its "dangerous elements". This paper consists of three parts, namely, analyzing the theoretical basis of "dangerous elements"from the theory of infringement of legal interests, the theory of dangerous crime and the theory of administrative crime.

Key Words: risk factors; theoretical basis; crime of obstructing the prevention and treatment of infectious diseases; theory of infringement of legal interests; statutory crime theory; dangerous crime theory

国际重大疫情下涉外民商事合同中不可抗力的司法认定研究

姜智夫*

摘　要："新冠肺炎疫情"的暴发为我国在涉外民商事合同中不可抗力的司法认定带来了全新的挑战，具体而言体现在如下三方面：现行法对司法认定的供给不足导致不可抗力的认定标准存在模糊、司法保守的认定态度限制了不可抗力抵御意外风险的能力、准据法选择的单一性限缩了当事人对不可抗力规则的替代选择。因应将来诸如"新冠疫情"等国际重大疫情，我国司法应当充分发挥"二元模式"不可抗力规则的优势，一方面在不可抗力的认定标准上契合"折中"的理念，对违约方主观的善意恶意进行甄别，对意外事件客观的固有属性是否符合不可抗力的自然性质加以审查；另一方面要将法律效果和社会效果纳入考量因素之中，对不可抗力与情势变更依各自功能加以灵活适用，从而最大化保障交易的公平。此外，司法对于准据法规则的综合适用以及同域外法院协作机制的加强建设可以拓宽我国不可抗力法定规则的辐射范围，进而更有利于提升国内营商环境，促进经济进一步发展。

关键词：不可抗力；涉外；司法认定；国际重大疫情；二元模式

一、国际重大疫情下涉外不可抗力案件的司法认定问题

（一）司法对涉外民商事案件不可抗力认定的态度

在国际商事合同中，传统的学理将"不可抗力"事件分为两大类。其一为自然

* 姜智夫，华东师范大学法学院，硕士研究生。

灾害，通常包括地震、海啸、雪崩、泥石流等。其二为社会异常事件。长期以来，将疫病明确列入“不可抗力”事件范围内的情况并不普遍，有学者认为这可能是因为现代医疗技术的发展使传染病对合同履行造成的障碍并不明显。[①] 然而，本次新冠疫情在传播速度和影响范围上的独特性重新使疫病能否成立不可抗力成为司法裁判的热点问题。在 2020 年新冠肺炎疫情暴发的初期，全国人大法工委便明确表示因疫情防控导致合同不能履行可构成不可抗力。[②] 最高人民法院随后也公布了三份指导意见(《关于依法妥善审理涉新冠肺炎疫情民事案件若干问题的指导意见(一)(二)(三)》，下文分别简称“《指导意见(一)》《指导意见(二)》《指导意见(三)》”)。从《指导意见(一)》和《指导意见(三)》中可看出司法机关坚持在公平原则的基础之上具体问题具体分析，在个案审判之中严格把握不可抗力的适用条件，并尽最大可能发挥司法公权力对原交易秩序的“修复”性作用，以追求原合同目的的实现。最高人民法院尤为强调调解、和解等案外纠纷解决机制的重要性，并强调对当事人善恶意的甄别，从而避免不可抗力成为当事人恶意推脱责任的工具。而对于涉外案件的准据法适用问题，法院应当在充分理解该域外准据法内容的前提下，以其他国家法律的理论裁判案件，而不能当然地以中国法律理论去理解运用该准据法。当中国大陆法律作为准据法应用时，只有当疫情或疫情防控措施直接导致合同无法履行时，法院才应根据受影响的程度裁判违约方部分或全部免责。如因疫情或疫情防控的措施仅仅导致合同履行困难，法院可支持合同的变更，而不会支持责任的免除。合同变更后当事人则无法主张依靠不可抗力免除责任。总而言之，在涉外民商事合同不可抗力的认定过程中，如果以中国法作为准据法裁判，则法院将对不可抗力的应用极为谨慎和保守。只有当合同完全无法履行时，不可抗力规则才有应用的可能。然而案件的当事人如果想要证明因为疫情或疫情的防控措施导致合同完全无法履行是极难做到的，加之法院还会对合同义务的履行与障碍的来源之间的因果关系进行审查，便致使法定不可抗力规则在司法实践中的应用困难重重。

（二）不可抗力规则在司法实践中的效益缺失

尽管全国人大法工委和最高人民法院指出了新冠肺炎疫情可成立不可抗力的可能性，在合同当事人缺乏对“疫病属于不可抗力”条款的明确约定下，司法对新冠肺炎疫情成立不可抗力的认定并不乐观。笔者对中国裁判文书网所公开的新冠肺

---

① 参见龚柏华：《国际商事合同不可抗力条款对“新冠肺炎”疫情适用法律分析》，载《上海对外经贸大学学报》2020 年第 27 卷第 2 期，第 8 页。

② 参见《定了！全国人大法工委：新冠肺炎疫情属于不可抗力！》，个人图书馆 2020 年 2 月 12 日，http://www.360doc.com/content/20/0212/13/40467003_891471672.shtml。

炎疫情期间涉外民商事合同不可抗力认定案件进行了整理、搜集，截至 2021 年 5 月 12 日，共找到相关案例 31 例。在这 31 例案件中，仅有 2 例案件法院认定不可抗力成立。[③] 这样的结果不禁让人产生一种担忧，在国内外经济被新冠肺炎疫情肆虐破坏的当下，不可抗力主张极低的成功认定率是否严重限制着不可抗力规则在涉外民商事交易之中的作用，进而映射出不可抗力规则的效益在司法实践之中存在缺失？基于此种忧虑，笔者在此对疫情期间涉外民商事案件中司法认定不可抗力的现状进行了分析。

二、新冠肺炎疫情可构成不可抗力之证成

“不可抗力”的法律概念源自罗马法，最初是为保护善意当事人而设立的法律概念。[④] 后来历经数千年的发展与完善，成为各国在商事交易中普遍应用的制度。对于不可抗力的认定标准，目前学理上主要分为“主观说”“客观说”“折中说”三种。[⑤] “主观说”认为“不可抗力”事件是交易中当事人尽最大努力履行注意义务然而仍无法避免的意外事件，强调对当事人最大的主观善意的考察。“客观说”将“不可抗力”归纳为基于自身性质而不可预见、无法避免地为合同义务的履行带来损害的事件，即强调对客观事件自身固有属性的审查。诸如法国、德国等大陆法系国家在“不可抗力”法律规则上均可体现出“客观说”的浓厚色彩。而对于“折中说”，则是对于“主观说”与“客观说”的中和。该学说既强调“不可抗力”事件的认定在客观上应满足“无法预见损害后果且不属于行业内一般风险”，又要求当事人已尽到了合理的注意措施，竭力避免损失的出现。无论是“主观说”“客观说”还是“折中说”，均强调造成“不可抗力”事件由外部因素所导致，而非由于当事人的故意或过失。从理念上而言，这三种学说又均是诚实信用与公平交易理念的体现，对无过错当事人所受到的损失予以法律上的保护。

目前，世界各国关于不可抗力的立法模式主要可以归纳为两种：一元规范模式与二元模式。一元规范模式将不可抗力与情势变更规则合为一体，把导致合同订立基础丧失的事件纳入不可抗力的特殊情形之一，而不详细区分情势变更的概念。二元模式则将不可抗力与情势变更在立法上分离。[⑥] 事实上，包括德国、意大利、英国、美国在内的世界上多数国家均采取了一元规范模式的立法架构。尽管我

---

③ 参见伊梦(天津)文化传播有限公司与深圳趣旅国际旅行社有限公司旅游合同纠纷案，广东省深圳前海合作区人民法院(2020)粤 0391 民初 5657 号民事判决书；福州景城大酒店有限公司、福州泰自然健康管理集团有限公司合同纠纷案，福建省福州市中级人民法院(2021)闽 01 民终 1273 号民事判决书。

④ 参见倪静、谭红艳：《域外不可抗力法律制度》，载《人民法院报》2021 年第 8 版，第 1 页。

⑤ 参见史尚宽：《债法总论》，中国政法大学出版社 2000 年版，第 367 页。

⑥ 参见万方：《我国情势变更制度要件及定位模式之反思》，载《法学评论》2018 年第 6 期，第 65 页。

国明确采纳了二元模式的立法，但司法实务对于不可抗力与情势变更的区分仍显混乱，不可抗力与情势变更的界限并不明显。而从功能上而言，目前世界各国关于"不可抗力"法律效果在立法上体现出三种路径。一是以责任承担问题为导向，将"不可抗力"设置为部分或全部免责的事由。《德国民法典》对"不可抗力"的规定便偏向于责任免除。二是以合同是否继续履行为导向，赋予"不可抗力"变更或解除合同的法律效果。这在英美法系关于"不可抗力"规定中得到了充分的体现。三是我国的模式偏向于折中，既赋予"不可抗力"免除责任的功效，又赋予其与"情势变更"类似的合同解除功能。由于疫病并不属于传统被频繁采用的不可抗力自然灾害范围之内，且各国法律对于"不可抗力"的功能认定均有差异，所以从国际视角对新冠肺炎疫情本身可否构成不可抗力进行分析颇有必要。本部分将分别从国内法、国际条约、主要外国准据法的角度出发为新冠肺炎疫情可构成不可抗力寻找现行法与法理上的依据。

（一）中国法对新冠肺炎疫情可构成不可抗力之论证

"公平原则"与"诚实信用原则"始终是我国民商事交易活动中必须遵守的行为标尺。而"不可抗力"规则在我国现行二元模式的立法架构下，与"情势变更"一同为商事交易中积极履约的善意当事人提供法律上的保护与支持，亦是公平交易与诚实守信理念之贯彻。自 2021 年 1 月 1 日起生效的《中华人民共和国民法典》第 180 条对不可抗力的概念进行了明确的界定。[⑦] 该概念与《民法典》生效前的《民法总则》第 180 条规定相比无任何变化。而对于民商事合同，《民法典》第 563 条也将"因不可抗力致使不能实现合同目的"纳入合同解除的法定事由之中，体现出我国现行法对"不可抗力"功能在责任承担与合同履行上调整规制的双重侧重。需要特殊注意的是，《民法典》第 590 条规定若"不可抗力"事件发生在当事人迟延履行后，则当事人仍要承担违约责任。因此"不可抗力"事件发生的时间节点尤为重要。该条文对"不可抗力"事件发生时间点的侧重，是为滤除其他可归责于当事人自身而导致合同迟延履行或无法履行的因素，从而避免不可抗力规则与诚实信用原则、公平原则之间产生抵触。单纯从现行法规定的角度来看，新冠肺炎疫情这种国际重大疫情并不能当然地被认定为不可抗力。法院需要依靠《民法典》所规定的"不能预见""不能避免""不能克服"这三个构成要件进行依次审查，在个案之中判断新冠肺炎疫情是否赋予违约方不可抗力这一"保护伞"。这三项构成要件体现出我国现行法对"不可抗力"采纳"折中说"理念，即既审查该事件的自然属性，又审查各方当事人主观上的过错程度。以现有的科技水平来看，新冠肺炎疫情在世界范围内的

---

⑦ 《中华人民共和国民法典》第 180 条：因不可抗力不能履行民事义务的，不承担民事责任。法律另有规定的，依照其规定。不可抗力是不能预见、不能避免且不能克服的客观情况。

大暴发足以满足这三个标准。现有科技无法为人类提前预测病毒的出现、暴发，更不能在短时间内消除疫情的影响。作为全人类的一场灾难，新冠肺炎疫情席卷到了全球每一个角落。其对正常交易秩序的破坏与对各行各业的波及是无法避免的，更是个人无法克服的。全国人大法工委、最高人民法院均提出新冠肺炎疫情可构成不可抗力。因此，新冠肺炎疫情可被认定为不可抗力不但有法可依，而且符合客观实际的要求。

然而，最高人民法院在所公布的《指导意见(一)》中着重强调司法机关对疫情防控与不可抗力因果关系之间的强烈程度进行审查，要求严格把握不可抗力规则的适用条件。同时，法院需要区分合同不能履行与合同履行困难之间的区别，只有对不能履行的合同才可援引不可抗力对违约方予以相应的免责保护。这可以看出司法对于不可抗力的应用十分谨慎，尽量避免公权力对原合同效力的影响。在2020年4月20日最高法负责人对记者提问的回答中，也可以看出法院坚持以鼓励交易为中心，通过对不可抗力规则的应用实现恢复交易秩序、促进经济社会发展的目标。[⑧] 这便要求实务中法院灵活适用不可抗力规则，将不可抗力规则的适用是否有利于恢复交易秩序、促进经济发展、提升营商环境等因素考量在内。而如何通过各种规则的区分适用实现司法效益与社会效益的统一，成为法院需要在个案中考量的问题。

(二) CISG和PICC规则中的相关规定

由于在涉外民商事案件中国际条约的应用优先于各国准据法的适用，对新冠肺炎疫情可否构成国际条约中不可抗力的分析也十分重要。而对于中国的司法实践而言，《联合国国际货物销售合同公约》(CISG)发挥着极为重要的作用。作为由联合国国际贸易法委会主持制定、截至2020年6月16日已包含93个缔约国的公约，CISG对不可抗力的认定标准具有非常典型的代表性。[⑨] CISG采取了一元规范模式的立法构架，其第79条对不可抗力进行了详细的规定。[⑩] 该规定原文的措辞使用了“impediment beyond his control”“could not reasonably be expected”“avoid or overcome it”这类的表达。总结起来，包括有当事人“不能控制”“不能在订立合同时合理预见”“不能避免或克服”这三个要件。尤为值得注意的是，英文用

⑧ 参见《最高院明确不可抗力在疫情期间适用范围》，个人图书馆2021年1月24日，http://www.360doc.com/content/12/0121/07/4310958_958759976.shtml。

⑨ 参见陈卫佐：《与疫情相关的涉外商事海事纠纷的准据法确定、不可抗力规则以及国际条约的适用》，载《人民法院报》2020年第2版，第2页。

⑩ 《联合国国际货物销售合同公约》第79条：(1)当事人对不履行义务，不负责任，如果他能证明此种不履行义务，是由于某种非他所能控制的障碍，而且对于这种障碍，没有理由预期他在订立合同时能考虑到或能避免或克服它或它的后果。

语的表达在“合理预见”与“不能避免或克服”之间的连接词均为“or”,这说明在满足除了双方当事人无法控制这个要件之外,只要满足“在订立合同时无法合理预见”“对阻碍及阻碍的后果无法克服”“对阻碍及阻碍的后果不能避免”这三者之一,即可构成CISG所规定的不可抗力免责情形。这与我国《民法典》所规定的不可抗力认定标准有所不同。另一个值得注意的地方是条约对于阻碍的用语为“impediment”。这个单词的用语与“困难”“障碍”十分接近,而不是无法逾越的天堑鸿沟。从这一点来看,CISG条约的规定对于不可抗力认定的门槛相对较低。在这个认定标准下,因为新冠肺炎疫情的暴发与持续必然是合同当事人无法控制的,所以第一个构成要件“impediment beyond his control”可以被满足。在疫情暴发的初期,全世界都未能预料到这场灾难的降临,因此“无法合理预见”“不能避免或克服”这两个构成要件也可以得到满足。但是,随着时间的不断推移,人们对新冠肺炎疫情逐渐了解,疫情对未来民商事合同纠纷的影响能否依然满足这些构成要件,则需要具体分析。当下,世界上许多国家和地区已建立起日益完善的疫情防控机制,合同的当事人在将来很可能会因无法证明“不能预见”或“不能避免合同履行不能的结果”而无法援引不可抗力的适用。

另一个在国际贸易中发挥着重要作用的国际规则是《国际商事合同通则》(PICC)。尽管中国并未采纳此规则,但不排除司法审判中法院依据冲突规范指向此规则适用的可能。与CISG相反,PICC采取了二元模式的立法构架,规定了不可抗力(force majeure)与“艰难情形”(hardship)两项合同履行受阻处理规则。其中,第6.2.2条所规定的“艰难情形”与我国《民法典》第533条情势变更规则十分相似,以发生在合同订立后不能被合理预见、不能被不利地位当事人所控制、不应被其承担且“从根本上改变了合同双方的均衡地位”为要件,赋予处于不利地位的当事人停止履行、变更或解除合同的权利。[11] 而PICC第7.1.7条对不可抗力的规定则在很大程度上是对CISG第79条的复制。[12] 需要注意的是,无论是CISG还是

---

⑪ 《国际商事合同通则》第6.2.2条:所谓艰难情形,是指由于一方当事人履约成本增加,或由于一方当事人所获履约的价值减少,而发生了根本改变合同双方均衡的事件,并且(a)该事件的发生或处子不利地位的当事人知道事件的发生是在合同订立之后;(b)处于不利地位的当事人在订立合同时不能合理地预见事件的发生;(c)事件不能为处于不利地位的当事人所控制;而且(d)事件的风险不由处于不利地位的当事人承担。

⑫ 《国际商事合同通则》第7.1.7条:(1)若不履行的一方当事人证明,其不履行是由于非他所能控制的障碍所致,而且在合同订立之时该方当事人无法合理地预见,或不能合理地避免、克服该障碍及其影响,则不履行的一方当事人应予以免责。(2)若障碍只是暂时的,则在考虑到这种障碍对合同履行影响的情况下,免责只在一个合理的期间内具有效力。(3)未能履行义务的一方当事人必须将障碍及对其履约能力的影响通知另一方当事人。若另一方当事人在未履行义务方当事人知道或理应知道该障碍后的一段合理时间内没有收到通知,则未履行义务方当事人应对另一方当事人因未收到通知而导致的损害负赔偿责任。(4)本条并不妨碍一方当事人行使终止合同、拒绝履行或对到期应付款项要求支付利息的权利。

PICC，二者均未赋予不可抗力解除合同的法律效果。这一点与我国《民法典》的规定有所不同。此外，PICC第7.1.7条的注释5指出在长期合同中，"艰难情势"与不可抗力的适用均应以鼓励当事人维持合同关系存续为原则，合同的终止应当被作为最后手段来采用。[13] 由此可见，新冠肺炎疫情期间不可抗力的免责效用与"艰难情形"的合同变更效用应当在新冠肺炎疫情肆虐期间为合同关系的存续充分发挥作用。

（三）大陆法系以及英美法系国家的相关法律规定

在审查诸如新冠肺炎疫情这类的国际重大疫情能否成立不可抗力这一问题时，其他主要国家的法律规定也具有相当的借鉴意义。最高人民法院所公布的《指导意见（三）》中明确指出当域外法为争议解决的准据法时，法院应当在充分理解该准据法对不可抗力的规定及立法精神的基础上做出裁判，而不能依据我国的法理当然地理解适用域外准据法。在世界上已有的法系中，大陆法系和英美法系极具代表性。由于在涉外案件中司法不可避免地会涉及适用外国法律作为准据法的情形，此处将对几个大陆法系和英美法系的主要代表国家的不可抗力规定进行分析。

首先，当大陆法系主要国家的法律作为准据法适用时，即使合同双方当事人缺乏对"不可抗力"事件的协议约定，也可依靠法定的不可抗力规则免除责任。大陆法系国家在法律中明确了法定不可抗力规则的适用情形。比如，《法国民法典》第1218条将不可抗力的法定构成要件描绘为"超过当事人的控制""无法在订立合同时合理预期""无法通过合适措施有效避免"且"阻碍当事人履行合同义务"这四个要件。[14] 当双方当事人援引法国法律作为准据法时，不可抗力所导致的法律效果依阻碍当事人履行合同事由所持续的时间长短，可能会导致合同的变更、当事人暂时免责、合同完全解除这三种情形。《德国民法典》第275条、第313条分别对合同完全无法履时的法定解除情形、合同履行困难时的适当变更情形进行了规

---

[13] 《国际商事合同通则》第7.1.7条Comment 5(Long-term contracts)：Force majeure，like hardship，is typically relevant in long-term contracts(see Comment 5 on Article 6.2.2)，and the same facts may present both hardship and force majeure(see Comment 6 on Article 6.2.2). In the case of hardship，the Principles encourage negotiation between the parties to the end of continuing the relationship rather than dissolving it (see Article 6.2.3).

[14] French Civil Code 2016 Article 1218：In contractual matters，there is force majeure where an event beyond the control of the debtor，which could not reasonably have been foreseen at the time of the conclusion of the contract and whose effects could not be avoided by appropriate measures，prevents performance of his obligation by the debtor. If the prevention is temporary，performance of the obligation is suspended unless the delay which results justifies termination of the contract. If the prevention is permanent，the contract is terminated by operation of law and the parties are discharged from their obligations under the conditions provided by articles 1351 and 1351-1.

定。同时德国法律根据当事对行困难情形产生的过错程度，而决定责任全部或部分的免除。[15]《日本民法典》则在第415条之中对不可抗力进行了规定。[16] 其折射的内涵是无过错的债务人不对超过合同与其他债务产生原因外的且不属于通常社会交易观念的损失承担责任。

而对于英美法系国家而言，不可抗力的免责情形要依赖于合同双方当事人的事先约定。相较大陆法系国家，英美法系国家现行法对"不可抗力"免责规则的供给薄弱，司法主要依靠"doctrine of frustration"和"doctrine of impracticability"终止合同的效力。[17] 由于其对合同效力的影响如此巨大，这些原则的适用标准也都较为严苛。以"doctrine of frustration"为例，这个来自英国著名案例"加冕案"而产生的规则，强调在合同订立后当事人主要目的受到重大挫败时，如果双方当事人均无过错且合同目的的落空属于合同制定时的基本假定情形之一，则合同双方当事人的义务均被免除。[18] 而新冠肺炎疫情的暴发能否被解释为合同订立时可能导致合同目的落空的情形之一，则要看合同当事人在合同订立时双方是否预先约定，并

---

⑮ German Civil Code BGB Section 275(2): The obligor may refuse performance to the extent that performance requires expense and effort which, taking into account the subject matter of the obligation and the requirements of good faith, is grossly disproportionate to the interest in performance of the obligee. When it is determined what efforts may reasonably be required of the obligor, it must also be taken into account whether he is responsible for the obstacle to performance. Section 313(3): If adaptation of the contract is not possible or one party cannot reasonably be expected to accept it, the disadvantaged party may revoke the contract. In the case of continuing obligations, the right to terminate takes the place of the right to revoke.

⑯ Japanese Civil Code Article 415: If an obligor fails to perform consistent with the purpose of its obligation, the obligee shall be entitled to demand damages arising from such failure. The same shall apply in cases it has become impossible to perform due to reasons attributable to the obligor.

⑰ Doctrine of frustration: A contract may be discharged on the ground of frustration when something occurs after the formation of the contract which renders it physically or commercially impossible to fulfil the contract or transforms the obligation to perform into a radically different obligation from that undertaken at the moment of the entry into the contract. *Krell v. Henry* [1903] 2 K. B. 740 (Eng.) Doctrine of impracticability: Except so far as a seller may have assumed a greater obligation and subject to the preceding section on substituted performance: (a) Delay in delivery or non-delivery in whole or in part by a seller who complies with paragraphs(b) and (c) is not a breach of his duty under a contract for sale if performance as agreed has been made impracticable by the occurrence of a contingency the non-occurrence of which was a basic assumption on which the contract was made or by compliance in good faith with any applicable foreign or domestic governmental regulation or order whether or not it later proves to be invalid. (b) Where the causes mentioned in paragraph(a) affect only a part of the seller's capacity to perform, he must allocate production and deliveries among his customers but may at his option include regular customers not then under contractas well as his own requirements for further manufacture. He may so allocate in any manner which is fair and reasonable. (c) The seller must notify the buyer seasonably that there will be delay or non-delivery and, when allocation is required under paragraph(b), of the estimated quota thus made available for the buyer. UCC § 2-615

⑱ 在"加冕案"中，法院裁定因为国王的身体欠恙导致加冕仪式的取消，使得被告租借原告公寓来观看加冕仪式的合同目的完全无法实现。故此，法院支持了被告解除合同的诉讼主张，本案也成为创造"doctrine of frustration"的著名先例。*Krell v. Henry*[1903]2 K. B. 740(Eng.).

且能否就这一条款举证成功。由此可见，在英美法系国家的法律之中，将新冠肺炎疫情的暴发认定为不可抗力，在缺乏合同双方当事人的协议约定时，是十分困难的。

从各国对“不可抗力”规则的立法上可以看出，大陆法系的代表国家法国、德国、日本对不可抗力“客观说”更为侧重，而以英美法系为代表的国家英国、美国在立法上则更倾向于“主观说”。然而无论是“客观说”为主还是“主观说”为主，各国的立法或多或少都能折射出相对学说的影子，即一定程度的“折中”。故“主观说”向“客观说”方向的侧重，抑或“客观说”向“主观说”立法方向的倾斜，是目前世界主要国家关于“不可抗力”规则的现行法立法倾向。然而无论是采取何种学说，新冠肺炎疫情客观上“灾害”与“依赖于政府强制手段予以防控”的自然属性与主观上“非依当事人一人之力或尽最大努力而能克服”的主观价值判断，均在理论上可满足“不可抗力”的认定。

（四）我国现行法不可抗力与情势变更的关系

在我国“二元模式”的现行法框架下，对“不可抗力”与“情势变更”之间予以厘清颇有必要。情势变更规则规定于我国《民法典》第533条，与《民法典》生效前的情势变更规则有较大的差异。[19] 在民法典生效前，“情势变更”规则并未在我国《民法总则》或《合同法》之中存在规定，而是通过司法解释的形式存在的。根据最高人民法院于2009年所发布的《最高人民法院关于适用〈中华人民共和国合同法〉若干问题的解释（二）》，当时的情势变更规则的适用会排除不可抗力的认定。[20] 然而在现行《民法典》颁布后，“情势变更”事件便不再与“不可抗力”的应用相矛盾了，而在理论上可以同时应用。“不可抗力”主要应用于合同面临无法避免或克服的阻碍且合同难以继续实现目的的情形，而“情势变更”则不要求困难的程度达到“无法克服”，足以造成当事人双方地位“不公平”即可触发。在法律效果上，“不可抗力”更侧重于对遭受意外事件打击后合同双方当事人责任分担问题的解决，而“情势变更”则更侧重于对现有合同关系的保护。值得注意的是，在《最高人民法院关于适用〈中华人民共和国合同法〉若干问题的解释（二）》颁布之后，我国对于“不可抗力”的立法模式实现了由“一元规范模式”到“二元模式”的转变。这与2002年我国面临同样较为严峻的“非

[19] 《中华人民共和国民法典》第533条：合同成立后，合同的基础条件发生了当事人在订立合同时无法预见的、不属于商业风险的重大变化，继续履行合同对于当事人一方明显不公平的，受不利影响的当事人可以与对方重新协商；在合理期限内协商不成的，当事人可以请求人民法院或者仲裁机构变更或者解除合同。人民法院或者仲裁机构应当结合案件的实际情况，根据公平原则变更或者解除合同。

[20] 《最高人民法院关于适用〈中华人民共和国合同法〉若干问题的解释（二）》第26条：合同成立以后客观情况发生了当事人在订立合同时无法预见的、非不可抗力造成的不属于商业风险的重大变化，继续履行合同对于一方当事人明显不公平或者不能实现合同目的，当事人请求人民法院变更或者解除合同的，人民法院应当根据公平原则，并结合案件的实际情况确定是否变更或者解除。

典”疫情时对“不可抗力”的司法认定态度造成了现行法背景上的差异，也为当下司法解决“新冠肺炎疫情”为合同履行带来的问题提供了一个替换方案。

即使理论上将新冠肺炎疫情认定为不可抗力在国内法、国际条约、外国准据法上均有法可依，但是我国司法实务对于涉外案件不可抗力的认定情况并不可观。

三、新冠肺炎疫情期间不可抗力在司法适用中的困境

为分析新冠肺炎疫情期间我国司法实务对涉外民商事合同中不可抗力案件的认定现状，笔者依靠中国裁判文书网，对“新冠”“不可抗力”“涉外”这三个关键词进行检索。截至 2021 年 5 月 12 日笔者搜索出全部相关案件 31 例。在对这 31 例案件中法院的立场和观点进行依次研究分析后，笔者认为当前我国司法在审理涉外民商事不可抗力认定案件中主要存在三个方面的问题。

（一）现行法律对不可抗力司法认定的供给不足

尽管最高人民法院与各地高级人民法院均发布了关于新冠肺炎疫情民商事纠纷案件的司法意见，其中也不乏对不可抗力司法认定的规则指导，但是各地高级人民法院的指导意见中对应用不可抗力的情形规定还是有所差异。笔者对收集到的全部 31 例涉外不可抗力认定案件审判法院的地域分布情况进行了统计，统计结果如图 1 所示。通过统计结果，可以看出目前绝大多数涉外不可抗力案件主要由广东省人民法院审理，而其他涉及不可抗力涉外案件的省份或直辖市只有贵州省、福建省、上海市、重庆市四地。为更好地分析这五个地区法院在审判中采用的不可抗力认定标准，笔者将这五个地区高级人民法院所公布的涉新冠肺炎疫情民商事案件司法意见汇总成图 2，以更加直观地展示各地法院审理不可抗力案件时所采纳的认定标准。

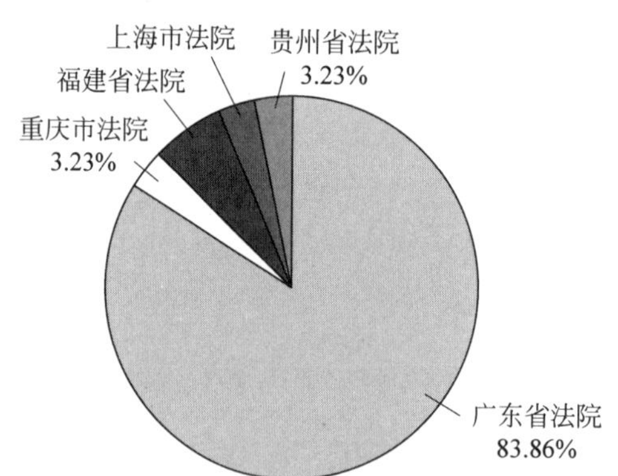

图 1　涉外不可抗力案件管辖法院分布

资料来源：中国裁判文书网

通过图 2 可以发现上海、广东、贵州的法院指导意见对于不可抗力适用情形的

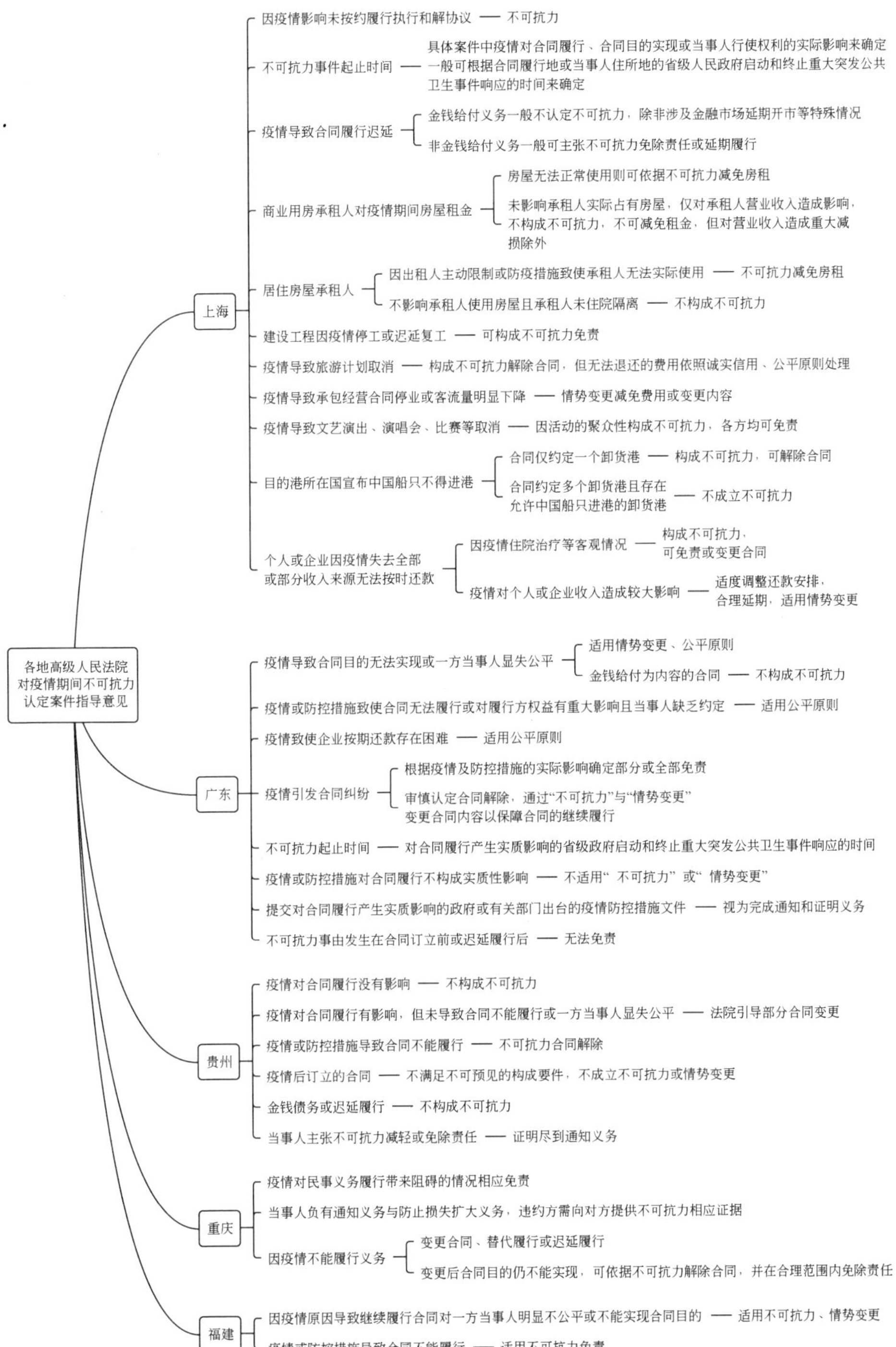

图 2　上海、广东、贵州、重庆、福建五个地区高级人民法院对不可抗力认定的指导意见汇总

区分较为细致，而重庆、福建的法院所提供的指导意见较为模糊。这种模糊为法官在个案审理中留下了更多自由裁量的空间，但也增加了案件结果的不确定性。由于实务中合同当事人缺少成功范例的指引，各地法院所公布的指导意见便很大程度上成为当事人主张不可抗力的参考依据。然而，各地法院指导意见的效力只及于本省或直辖市内，当事人不能当然地依据较为详细的指导意见预测不可抗力案件在其他地区的认定结果。即使是广东省、上海市较为详细的指导意见，也缺少对违约方应承担的“预见义务”程度的描述。对于证明标准的要求，只有广东省法院的指导意见指出当事人出示对合同履行产生实质影响的政府有关部门疫情防控文件即可视为完成了通知与证明义务，而其他地区的法院并未对完成证明义务的标准进行指导。这类未明确解决的问题增加了当事人通过不可抗力获得免责保护的难度，也降低了不可抗力案件成功认定的可能。截至 2021 年 5 月 12 日，仅有两例涉外民商事案件违约方得到了法院认定不可抗力的支持。其中一例成功认定的原因是双方当事人在诉讼中对新冠肺炎疫情构成不可抗力并解除合同达成合意，故法院在本案中未对不可抗力认定标准做出可供参考的分析。[21] 唯一一例值得参考的成功案例是福建省法院审理的商业用房租赁合同纠纷案件。在本案中，法院支持被告福州泰自然健康管理集团有限公司所承包经营的酒店因疫情而遭受明显经济冲击成立不可抗力，并结合公平原则部分免除被告的违约责任。[22] 然而，在一起类似的案件中，重庆市法院却认为即使合同的未履行发生在疫情最严重期间，疫情也仅仅导致被告美途酒店经营困难，而非造成“无法克服”的障碍。法院并未通过不可抗力部分免责来调整被告的违约金，而是选择援引情势变更与公平原则来减轻被告的违约责任。[23] 由此可见，自由裁量空间的扩大与不同地区法院指导意见的差异增加了不可抗力认定案件结果的不确定性。这份不确定性，也必然会为不可抗力发挥其法律上免责或解除合同的功能造成阻碍。

（二）不可抗力处于“备而不用”的尴尬局面

尽管全国人大法工委与最高人民法院均曾公布新冠肺炎疫情可构成不可抗力，世界卫生组织也在 2020 年 1 月 31 日宣布将新冠肺炎疫情列入国际公共卫生紧急事件的范围内，但是从已有的司法裁判结果上来看，当事人若想成功主张新冠肺炎疫情成立不可抗力却极为困难。笔者依靠中国裁判文书网整理了截至 2021

---

[21] 伊梦（天津）文化传播有限公司与深圳趣旅国际旅行社有限公司旅游合同纠纷案，广东省深圳前海合作区人民法院(2020)粤 0391 民初 5657 号民事判决书。

[22] 福州景城大酒店有限公司、福州泰自然健康管理集团有限公司合同纠纷案，福建省福州市中级人民法院(2021)闽 01 民终 1273 号民事判决书。

[23] 刘巧巧与美途国际集团有限公司重庆美途酒店管理有限公司合同纠纷案，重庆自由贸易试验区人民法院(2020)渝 0192 民初 4298 号民事判决书。

年5月12日的31份涉外民商事不可抗力认定案件的案由与举证失败原因，如图3、图4所示。

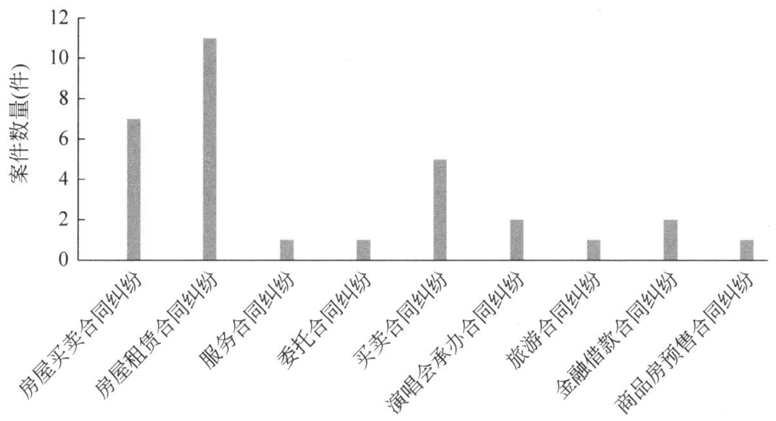

图3　涉外不可抗力案件案由统计

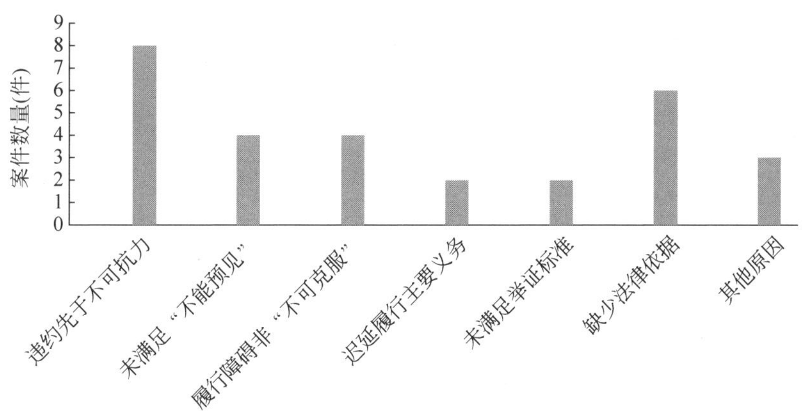

图4　涉外民商事案件不可抗力认定失败原因统计

根据笔者整理的数据可以看出，目前引发涉外民商事合同不可抗力认定纠纷的案由主要集中在房屋买卖合同纠纷、房屋租赁合同纠纷和其他货物买卖合同纠纷上，然而，鲜有涉及最可能援引不可抗力免责事由的海商事纠纷案件、大宗商品买卖案件。此类案件在司法裁判上的缺席可能印证出当事人并未选择诉至我国法院作为争议解决的途径，也有可能是因为此类案件案情烦琐故仍在审理过程中。然而，疫情期间不多的涉外不可抗力认定案件总数与司法中不可抗力因素认定困难有着很大关系。依据图4，可以看出除了“违约先于不可抗力”“迟延履行主要义务”此种没有争议的原因外，“不能预见”“不能克服”“未能证明”不可抗力“事件存在”是不可抗力认定失败的主要原因。而在凌峰系列6例案件中，法院并未解释说明不可抗力不适用的原因，只是在判决书中简单地以一句“至于被告主张受新冠肺炎疫情影响免租期后延两个月，于法无据，本院不予支持”否认了不可抗力的适用。[24] 结合前文图 2 提到的各地法院指导意见就不可抗力认定情形的区分，可以看出司法实务之中对于不可抗力的认定态度十分保守，对于各项构成要件审核所要求的标准也极为严格。其实，法院不仅仅在适用我国准据法时倾向否认不可抗力的成立，当适用 CISG 作为准据法时也同样不愿支持不可抗力的成立。在涉及 CISG 第 79 条不可抗力条款的 8 件中国案例中，无一件案例中国法院支持不可抗力的成立。然而在涉及不可抗力认定的 3 件美国案例中，有 2 件得到了美国法院成立不可抗力的支持；在 2 件不可抗力瑞士案件中，瑞士法院全部支持了不可抗力的认定。[25] 相比之下，我国法院对于不可抗力的认定态度显得较为保守。这么做固然有利于保护原合同关系，防止不可抗力免责事由被违约方当事人恶意使用，然而在另一方面也可能产生矫正过度的危险。不可抗力的严格适用可能使这一规则在类似新冠肺炎疫情这种突发的国际重大疫情中无法充分发挥保护合同当事人、管控突发未知交易风险的作用。不可抗力自身的免责功能与情势变更、公平原则对合同履行内容的调整并没有冲突，也并非“非此即彼”“只能选择其一”的关系。目前疫情期间司法实务对于不可抗力规则在涉外案件中的谨慎适用使其免责功能处于“备而不用”的尴尬境地。

四、司法裁判中不可抗力认定困难的原因分析

尽管疫情期间不可抗力在我国的司法认定中处于困境，但是这种困境是当前司法现状难以避免的。实务中错综复杂的司法案件与各地参差不齐的发展状态使各地法院难以达成统一的认定标准，而法官在很大程度上需要依靠自由裁量权做出个案的裁判。基于保护合同稳定性与恢复正常交易秩序的需要，法官在衡量不可抗力的法律运用与合同双方当事人的权益时，往往罕以认定不可抗力的成立。造成这一现象的原因可能是多样的，主要包括司法案件本身具有的多样性与复杂性、司法对守约方利益保护的侧重，以及节约司法成本需要的考虑等。

（一）司法实践的多样性与复杂性

在司法实践之中，法院裁判不仅要符合法律的正确运用，也要考虑判决所导致的实际社会效果与对当事人双方利益的平衡。统一而明确的构成要件认定标准虽

---

[24] 凌峰与广州市景东物业管理有限公司房屋租赁合同纠纷案，广东省广州市越秀区人民法院(2020)粤 0104 民初 41459-41464 号民事判决书。

[25] 参见联合国贸易法委员会：《贸易法委员会关于〈联合国国际货物销售合同公约〉判例法摘要汇编》，联合国维也纳办事处出版和图书馆 2016 年版，第 379-384 页。

然在很大程度上方便了参与诉讼当事人去依靠不可抗力规避风险，但也会钳制司法在个案审判中的灵活性。尤其当新冠肺炎疫情作为一个动态化的“不可抗力”事件时，其在不同时间段不同地点对合同的履行造成的阻碍程度是不断动态变化的，加之各地区不同的法治裁判环境使目前司法很难界定出一个统一而清晰的不可抗力构成要件认定标准。对于新冠肺炎疫情与疫情防控措施对合同履行产生的阻碍达到何种程度时可以导致由“难以履行”到“无法履行”的转变，目前主要依赖于法官的自由裁量。此外，涉外民商事案件与国内民商事案件一个重要的不同点在于合同所涵盖范围的不同。由于涉外民商事案件的合同履行内容或合同主体具有涉外因素，法院在涉外案件不可抗力的认定中不仅需要考虑国内的疫情形势与防控政策，也需要考虑其他国家疫情形势的变化、防疫政策的影响等。这些诸多变量的集合导致实务中各地法院很难达成一个统一的认定标准。在不可抗力认定案件中，其他导致合同无法履行的非不可抗力因素的介入也会大大拉低不可抗力认定的成功率。而在国内疫情期间涉外不可抗力案件数量本身不多的情况下，通过裁判案件来了解法院对不可抗力的认定标准就显得尤为不足。比如就“不能克服”认定标准的解释，在疫情期间的涉外不可抗力认定案件中只有 1 件案件法院对该标准进行了说明。在该案件中，广东省法院对“不能克服”的解释是“当事人对该事件引发的后果无法加以克服，如房屋租赁合同中房屋因地震遭到毁损。”[26]然而在我国，判例法毕竟不具有法律上的约束力，而且不同地区法院的审判倾向也有所不同，加之现有的案例对将来当事人关于不可抗力认定的诉讼所能提供的参考也相对有限。这便要求当前司法实务不断细化不可抗力的认定标准，为不可抗力制度发挥作用减少阻碍。关于这一方面，最高人民法院可在各辖区巡回法庭进行充分调研，对不可抗力司法认定所需考量的因素与证明标准进行统一细化，从而不断明确司法在不可抗力各项构成要件上的审核要求，不断完善不可抗力的制度构建。

（二）司法对守约方利益保护的侧重

作为一场影响全世界的国际重大疫情，新冠肺炎疫情对涉外民商事合同的违约方与守约方均造成了一定的困扰与打击。而当违约方提出不可抗力作为免责事由适用时，其实在一定程度上将自己承担的损失转移给了守约方，进而可能造成裁判结果不公平的情形。为了保障原有的交易秩序与守约方的权益，法院在司法实务中并不倾向不可抗力的认定。这使不可抗力在司法实务之中发挥的作用较为有限。相比于不可抗力这种主要对违约方提供责任保护的规则，情势变更与公平原则对守约方与违约方的利益关系均可进行进一步调整。因此，法院在实务之中会

㉖ 高晓霖与珠海市香洲区苏珊娜婚礼策划工作室合同纠纷案，广东省珠海横琴新区人民法院(2020)粤 0491 民初 699 号民事判决书。

更倾向于情势变更与公平原则的适用而限制不可抗力的认定。以储翔一案为例，在本案中江苏法院认为在安哥拉突然暴发的埃博拉病毒疫情属于情势变更，而允许原告储翔与被告倪珂珂之间的劳动合同解除。[27] 法院在本案之中并未支持被告倪珂珂关于不可抗力的主张。这很大程度上是因为不可抗力只能对作为违约方的被告提供责任保护，而不能弥补原告因合同未履行所承受的损失。因此，尽管不可抗力具有免除责任的独特功能，但是受制于对守约方利益的保护与维护交易公平的需要，不可抗力制度在司法实务之中常常被限制适用。更何况情势变更与公平原则的适用在一定程度上足以实现不可抗力调整合同各方当事人所承担责任的功能。对于新冠肺炎疫情这种国际重大疫情，随着其发生时间的推移与人类抗击疫情成果的扩大，其对合同履行的阻力也会越来越小。此时再去保护违约方的利益便会显得十分不公平，故司法会越来越倾向限制不可抗力的适用。此外，后案的法官由于受类案司法判例中对不可抗力限制适用的影响，也会在审判中对不可抗力的应用持保守态度。这些原因的共同作用导致了不可抗力在实务中的成功认定十分罕见。

五、完善涉外民商事合同不可抗力司法认定的建议

（一）因应国际重大疫情完善不可抗力认定标准

新冠肺炎疫情作为一场规模空前的国际重大疫情，在一定程度上挑战了传统司法中对“不可抗力”事件的认定范围和认定模式。与诸如火灾、地震、大雪、海啸、山崩等传统的“不可抗力”事件不同，新冠肺炎疫情持续时间长，影响范围则覆盖了整个世界。因此，疫情期间可能出现不仅违约方承受“不可抗力”事件的打击，就连守约方在一定程度上也因为“不可抗力”事件遭受损失的情形。此时传统的不可抗力只对遭受意外打击的违约方所提供的免责保护便无法完全契合新冠肺炎疫情这个全新的时代背景。这在一定程度上限制了不可抗力的原有作用。此外，由于疫情对合同履行的阻碍程度在很长一段时间内处于不断变化的状态，司法对“不能预见”“不能克服”“不能避免”的传统认定标准也应进行灵活的调整，以便在不断变化的客观情况中精确把握不可抗力的认定。

故此，我国的立法与司法在发展完善不可抗力规定时应该同时具有前瞻性和灵活性。在科学立法与科学司法的前提下，对不可抗力规则的发展方向应当受本次新冠肺炎疫情的启迪，与将来可能发生的国际重大疫情具有相当的适应性。对于当前不可抗力认定标准的可能完善方向，笔者认为，司法可以从逐步细化不可抗

---

[27] 原告储翔与被告倪珂珂劳务合同纠纷案，南京市玄武区人民法院(2015)玄民初字第1960号民事判决书。

力各构成要件的审查程度、明确达到这些审查标准所需的举证要求这两个方面入手。对于不可抗力各构成要件认定标准的细化，司法可以从明确违约方所负有的"预见义务"程度入手。比如，新冠肺炎疫情在什么时间段内可被认定为超过了违约方的"预见义务"从而满足了"不可预见"？这个标准是要求一般理性人的标准还是在商事交易中更为"机敏"的标准？对于"不能克服"，司法要如何区分从合同履行极为困难到合同的障碍无法逾越的转变界限？当履行困难导致成本明显过高时，是否足以认定"不能克服"？"明显"的界定标准又是如何把握呢？司法需要在实践中不断明确此类问题的审查标准，从而对不可抗力规则在理论层次进行优化，以应对将来可能发生的此类国际重大疫情。

而对于达到这些标准所需的举证要求，司法实践也存在继续细化的空间。早在2002年"非典"暴发之际，我国司法关于涉外不可抗力成功认定的一个典型案例中，湖北法院便指出证明"非典"属于不可抗力的证据需和证明"非典"疫情与合同履行间有因果关系的证据联合使用。这是我国在国际民商事合同案件中对重大疫情适用不可抗力的良好开端。当然法院对这些证据证明力的审查需要同时考虑到疫情流行时期的科学技术水平。[28] 由于科技的发展水平存在着地域间不均衡的现象，那么司法在涉及不同国家的涉外合同中对科技水平发展状态是否也要进行地域性区分？这是一个司法中有待解决的问题。而对司法在举证要求方面的改进空间，可以从明确这方面问题的认定标准切入。优化不可抗力的认定标准不但可以为涉外民商事合同履行提供帮助以保障不可抗力规则的实际作用，也有利于提高我国风险规避体系应对诸如新冠肺炎疫情这种国际重大疫情的能力，进而促进国际贸易的发展。

（二）司法裁判充分发挥"二元模式"之优势

我国不可抗力的二元立法模式是与其他国家不可抗力一元规范模式立法区分的一个重要标志。相较于一元规范模式，二元模式的不可抗力制度在对合同遭受意外打击时所能提供的法律保护更为全面和灵活。以我国不可抗力规则为例，当发生诸如新冠肺炎疫情这种不可归责于任何一方当事人的意外事件时，司法对合同关系的法律调整既可以通过不可抗力免除违约方的违约责任，又可以通过情势变更对合同的内容进行改变。这两个规则在我国法律中均有合同解除的效力。通过不可抗力与情势变更在我国《民法典》中所处的位置可以看出二者在功能定位上具有明显的不同。其中不可抗力规则分别出现在民事责任、合同权利义务的终止、合同违约责任三部分，而情势变更则位于合同履行部分。从《民法典》第533条对

---

[28] 美国东江旅游集团公司(J)与长江轮船海外旅游总公司船舶租赁合同纠纷案，湖北省高级人民法院(2007)鄂民四终字第47号民事判决书。

情势变更情形的规定中可以看出情势变更是与公平原则同步适用的，且不再排除“不可抗力”事件。这表明不可抗力、情势变更、公平原则三者的适用并不相互矛盾。与作为一元规范模式代表的英国和美国的不可抗力规则不同，我国不可抗力规则的“二元模式”立法在合同当事人缺乏免责事由约定的情形下，允许司法更加灵活地对合同关系进行调整，而无需像英美法院一样只能依靠“doctrine of frustration”和“doctrine of impracticality”来认定合同无效。尽管国际贸易中的“合同必须遵守原则”需要得到充分地尊重，但是不可抗力作为合同违约责任的例外情形，本身就是为诸如国际重大疫情这种例外的特殊事件所设计的。当原合同无法履行或对因未履行而带来的违约惩罚导致合同结果不公平时，不可抗力制度应当发挥其保障交易公平、管控意外风险的功能。故此，我国司法应当充分发挥二元模式不可抗力规则的优势，通过司法对意外风险的管控保障国际贸易公平、有序地进行。在国际重大疫情这种特殊形势下，司法可以尝试放松不可抗力与情势变更认定的严格程度，而为原有经济秩序的恢复提供助力。

同时，司法应当加强对不可抗力与情势变更功能性的区分，将裁判所要实现的社会效益考虑在内。毕竟相较于情势变更，不可抗力免除违约方责任的功能是追求公平判决中情势变更所无法替代的。如果因不可抗力规则的应用导致守约方承受的损失无法弥补，甚至让守约方失去了在其他合同中履行合同义务的能力从而沦为“违约方”的境地，则情势变更的应用更为合适。但是，如果善意违约方由于“不可抗力”事件的打击已经遭受了严重损失，继续承担的违约责任可能成为“压垮骆驼的最后一根稻草”时，法院应充分利用不可抗力与公平原则对善意违约方进行特殊保护，从而稳定原有合同关系并促进市场交易秩序的恢复。

（三）强化本土与域外司法协作机制

诸如新冠肺炎疫情这种国际重大疫情是全人类面临的一场灾难，任何国家都无法置身事外。建立良好的域外司法协作沟通机制，不但能加强国际司法协助、提高司法裁判效率，也有助于国际交易秩序的早日恢复。在新冠肺炎疫情期间，我国企业可以申请商会或中国国际贸易促进委员会出具不可抗力证明书作为不可抗力成立的证据。然而，在目前司法实践中，如果当事人的合同缺乏对商会出具的不可抗力证明书认可的约定，这份证明书并不必然会被法院所采纳。[29] 截至 2020 年 5 月，中国贸促会已为企业累计出具不可抗力证明文书 7185 件。[30] 其他国家如俄罗

[29] 参见杨良宜：《再谈不可抗力》，载《中国远洋海运》2020 年第 3 期，第 73 页。

[30] 参见王中意：《贸促会“不可抗力”事实性证明的效力分析》，载《现代营销(下旬刊)》2020 年第 8 期，第 206 页。

斯、意大利等也有类似的制度。[31] 然而,即使是贸促会颁发的证书,在域外的司法审判中也不必然会被法院所采纳。同理,其他国家相关机构颁发的不可抗力证明文书也不会当然地被我国司法机关所接受。这难免会为合同当事人的举证带来阻碍。而本土与域外司法协作沟通机制的建设完善,不但有利于减轻涉外案件当事人所面临的举证压力,更为提升我国司法裁判的国际影响力提供了新的机遇。

我国司法不仅应当保护国内参与涉外民商事案件诉讼当事人的权益,同时应保障我国企业在国际司法裁判或仲裁上的正当利益。早在2020年2月疫情大规模暴发之际,全世界72个国家均采取了干扰国际交通的旅行限制措施。类似的措施包括拒绝国际旅行者与集装箱的出入境、延长出入境审核时间等。[32] 这对在国际贸易之中大多扮演承运人或卖方角色的我国众多企业来说是造成合同履行困难的重要原因。对于一些保质期短的货物运输,我国企业在很大程度上需要依赖不可抗力规则减轻自身面临的风险。然而,由于司法的地域性限制,这些企业在域外法院审理的案件中可能得不到充分的保护。加之新冠肺炎疫情的暴发恰巧处于中美经贸摩擦的大背景下,疫情的冲击与企业的延迟复工必然会为我国经济的发展带来新一波压力。结合之前来自国际贸易冲突上的压力,这次疫情会对我国跨国企业的发展造成沉重打击。在这种背景之下,我国司法机关更应当积极为我国跨国企业提供风险责任保护,加强同域外司法机关的国际司法协作沟通,在司法互惠上进一步达成共识,从而更好地为我国跨国企业在国际贸易中提供有力支撑,保障我国的经济实力。

Study on Judicial Determination of Force Majeure in Foreign Civil and Commercial Contracts under Major International Pandemics

Jiang Zhi-fu

Abstract: The outbreak of "COVID-19" brings new challenges to the judicial determination of force majeure in foreign-related civil and commercial contracts. Specifically, it is reflected in three aspects: the insufficient supply of current law to

---

[31] See Laura Maria Franciosi, *The Effects of COVID-19 on International Contracts: a Comparative Overview*, VUWLR, 2020(10), available at http://www7.austlii.edu.au/nz/journals/VUWLawRw/2020/16.html.

[32] 参见王勇、周勍卿:《论国际卫生紧急事件构成国际法上的免责事项与中国的应对措施》,载《武大国际法评论》2020年第4期,第13页。

judicial determination causes the determination criterion of force majeure ambiguous, the judicial conservative attitude limits the capability of force majeure to resist accidental risks, and the single choice of proper law limits the parties' possible alternatives of force majeure rules. In response to the impact of the international pandemic such as COVID-19, our judicial branch should give full play to the advantages of the "binary mode" of force majeure rules. For one thing, carrying out the concept of "compromise" in the application of force majeure determination criterion while discerning the subjective good faith or bad faith of the defaulting party and examining whether the inherent nature of the accident is objectively consistent with the character of force majeure. For another, our judicial branch should take the legal effect and social effect of the judgment into account and flexibly apply force majeure and change of circumstances by their functions, in order to maximize the guarantee of trade fairness. In addition, the comprehensive application of proper laws and the strengthening of cooperation mechanism with foreign judicial branches can broaden the sphere of influence of China's force majeure statutory rules, which is conducive to improving the domestic business environment and promoting the further development of the economy.

Key Words: force majeure; foreign-related; judicial determination; international pandemics; binary mode

“不当出生”案件中医疗机构担责现状研究

刘　慧　刘世彧*

摘　要：我国司法实践在“不当出生”案件中对医疗机构的归责上还存在诸多争议点，案件数量自2010年可查证以来每年呈递增趋势，上诉率和再审率一直处于较高的状态，其中的原因较为复杂，例如归责标准、责任分配、赔偿范围、赔偿金额等问题尚没有得到较完善的论证解决，这也是“同案异判”的重要原因。本文从医疗机构的角度看不当出生案件的整个过程，分析不当出生案件中对医疗机构的归责依据以及方法逻辑，探究医疗机构在不当出生案件中所处局势，总结司法实践中医疗机构担责现状中的关键点，分析在各种情况下的请求损害赔偿类型以及请求赔偿范围问题等。

关键词：不当出生；医疗机构；侵权责任

我国第一起可查的“不当出生之诉”发生在1998年。[①] 由此开始，虽然这类案件总数不多，近10年来不过百多起，但是这类案件数量逐年上升，上诉率较高，且“同案异判”的情况则较为普遍，这表明在此类案件的处理中，法院对医院的归责理由不尽相同。那么，哪些因素在“不当出生”案件中影响着对医院的归责，这些因素对医院归责的影响是否存在相互之间的关联，这作为一种法律现象，值得研究。同时，医疗机构也应该从司法实践中吸取经验教训，不断提高自身的医疗技术水平、严格规范自己的医疗技术行为。

---

* 刘慧，西南医科大学法学院法学专业2018级在读本科生，研究方向：医事法学。刘世彧，西南医科大学法学院副教授，从事诉讼法、医事法研究。

基金项目：本文系国家级大学生创新创业训练计划项目“‘不当出生’案件中医疗机构归责现状研究”（项目编号：202010632042）阶段性成果。

① 刘女士在几年前已经生育一残疾失聪儿，为了避免再次生育残疾儿，刘女士夫妇于1995年12月13日到北京协和医院进行产前咨询，首诊专家给出的建议是可以妊娠，刘女士夫妇遵医嘱并定期检查，每次检查结果均属正常，但产下的双胞胎女儿在1997年发现患有先天神经性耳聋，1998年刘女士夫妇诉诸法院。详细案情可参见陈秋兰于1999年发表在《中国律师》上的《错　错　错——生育残疾婴儿谁之过》一文。

一、“不当出生”的概念

“不当出生”的概念源自英美法[②]，在法律上被称为“错误出生”，杨立新教授在《错误出生的损害赔偿责任及适当限制》一文中指出“‘错误出生’或‘不当出生’是指因医疗失误致使有缺陷的婴儿出生，其父母可提起诉讼，主张因过失的治疗或建议而使他们失去了避孕或终止妊娠的机会。[③]”“不当出生”中的“不当”显然不是指生命，而是指医生违反产前诊疗义务导致本不会出生的有缺陷的婴儿（以下简作“缺陷儿”）出生。缺陷儿父母以医疗机构有过错而提起的诉讼被称为“不当出生之诉”。

在国内的实践中，与“不当出生”密切相关的一个概念是“医生违反产前诊断义务”，即医疗机构没有尽检查、告知、注意等产前诊断义务而致孕妇在不知胎儿存在较大生理缺陷或生理缺陷风险的情况下将缺陷儿生下来的情形。[④]“医生违反产前诊断义务”相较于“不当出生”更确切，但这个概念所涵盖的范围要更窄一些，因为在实践中造成不当出生的主体不限于医生，且医疗机构担责的情形也不全是违反产前诊断义务，还有其他多方因素。

本文所讨论的“不当出生”是指由于医疗机构的过错，导致胎儿的父母在怀孕期间无法获知胎儿存在先天性缺陷及相应风险的信息，从而丧失了决定是否继续妊娠以及得到医疗机构正确的产前医学意见、产前检查或产前诊断服务的权利，最终在误以为胎儿健康的情况下生下了缺陷儿。[⑤] 在不当出生的情形下，缺陷儿的父母是医院过失行为的被侵权人，其优生优育权与知情同意权受到了侵害。[⑥] 这里的知情同意权是指丧失了进一步检查及选择终止妊娠的权利，优生优育权在司法实践中也称为出生选择权、终止妊娠选择权、避免缺陷儿出生的决定权、堕胎机会选择权或健康生育选择权。显然，在“不当出生”案件中父母才是真正的被侵权人；尽管缺陷儿出生后要承受缺陷所带来的痛苦，但该缺陷是先天的，而非侵权造成。故本文否认“不当生命之诉”，也不讨论因为医院的过错而导致的不当受孕的情况。[⑦]

在裁判文书网上，分别以“不当出生”和“错误出生”为关键词进行搜索发现，在民事诉讼领域中，从 2010 年 1 月 19 日到 2020 年 12 月 31 日，一共有 222 件案件，其中医疗机构担责的案件有 171 例，本文以此为基础展开分析。

---

② 美国的审判实践中称为“wrongful life”“wrongful birth”。

③ 杨立新、王丽莎：《错误出生的损害赔偿责任及适当限制》，载《北方法学》2011 第 5 卷总第 26 期，第 13-22 页。

④ 张优良：《不当出生侵权责任研究》，西北大学 2019 年硕士论文。

⑤ 杨立新、王丽莎：《错误出生的损害赔偿责任及适当限制》，载《北方法学》2011 第 5 卷总第 26 期，第 13-22 页。

⑥ 苏荣喻：《不当出生的法律思考》，华侨大学 2013 年硕士论文。

⑦ 殷海卉：《不当出生侵权损害赔偿责任研究》，湖南大学 2010 年硕士论文。

二、不当出生案件中医疗机构担责现状

（一）不当出生之诉的基本情况

1．医疗机构担责情况

从图1可以看出在案件的审理中医疗机构担责是主要的，责任比例主要集中在同等责任以下，全部责任占比约为4％，责任比例为75％～99％的占比约为14％。

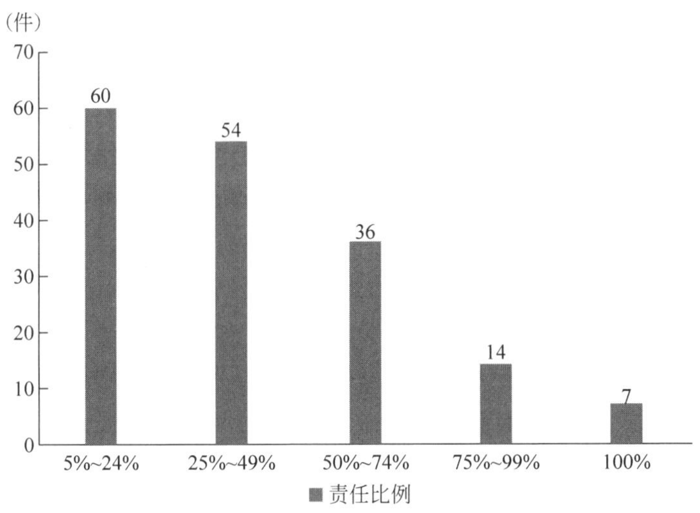

图1　医疗机构责任比例分布图

2．案件二审、再审率较高

在案件数较少、医疗机构担责占绝大部分的情况下，案件的二审和再审所占比例也不在少数，见图2。可见“不当出生”案件在司法实践中尚未得到十分恰当的处理。

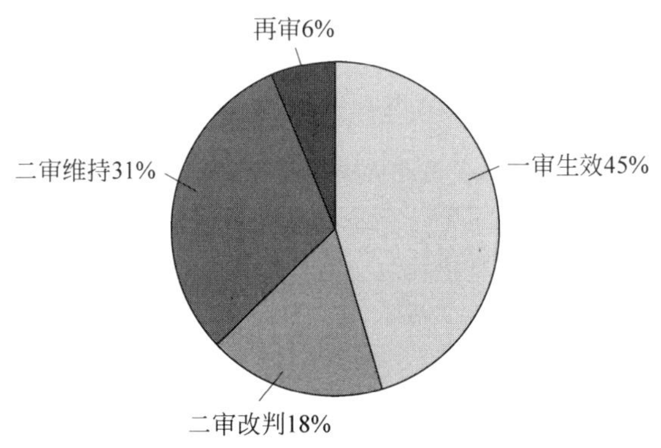

图2　案件分布情况图示

3. 数量呈上升趋势

此外，从图 3 中也可以看出"不当出生"案件虽然总量不算多，但整体趋势呈现逐渐上升的趋势。这与我国国情密切相关，中国每年新生儿缺陷的数量庞大，据《中国出生缺陷预防报告》，我国出生缺陷每年约 100 万例，且增长率每年还在持续增长，缺陷儿新生对目前的中国家庭仍然算是噩梦的开始，对其的治疗非一朝一夕，况且先天缺陷的治疗费用不菲，普通收入的中国家庭受到的是财力和精神的双重打击。与此同时人们产前去医疗机构诊疗的意识和法律维权的意识都在增强，对生出缺陷儿的态度渐渐从听天由命到主动维护权益，所以我们可以看到此类案件的诉讼率较高，增长趋势明显。

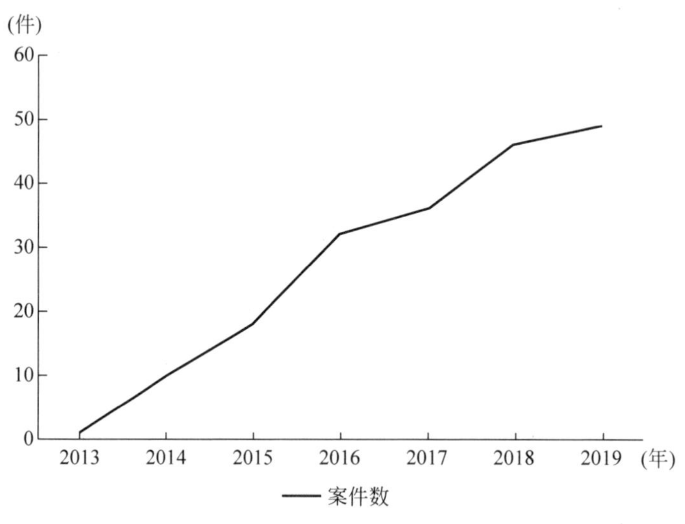

图 3　案件数增长趋势图示

（二）医疗机构担责的原因

本文通过梳理裁判文书网上从 2010 年到 2019 年的此类案件，总结了法院裁判时中医疗机构担责的要点以及出现频率，如表 1 所示。

表 1　医疗机构担责原因统计表

医疗机构归责	未尽合理的告知义务 29.8%	① 未告知缺陷可能性　27%
		② 产前检查具体包括内容告知不充分　14%
		③ 结果告知欠清晰明确完整　12%
		④ 未强调技术的局限性、不确定性　10%
		⑤ 产前筛查结果反馈时未解读　8%
		⑥ 虚假告知　8%
		⑦ 没有书面形式告知　6%
		⑧ 未告知不进行某项检查可能造成的后果　4%

续表

医疗机构归责	未尽合理的告知义务 29.8%	⑨ 产前检查告知书、注意事项等患者无签字 4%
		⑩ 完全未靠知诊疗结果 4%
		⑪ 未以患者能理解的方式告知 2%
	未尽高度注意义务 52.4%	① 不仔细误诊,漏诊,未给予针对性检查 41%
		② 未尽转诊义务即建议去上级医院检查排畸 21%
		③ 未关注异常情况,对产筛结果不仔细,对孕妇既往史了解不足 9%
		④ 没有合理预见胎儿缺陷的可能性或轻信 9%
		⑤ 未进一步检查,排除胎儿畸形的怀疑 7%
		⑥ 检查结论错误,无中生有 6%
		⑦ 未及时或没有安排检查,错过排畸最佳时机 3%
		⑧ 未明确提示孕妇至何医院检查等具体指导 3%
	违反诊疗常规 17.6%	① 不具有产筛资格、出具错误的检查报告(超范围行医) 34%
		② 产前诊断签署不规范(非主治医生本人签字、一人签字) 31%
		③ 医生不具有执业医师或无特殊检查资质(包括技术职称等级也未达到) 28%
		④ 医疗文件不规范,孕妇保健手册及门诊病历等记录内容欠缺(如及时的病情记录、转诊介绍等) 21%
		⑤ 未按照医疗常规进行操作,以致未能发现(技术不完善) 14%
		⑥ 产前报告错误 3%

1. 未尽特定的告知说明义务

根据卫生部《产前诊断技术管理办法》第 2 条的规定,从产前诊断的内容及须经许可才能开展来看,[⑧]产前诊断属于《民法典》第 1219 条规定的特殊检查。告知说明的程度具体到每个案例不尽相同,概括如下:

(1) 是否足以使孕妇认识到产前诊断的积极意义

医疗机构在对孕妇进行的检查中如果发现胎儿可能有异常,应当及时与孕妇沟通,准确告知产前诊断等特殊检查的原因、目的、重要性、风险情况,要让孕妇足以认识到产前诊断的重要意义,尤其需要说明不进行产前诊断的风险,而不仅仅是让其知道应当产前诊断的情形。如果孕妇并不清楚产前需要做的特殊检查,如甚至都不知道产前诊断和产前检查的区别,那么医疗机构在告知说明义务方面便是存在过失的。也就是说,医方必须以孕妇可以理解的方式告知,要将告知内容清晰明确地传达到孕妇及其家属,书面告知时如涉及专业术语等也需要进行说明解释,这也更加体现“明确告知”的严谨性、针对性。如果使家属无法认识到产前诊断或者其他特殊检查的重要性而致缺陷儿出生的,即可认定医疗机构存在告知不完全。

⑧ 丁璐:《论错误出生的侵权损害赔偿》,华东政法大学 2015 年硕士论文。

(2) 是否使孕妇了解产前检查和产前筛查的具体内容

孕妇产前检查,医疗机构负有依法为其提供保健服务的义务,其中应包含对于产前检查的项目及流程的告知义务。比如超声检查分几级及其中包含的检查项目应当告知,如因为医疗机构未告知相关细节,导致孕妇丧失了通过检查发现胎儿缺陷并据此对是否终止妊娠做出选择的机会,可认定不当出生与医疗机构的告知不足之间存在一定的因果关系。在告知产前检查和产前筛查技术的具体内容时,也要强调产前诊断技术的局限性、不确定性、胎儿缺陷的可能性。

(3) 关于产前诊断的告知说明是否符合诊疗技术规范

卫生部《产前诊断技术管理办法》第 20 条规定"以书面形式予以告知",其中的告知内容不仅仅包含"建议孕妇进行产前诊断",也包括"提供有关产前诊断知识的普及"。因产前诊断是经许可才能开展的特殊检查,故为孕妇建册产检的医疗机构还应告知相应的有资质进行产前诊断的医疗机构的有关信息。对上述内容,医疗机构在进行告知时应当做到全面准确。知情同意书、注意事项等相关书面告知事项应当让患者完全知情并签字同意。

(4) 其他特定的告知义务

首先是转诊告知义务,如果医方仅口头建议到上一级医疗机构进一步检查,未将异常情况书面记录在门诊病历中,未能在之后的产检中有效督促其到上级医疗机构进一步检查,未能确保原告在充分知情的情况下行使优生优育的选择权是没有完全履行告知义务。在本医疗机构无法开展诊断或者无法确诊的情况下,应建议孕妇去上级医疗机构检查排除胎儿缺陷,应当书面告知到上级医疗机构检查,一般还应当指明上级医疗机构是何医疗机构。其次是"临界值"时的告知义务,对于筛查结果与高风险比较相近,属于"临界值"时,是否要求医疗机构履行告知义务的问题暂没有定论。实践中,对于此种告知义务是否纳入归责的考虑因素,主要还是看医院的层级,严格来说,对于层级较低的医院如果再要求医疗机构对属于"低危"范围,但是数值属于所谓"临界值"的孕妇要"进一步"告知,无疑课以过重的告知义务,同时加大了医疗行业的负担和风险。但如果医疗机构属于层级较高的综合医院那么对"临界值"的告知义务的判断需要更加慎重。

2. 未尽高度注意义务

"不当出生"案件中一方的高度注意义务至少分为两个层次来理解,其一,医疗机构及工作人员是医学的专门人才,应比普通人具有更高的专业分析能力,有着风险判断注意义务,同时基于专业知识也应该有更高的注意义务。其二,产科医生对其专门领域内的注意程度应当高于一般医师的注意程度。孕妇的优生优育选择权对产前检查基本具有依赖唯一性,生育一个健康孩子对父母来说神圣而重要,医疗机构在进行检查时应明白产检在医学领域和社会情感寄托上的特殊性，应慎重对待，尽到高度注意义务。[⑨] 医疗机构及其工作人员的相关注意义务是否履行对缺陷儿的出生与否可能起着十分重要的作用。

按照司法实践中对院方的要求是穷尽一切可能手段和方法，对孕妇尽到谨慎注意义务。“不排除存在畸形”的怀疑，对于医学来说可能是很小的概率；对于患者来说，不排除怀疑就是100%的可能。如果医方未适当履行其进一步检查和排除胎儿畸形怀疑的诊断义务，未与夫妇双方充分沟通，极有可能导致夫妇二人没有能够就可能存在畸形的胎儿是否出生做出适时、理性的决定和选择，这时医方就可能没有尽到高度注意义务。

医疗机构没有尽到高度注意义务的情形中最普遍的是未履行转诊义务，疏忽过失未告知孕妇去上级医院排查畸形，也没有明确给予转诊项目、操作等具体指导。如果医院自身不具备检查能力，在依规拒绝孕妇的产前检查的同时，仍然要主动履行告知到上级医院检查或做出具体建议的义务。从司法裁判可以看出，实践中要求医院尽到的是高度注意义务，也就是相对于非医学专业的普通人，医方在履行转诊告知义务时还应当明确提示孕妇至何医疗机构进一步检查，确保孕妇转诊的医院是有资质的。此外，未尽高度注意义务的情形还有医疗机构因为没有合理预见胎儿缺陷的可能性或者轻信可以避免、因为检查不仔细而导致漏诊、误诊等。

医学作为一门学科并非无所不能，客观上它仍是一个不完善的待发展的学科，但医方是掌握医学知识的专门性机构，负有高于一般人民群众对疾病预防的高度谨慎注意义务，欠缺或违反应负的注意义务即构成过失，即应承担相应的损害责任。

3. *未尽最高诊疗义务*

医疗机构如果在诊疗过程中尽到了合理的告知义务，也履行了高度注意义务，但并不意味着医方以尽到了最高诊疗义务为抗辩能够得到支持。

医疗机构对患者的医疗活动应具备与其资质相应的医疗水准，尽到符合其相应专业要求的技能，并负有提供安全服务等基本责任和义务。我们可以理解为医生的诊疗行为是否达到了当时医疗条件下其所属类型的一个理性谨慎的医务人员、一个合格的医务人员应当达到的行为标准，如果没有达到，那么就是有过错。实务中较为常见的是医疗机构对外宣称能够排查某种先天性畸形或进行了某种检查承诺，那么一般认为医疗机构至少是能够发现或者足以发现胎儿是否存在异常的，但其在检查后并未发现胎儿具有先天性畸形，在实践中便可认为医方没有尽到最高诊疗义务。(2019)豫14民终2465号案件中某县人民医院便未尽到最高诊疗

---

⑨ 杨立新、王丽莎：《错误出生的损害赔偿责任及适当限制》，载《北方法学》2011第5卷总第26期，第13-22页。

义务，虽对外宣传称其所使用的美国GE四维彩超能够排查先天性体表畸形，但其在给刘某做四维彩超时并未发现胎儿具有先天性畸形，可认定未尽到最高诊疗义务，客观上侵犯了刘某、程某对胎儿健康的知情权和生育选择权。医院之所以因未尽到最高诊疗义务而归责，是因为诊疗虽是具有一定难度的，但若医院仔细，仍有很大机会发现胎儿异常。

（三）二审改判与再审维持原判的原因及占比

从统计可以看到，二审多是因为患方起诉引起，而二审的结果中也较多是加重医院归责。在加重或者减轻责任的情况下，除了对是否违反告知义务和高度注意义务及其涵盖范围外，赔偿的范围与金额是很大的争议点。其中赔偿范围争议最为明显的是残疾赔偿金、死亡赔偿金、精神抚慰金、特殊教育或抚养费。表2为二审改判理由。

表2　二审改判理由

二审改判	医疗机构归责或加重	① 未尽到与当时的医疗水平相应的诊疗义务　6.6%
		② 产前诊断签署不规范　3.3%
		③ 未显示建议其去上级医疗机构检查排畸　10%
		④ 未尽到高度谨慎的注意预见义务　3.3%
		⑤ 没有尽到充分的告知义务　13.3% a 仅告知缺陷，没有告知时间、对象及告知医师签名 b 没有明确告知建议孕妇进行产前诊断 c 检查前未签知情同意书
		⑥ 赔偿范围总是　60% a 精神抚慰金过低/应当赔偿 b 精神赔偿金不应按过错程度再分担 c 残疾赔偿金应当支持 d 丧葬费赔偿过低 e 鉴定费应当支持 f 其他费用计算问题(医疗费报销)
		⑦ 诊疗行为不规范(没有结果报告单)　3.3%
	医疗机构减责	① 赔偿范围问题： a 鉴定费非法定　5% b 精神抚慰金不应支持　5% c 死亡赔偿金无因果关系　10% d 残疾赔偿金及残疾用具费无关，不支持　15% e 死亡赔偿金和丧葬费无因果关系不应赔偿　5% f 不支持残疾赔偿金和分娩产生的费用　5%
		② 孕妇自身过错　10%
		③ 医学产科检查具有一定的局限性　10%
		④ 胎儿缺陷与医疗机构诊疗行为无关　5%
	医疗机构无责	医疗机构未对孕妇有侵权行为　25%
	主体资格问题	缺陷儿有无资格　5%

在此类案件的再审中都是驳回请求或者维持原判,但是在维持原判的理由中各案并不相同,甚至有些矛盾的地方。矛盾的地方主要在损害的确定、赔偿请求的主体争议、赔偿范围问题。表3是再审维持原判的理由。

表3　再审维持原判理由

再审维持原判	① 缺陷儿的缺陷与诊疗行为之间不存在因果关系　20%
	② 患者对诊疗行为有过错证据不足　20%
	③ 原告适用错误,非缺陷儿　10%
	④ 特殊教育费、护理费于法无据,且申请主体应是缺陷儿　10%
	⑤ 不支持残疾赔偿金,无因果关系　10% 不支持残废赔偿金,无因果关系　10%
	⑥ 支持残疾赔偿金,相当于额外抚养费　10%
	⑦ 为了医疗事业的正常营运及发展,不宜要求医方承担过高的责任　10%

(四)其他医疗机构担责时考虑因素

1. 医疗的局限性

临床医学无法做到100%的检出率,不能把临床医学的局限性归责到某个医疗机构。百分之百的准确对医学过度苛刻,总会存在一定的误差,人的认知也是有限的,太多的未知因素干扰,医疗机构也只能尽力避免而不能完全杜绝。医疗机构如果确实无法明确胎儿的具体情况,就应当谨慎表述,而不是径行做出检查结果正常的论断后再辩称是因为受限于当时医疗技术。

2. 医疗机构的特殊性

医务工作者是特殊的职业,关乎的是人们最重要的生命权、健康权,责任重大,故也被要求在诊疗活动中承担高度的注意义务,即极尽谨慎、勤勉之义务,极力避免损害发生,否则将承担相应的民事责任。所以无论从侵权违约责任,还是公平责任分担原则都会考虑到医疗机构相对于普通人来说的特殊性。

在社会普遍的认知中,适当的医疗机构责任更有利于促进医方提高医生的责任心和谨慎意识,提高诊疗水平。这也是认定医疗机构是否尽到告知义务和高度注意义务很重要的因素,是法官在归责时必须考虑的要点。

3. 社会情理因素

(1) 缺陷儿的出生是否带来了损害

不认为缺陷儿带来了缺陷的论述大多都是理论层面,按照社会情理,我国司法实践中认可缺陷儿出生给家庭带来了某种损害,至少对中国家庭来说如此。医疗机构的过错导致原告不能适时、理性地决定和选择,父母最终不得不面对其婴儿出生就已先天缺陷的现实,无疑带来巨大的精神痛苦和财产损失,要养育一个缺陷孩子，加重了其抚养义务和精神负担。医疗机构应对相应医疗费等的支出及加重部分的抚养义务和精神损害抚慰金承担赔偿责任。实践操作中，完全认同损害或者否定损害的裁判很少，大多数判决是居中，仅支持一部分，这直接体现在具体案件中赔偿范围和归责比例上的差异。损害和非损害的划分由于没有法律或者其他普遍认同的依据，所以在依损害确定赔偿的问题上给了法官更多的自由裁量空间。

(2) 在具体案件中，夫妻对诊疗结果是否具有唯一依赖

这需要结合夫妻明知婴儿有问题也会选择继续妊娠直至生育等情况，也就是说，即使医疗机构方履行了产前检查告知义务，两原告的损失也是可能避免，不是必然避免，综合考虑可以适当减低医疗机构的责任。但是这个归责考虑因素是否适用、如何适用无论在学术还是在实务中都存在一定的争议，很难有裁量的标准。理论上来说，错误出生的诊疗过错导致孕妇及其配偶100%丧失了获得真实和符合医疗规范报告的机会，与缺陷婴儿的出生具有因果关系，现有法律也并未将机会丧失的概率作为可以减轻责任的因素，故应当对侵权直接造成的全部损失承担责任。但实践中要医院承担100%赔偿责任的案例只有7例，且或多或少在赔偿范围上并不一致，可见在医疗纠纷这样特殊的情况下，法院在裁判过程中对概率问题有实际的考虑。

(3) 具体个案中医生的资历不足

在具体案件中会考虑到某个医师资质较低，年轻，经验少，根据合理的注意义务原则，适当降低当事医师的高度注意义务责任程度。虽然这有时会作为医院归责是考虑的因素，但适用较少，而且以一个医生阅历不够来变动医务工作者的告知注意义务和高度注意义务实难让人信服。德国福克斯曾说过："一个刚开始接受外科培训的医生做了一个复杂的心脏手术后，不能在事后为了开脱责任而宣称自己还不具备必要的专业知识，因为在没有把握的情况下，他就不该贸然行事。"[⑩]同理，笔者认为医务人员也不能将经验不足等理由作为抗辩理由。

三、医疗机构应对"不当出生"案件中医疗机构担责的抗辩(见表4)

表4 医疗机构抗辩理由 单位：%

医方抗辩理由	占比	法院支持占比
患儿残疾系先天性因素导致，无关诊疗行为，未能检测出实为现有科学技术所限，胎儿缺陷在当前的医疗技术条件下尚无法100%可以被检查出来，与诊疗行为不存在因果关系，不承担赔偿责任	30.3	15
按照诊疗常规为其进行产前检查，尽到了充分的注意和说明义务，已充分履行了与当时的医疗水平相应的诊疗义务，原告方也进行了书面签字确认，不存在任何医疗过错(局限，转诊)	24.74	12.24

⑩ http://www.doc88.com/p-4843961132378.html

续表

医方抗辩理由	占　比	法院支持占比
两原告未尽注意义务：故意隐瞒检测结果等重要事实的；未遵从医嘱或自己错过检查的最佳时期；拒绝检查；后果自行承担	8.58	35.29
缺陷儿并非适格原先，对其不构成侵权，是天生缺陷，应驳回	5.8	73.91
患儿的医疗费、伤残赔偿金、抚养费、残疾器具费等，这些费用的发生与诊疗行为之间没有因果关系，缺乏具体的计算标准和有关联性的证据证明，应予以驳回，司法实践界赔偿范围一般限定于精神损害(＋护理费)/对精神损害抚慰金也只按比例承担	3.8	47.82
胎儿缺陷所属情况不是必须检查的项目，有漏检的风险，不存在漏诊、误诊的责任，侵权法上也没有知情选择权这一权利，且不是致死性的畸形，缺陷儿有出生的权利。产前检查，并非产前诊断	5.8	26.08
不论子女健康或残疾父母均有抚养义务，不赔抚养费；未检查出缺陷不是根本原因，且赔偿是对残疾儿童的歧视，精神损害抚慰金不赔	3.28	23.07
原告要求的赔偿金额过高	3.28	15.38
父母非患者本人，主体资格不适格(为患儿)，应驳回其诉讼请求	2.52	10
鉴定意见书缺乏科学和事实依据，不能作为认定本案的依据	2.52	10
原告三主体不适格，本案的纠纷是孕妇与医院的医疗纠纷	1.26	0
从两被告关系角度而言，被告作为检测的服务机构并非实施诊断行为的医疗机构，被告的检查结果是作为医院进行诊疗的一个信息参考，两者是相对独立的行为，不应该承担连带责任	1.01	50
已医保报销的医疗费用，不应当再纳入本案中主张	1.01	50
已超过了诉讼时效	1.01	0
原告产生的各种医疗费、检查费属于正常的、合理的费用，应由其自行承担。其余门诊费用、手术费用，在鉴定报告认定的合理费用范围内，由被告按比例负担	0.75	33.33
胎儿的伤残赔偿金，权利主体是胎儿，父母无权请求	0.5	50
原告基于同一事实再次起诉构成重复起诉	0.5	50
彩超检查本身是一种辅助治疗及辅助确诊的手段，但其准确率不可能达到100%，因此，这类情况医方承担的只是相应的责任	0.25	100
原告提出赔偿没有法律依据，《侵权责任法》第2条规定了侵害民事权益的范围，但知情权和优生优育选择权不包括在侵权范围内，不能适用侵权责任法进行赔偿，侵权之诉应当驳回	0.25	100
医院在告知转诊的同时无需提醒患方其他医疗机构的资质	0.25	0
检验报告单的错误所引起的后果应由检验机构承担	0.25	0
赔偿范围仅为财产上的损失，不应包括与人身权利遭受侵害相联系的残疾赔偿金、死亡赔偿金、精神损害抚慰金等	0.25	0

从医疗机构的抗辩理由可以看出，绝大部分的抗辩理由是医方已经尽到了充分的诊疗义务和诊疗行为与缺陷儿缺陷之间无因果关系；而抗辩理由法院支持最

多的是受医疗技术所限医疗机构只需要承担相应责任和缺陷儿并非适格原告。医疗机构抗辩理由成立的原因主要为以下几点：

（一）医方充分履行了诊疗相关义务，无过错

综合整个诊疗过程，医疗机构的确已经尽到了充分的注意和说明义务，已充分履行了与当时的医疗水平相应的诊疗义务，检查结果受各种因素影响，不可能完全清晰明确，仍然不可能诊断出所有的先天疾病。按照《临产前诊断技术管理办法》规定应初步筛查六大类畸形包括无脑儿等，医院只要排查了此六大类畸形便符合诊疗规范的要求，此外不是必须筛查的项目，就有漏检的风险。但在司法实践中，并非未检出其他畸形都可以不承担赔偿责任，评判标准是综合审查医疗机构是否尽到了最高诊疗义务、合理的告知义务和高度的注意义务。事实上，缺陷儿的畸形情况众多，即使不在六大类畸形中（手指、前臂、四肢显示不清等常见畸形），如果医院本可以诊疗出却没有诊出，仍然要承担赔偿责任。在履行转诊义务中，医疗机构也常称其已经将胎儿异常情况告知，也提示其至上级医疗机构检查，被告无任何违法违规的行为，不承担赔偿责任。

总的来看，因为医方的相关告知对孕妇的妊娠选择会有至关重要的影响，所以实践操作中，对医疗机构的告知和注意义务是比较重的，不仅仅是从法律法规的明文规定，还有社会情理方面去确定医疗机构和医务工作者是否充分履行义务。这也是医疗机构以无过错不承担任何责任作为抗辩理由，但法院支持比例较低的原因。

（二）患儿残疾系先天性因素导致，与诊疗行为无因果关系

医方常常主张，每个生命都应该得到同样的尊重，也不能因为只要存在缺陷就阻止其出生，有缺陷的是身体不是生命，生命的价值都是同等的；父母因为缺陷儿的缺陷感到了痛苦，但是这并不是医疗机构侵权所致，而且，并不能否认缺陷儿也可以过上正常人的生活，医疗机构应当无责或减责；[⑪]从伦理观念和道德判断，生命神圣不能因为存在身体缺陷而做出负面评价，支持“不当出生”的诉讼是对残疾人的歧视，是对生命的不平等；[⑫]诊疗行为没有对缺陷儿造成人身损害，缺陷儿缺陷也不是现有医疗技术条件下能够100%筛查出的，孕检过程中是否存在过错与先天性疾病后果之间没有因果关系，不应当承担侵权责任。

这类抗辩理由仅有15%得到法院的支持，绝大部分是没有得到支持的。因为

---

⑪ Jay Bringman, M D. *Challenging Underlying Assumptions of Wrongful Birth*, 19 *The National Catholic Bioethics Quarterly* 37-45(2019).

⑫ Yakren Sofia, *"Wrongful Birth" Claims and the Paradox of Parenting a Child with a Disability*, 87Fordham law review(2018).

医疗机构的过错导致原告不能适时、理性的决定和选择，父母最终不得不面对其婴儿出生就已先天缺陷的现实，无疑带来巨大的精神痛苦和财产损失，加重了抚养义务和精神负担，医疗机构应对相应医疗费等的支出及加重部分的抚养义务和精神损害抚慰金承担赔偿责任。对其父母的侵权责任不能因为缺陷儿的疾病是先天的而免除。

按照通常解释，损害后果是医疗机构违反了告知和注意义务，根据《中华人民共和国母婴保健法》（以下简称《母婴保健法》）第 14 条[13]和《中华人民共和国母婴保健法实施办法》（以下简称《母婴保健法实施办法》）第 4 条[14]之规定，侵害了父母的生育选择权、优生优育权和知情权，导致缺陷儿在违背父母意愿的情况下出生，使夫妇孕育健康小孩的希望破灭，给家庭带来了财产和精神上的巨大压力，这才是实际损害后果。同理争议焦点不在缺陷儿所患疾病与医疗机构之间有无因果关系及其父母的诉讼请求医疗机构是否进行赔偿的问题，而在缺陷儿的出生给家庭造成的损害结果与医疗机构之间的因果关系。缺陷儿与其他健康出生儿享有同样的人格尊严，其出生不应受到歧视和否定，出于对生命价值的尊重，也不宜将缺陷儿的出生本身是否视为损害作为争议焦点。但不可否定缺陷儿的出生是原告权利被侵害的具体表现，也是导致原告遭受财产以及精神损失的直接原因，其出生造成的对家庭的损害也应当考虑。

（三）缺陷儿并非适格原告，驳回其诉讼请求

这一抗辩理由是支持比例最高的，因为根据《中华人民共和国母婴保健法》第 14 条“医疗保健机构应当为育龄妇女和孕产妇提供孕产期保健服务”和《中华人民共和国母婴保健法实施办法》第 4 条“公民享有母婴保健的知情选择权。国家保障公民获得适宜的母婴保健服务的权利”之规定，侵害了父母的生育选择权、优生优育权和知情权。缺陷儿的缺陷并非医方侵权导致的，对其不构成侵权，此外，从民事主体权利能力来看，在父母与医疗机构发生法律关系时，缺陷儿尚未出生，不具备民事诉讼主体的资格，故缺陷儿并不是适格原告。

但是实务中还有一个值得探讨、研究的观点：主体是否适格需要根据不同的诉求来看。优生优育权、生育选择权的权利主体的确是父母，所以妇女主张生育这段时间的损失以及精神抚慰金是毋庸置疑的，然而孩子的残疾赔偿金、特殊教育费、生活费、营养费和残疾辅助用具费等的权利主体有所不同。对于这些费用如果以父母作为原告诉求，医方抗辩称诉讼主体不适格，法院也可以予以支持。例如作为受害人因身体遭受损害致残而丧失全部或部分劳动能力的财产赔偿具有专属

---

⑬ 医疗保健机构应当为育龄妇女和孕产妇提供孕产期保健服务。

⑭ 公民享有母婴保健的知情选择权。国家保障公民获得适宜的母婴保健服务的权利。

性，能够作为权利主体向医疗机构主张残疾赔偿金的主体只有缺陷患儿，此类费用按理来说诉讼权利的享有者是孩子，那么父母作为原告或者母亲作为单一原告就会存在主体不适格的情况。这个争议在李某、×市第二医疗机构医疗损害责任纠纷一案中得以体现，一审法院关于李某要求×市第二医疗机构承担孩子的就诊治疗费、生活费、特殊教育费并终身为缺陷儿免费治疗的诉讼请求，以该诉讼权利的享有者为孩子，其母亲作为原告不适格为由，对其提出的该项诉讼请求不做处理。在(2019)渝 02 民终 1742 号案件中，法院也以相同的理由驳回父母作为权利主体向医疗机构主张残疾赔偿金的请求。

（四）原告自身过错，可减轻医方责任

由于原告未尽其应尽的注意义务与缺陷儿的出生有直接或者间接的因果关系，医方可以免责或者减责。主要有以下几种情况：夫妇故意隐瞒检测结果等重要事实的，并且与缺陷儿的出生有因果关系；孕妇未遵从按时进行检查或者接受相关治疗等医嘱；自己错过检查的最佳时期，导致未检出缺陷儿的缺陷；孕妇出于自身原因拒绝产前相关检查等。在(2019)鲁 0982 民初 6969 号案件中两原告对自身权益漠不关心，从取血样一直到临产前也没有主动询问筛查结果，其自身也有过错，故适当减轻医疗机构的责任。

四、影响医疗机构担责、责任分配的问题

（一）原告方是否属于重诉、累诉情形

造成重诉、累诉主要是因为讼诉主体不明确、赔偿并非一次性赔偿导致的。实务中存在先以缺陷儿名义起诉，其后以父母名义起诉，再以缺陷儿和父母为共同原告再起诉的情况，对这样的情况识别重诉是比较困难的，如果都受理再经过一审和二审所投入的司法资源与收到的成效是不成正比的。(2015)辽审四民申字第 01061 号案件前前后后针对一次“不当出生之诉”就经历了 6 次审理。

对于原告主体是否适格的问题，法院的表示基本一致：生育选择权是父母的权利，母亲作为直接被侵权对象，父亲属于间接侵权对象，主体当然适格。但是不能一概而论，上述并不代表所有裁判都不支持缺陷儿作为独立原告。也正是因为诉讼主体是否适格的认定各案有所不同，赔偿也并非一次性赔偿，导致一件“不当出生”的案件可能经过多次审理，不同的诉讼主体提起多次诉讼，医方也常以重复诉讼为抗辩理由。

（二）赔偿范围与金额问题

在双方一致认为缺陷儿的出生给父母带来了损害的前提下，对于损害的范围的认识也有很大的出入。医方主张患儿父母并未因患儿出生而“遭受人身损害”，

即便医方存在过错,也仅是影响患儿父母做出是否终止妊娠的决定,侵犯了两人的优生优育选择权,致使父母将付出比抚养正常儿童更多的精力,对应的仅是赔偿父母的精神抚慰金。针对具体的赔偿范围(残疾赔偿金、死亡赔偿金、抚养费、特殊教育费、后续治疗费)往往是医方争论抗辩的重点。

对于案件中因缺陷儿出生导致增加的一系列费用如何赔偿,我国现行法律没有明确规定,也没有指导案例统一司法操作。此类案件的赔偿范围与一般人身损害赔偿的范围又有明显不同,不能完全照搬人身损害赔偿的规定,其一,此类案件没有直接的人身损害,只是对生育选择权、知情权等民事权利的侵害,如果更严格一些就不能以人身损害的赔偿范围作为依据,更多是医疗伦理损害责任赔偿范围。其二,很难参考人身损害赔偿范围,此类案件已经超出了一般人身损害赔偿的范畴,而且超出的部分符合情理,若支持则依据牵强,不支持又难合情合理。如特殊教育费、后续治疗费等。

1. 财产赔偿

在财产赔偿中残疾赔偿金争议较大,法院是否予以确认理由也不尽相同。不支持残疾赔偿金的理由主要是:缺陷儿的残障并非因医生所引起;缺陷儿全部或部分丧失劳动力与医疗机构对父母的侵权行为没有关系;缺陷儿没有因为医疗机构的诊疗行为受到任何的人身损害,反而获得了生命。同时按照伦理道德,有缺陷的生命总比无生命好,新生儿的出生无论残障与否都是神圣的,不能在法律的层面就对残障人有任何歧视。这固然是不幸的,但这个不幸不应该由具体的个人或者组织承担,而应当通过社会分担的方式担负起照顾残障人士的责任。而支持残疾赔偿金的理由在于:按照我们一般的观念,先天残障的孩子成年乃至一辈子极大可能是没有劳动力、没有收入的,无法照顾好自己更无法对家人尽赡养义务。对家庭而言,从缺陷儿出生开始便可能意味着要照顾这个孩子一生,这是必须面对的现实损害。而该现实损害与医方的诊疗行为有直接的因果关系,且残疾赔偿金本身也是为了保障因残疾而没有生活来源的群体,应当予以赔偿。笔者较为赞同在此类案件的赔偿标准、范围尚没有清晰明确的情况下,对于该损害结果的计算没有参照标准,那么参照残疾赔偿金的标准予以确定损害也合理。如果孩子夭折还会涉及死亡赔偿金、丧葬费的争议问题,争议理由与残疾赔偿金类似。

特殊教育费目前没有明确的法律规定,故这类费用的处理各不相同。实践中仅少数法院支持这部分费用,但计算年限也有较大差异,从 5 年到终身不等。在大多数不支持特殊教育费的案件中判决理由也各有不同,有的以尚未实际发生为由;有的认为特殊教育费主要以学杂费及专业心理辅导费组成,这是正常的教育开支,且我国有九年免费义务教育，父母对孩子本有教育义务，不属于赔偿范围，故不予支持。有些笼统地拒绝原告关于此类费用的诉讼请求，只有少部分法院支持了缺陷儿的特殊教育费用，如(2013)南中法民终字第1429号案件中法院就对缺陷儿18岁以前的特殊教育费用予以支持，包括就读特殊教育学校产生的费用和专业心理辅导费用，共计267 040元。总的来看，对此类费用的说理并不是很明确和统一，尚未发生的费用有没有考虑各案也不相同，如果依据《最高人民法院关于审理人身损害赔偿案件适用法律若干问题的解释》第17条第二款的相关规定应当倾向于支持实际发生了的费用。

特殊抚养费同样是非法定赔偿项目，医方常辩称父母因抚养缺陷儿而额外需要支出的财产费用同样不能算作是一种损害，父母对子女的付出是一种特殊的照顾抚养义务，随孩子出世而产生，不能够单独割离。支持此项费用者认为，额外支出的抚养费在这类案件中是很明显且必然发生的。作为患儿父母，其抚养一个患有先天疾病的孩子比抚养一个健康的孩子，势必增加更多额外的支出，比如额外的医疗费、护理费、营养费、教育费等。不支持此项费用者认为，根据《中华人民共和国婚姻法》相关规定，不论子女健康还是残疾，父母对子女都有抚养教育的义务。

对于医疗费，实践中对缺陷儿的医疗费、孕妇的产检费等费用应当赔偿的认识较为统一，主要的争议焦点在于对于已经报销的医疗费是否需要赔偿。认为医疗费不应当扣除医保报销的费用原因有两个：第一，上诉人医保报销的医疗费系因其与社会保险机构之间的社会保险法律关系而产生，该法律关系与本案双方之间的侵权关系并非同一法律关系，医疗保险支付部分不能折抵被上诉人的侵权赔偿责任；第二，国家设立社会医疗保险制度的根本目的在于防止公民因病致贫，通过减轻其就医产生的费用负担而保障公民正常生活，而不是为了减轻侵权人的赔偿责任。(2020)鄂12民终671号案件中法院便认为医院的赔偿责任不因患方向医保报销部分医疗费而减轻，在核算医院的赔偿责任时，不应先扣减已通过医保报销的医疗费。但该部分医疗费并未实际支出，患方要求医方赔偿已经得到医保报销补偿的医疗费也不太符合填平原则，故某些判决也并未支持。

2. 非财产赔偿

非财产赔偿主要是精神抚慰金，在现实中还有很多争议。一百多起案件中，患者提出精神抚慰金基本得到法院支持。有一个健康的宝宝，是每一对父母最大的心愿，故一个缺陷儿的出生，给家庭带来的精神痛苦很难衡量，父母可能一生都要照顾这个孩子，孩子以后也不能正常生活、工作和学习，甚至稍有不慎更可能再次面临死亡的离别，父母也无法体验到抚养一个健康孩子的幸福和精神安慰。也正如上面所说的精神损害真的十分难以确定，实务中也给法官留下了更多的自由裁量空间，甚至达到从1000～560 000元的差距。

按照《最高人民法院关于确定民事侵权精神损害赔偿责任若干问题的解释》第9条规定，“不当出生”案件的精神抚慰金属于“其他损害情形的精神抚慰金”，即父母的其他人格权益受到侵害的情况，按照其标准属于严重精神损害赔偿，最高可赔50 000元。此外，家庭还会面临着财产压力，不当出生的孩子的疾病大多很难治疗，不确定治疗的费用从孩子出生可能持续到父母去世或者孩子去世。所以在实务中，除了个别情况外，“不当出生”案件的精神抚慰金一般认定为严重精神损害，如果孩子没有夭折，最高只能判到5万元的精神抚慰金。见图4。

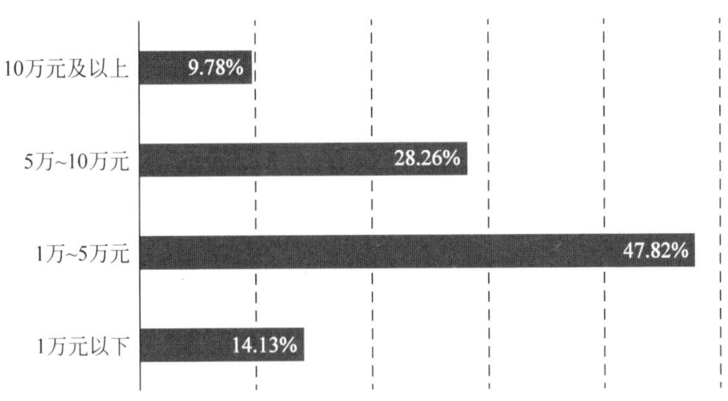

图4　精神抚慰金赔偿金额分布

此外，精神赔偿金还有一个是否按照责任比例再分担的问题，从二审和再审改判的理由我们可以明确，精神赔偿金在确定后又按照责任比例分担违背法律规定。精神抚慰金本来算是对受害人精神痛苦的补偿，而且抚慰金本身不能衡量受害人所承受的精神痛苦。精神抚慰金相较医疗费等其他费用性质有所区别，精神抚慰金应该算做医方对患方的精神补偿，不能依据过错责任比例再分担。

（三）涉及多个医疗机构担责时的问题

此种情况主要争议在于医疗机构间归责时承担按份责任还是连带责任。

在司法实践中用得更多的《中华人民共和国侵权责任法》（以下简称《侵权责任法》）第12条规定，认为是累计因果关系，医疗机构间承担按份责任。医疗机构间没有共同故意和共同过失，均具有一定的过错，应当承担与其过错相适应的赔偿责任，如果没法区分原因力大小，则平均担责。确定按份责任应该从医疗机构可以诊断出的概率，即每个医疗机构的最高诊疗水平、进行产检的次数、是否在医疗机构建册产检以及医疗机构的过错程度等因素来确定。这种复杂的多个侵权责任的认定，对诊断的概率需要医疗机构提供大量的数据去证明，医疗机构的最高诊疗水平也需要进行专业鉴定，所以在按份责任的划分实践中多采纳鉴定意见中的责任划分。

除此之外，《侵权责任法》第 11 条对多人侵权情况也有规定，每个人的侵权行为都足以造成全部损害的，行为人承担连带责任。在夫妇做出最后妊娠决定前，可能经过了多个医疗机构诊疗，但是这些医疗机构都因为有过错而没有尽到告知和注意义务，一般医疗机构间是没有共同故意或共同过失的，那么根据《侵权责任法》第 11 条规定的聚合因果关系，属分别侵权，每一个医疗机构单独的诊疗行为均足以造成缺陷儿的出生这个后果，应当承担连带责任。从理论上来看，涉及多个医疗机构侵权应该适用第 11 条，有侵权行为的医疗机构间应该承担连带责任。如果孕妇产前在大医疗机构和小医疗机构分别进行了检查，医疗机构都没有尽到应有的义务，应承担连带责任。但是如果小医疗机构已经尽到了最高的诊疗义务，并且已经完全尽到了合理的义务，没有侵权行为，就不会承担连带责任。

（四）是否属于适用公平责任原则的情形

因为损害发生后没有办法适用归责原则，按照公平原则以及平衡医患双方的利益出发，在医方和患方间分担损失。依据公平责任分担损失不等同于平分损失，公平责任原则适用时常常会考虑这类案件中涉及的人道主义以及其他社会因素。对初为人父母的夫妻来说，缺陷儿出生无疑是一种巨大的精神痛苦，常常意味着父母需要照顾缺陷儿一辈子，对于缺陷婴儿本人的将来而言，无疑也是一种精神痛苦。但同时不能否认，受现有的医疗技术条件所限制，不能苛求医疗机构对缺陷的检出率达到 100%，且医疗机构的诊疗行为与婴儿患先天性疾病没有因果关系，在双方都没有过错的情况下，故从民法公平原则以及平衡医患双方的利益出发给予患者一定的补偿，在判决中常常表述为一次性经济补助金、经济损失。

五、《民法典》对处理不当出生案件的影响

（一）民事权益

在“不当出生”案件中涉及的民事权益主要是生育选择权和母婴保健的知情权，但这两项权利在《民法典》中并没有明文列举。

生育选择权又称优生优育选择权，生育决定权是人格权的一种，属《民法典》第 990 条第二款所保护的基于人身自由、人格尊严产生的其他人格权益范围。医院因产检的过错未能向父母提供符合胎儿真实情形的产检报告，导致父母不能依据真实的报告做出生育选择，生育决定权受到了侵犯。《中华人民共和国人口与计划生育法》《母婴保健法》也有相关规定，公民享有生育选择权，在产前检

查过程中享有被医疗机构告知检查结果及相关风险等信息的权利，并享有根据其获得的信息做出是否决定终止妊娠的权利。大多数的法院都认定父母享有优生优育选择权，当医院侵害夫妻这项权利时属于侵权，但也有部分法官和法学家认定优生优育选择权并非绝对权，权利的行使是受到一定限制的，不能认定原告主张的侵权事实成立。例如，(2016)川1321民初354号案件“本院认为”中提到产前检查及诊断，如胎儿存在严重缺陷等情况，医生应提出终止妊娠。此时夫妻双方有决定是否终止妊娠的自由。但是优生优育选择权并非绝对权，权利的行使是受到一定限制的，原告主张的优生优育选择权不属于侵权行为法所指的权利，故不能认定原告主张的侵权事实成立，驳回原告向某某、谢某某以及向某的诉讼请求。

由于医疗机构并未履行或完全履行对孕期检查的孕妇书面告知的义务和高度注意义务，导致了孩子的父母在怀孕期间无法获知胎儿存在先天性缺陷及相应风险的信息，未获得充足的医疗信息，致误以为胎儿健康的情况下生下了缺陷孩子。根据《民法典》第1219条规定的患者的知情同意权，此直接侵害的是父母对相关信息的知情权。而由于知情权受到侵害，父母失去了对是否生下孩子做出选择的机会，可能进一步侵害了父母的生育选择权。但是知情权的侵害也不一定导致优生优育选择权的侵害，因为相关信息是否告知只对妊娠选择有很大的影响但非必然影响的关系。

（二）告知义务

现在《民法典》第1219条已经将“书面告知”修改为“明确告知”，不再局限于书面形式，可以告知的形式更加多样，也更加符合现在的社会情况，让告知更容易更方便，但是告知的程度和要求并不减弱甚至要求更高，需要更加明确，更有针对性。针对实践中患者就算书面签字了，但仍然表示自己对内容并不明确的情况，《民法典》从“书面告知”到“明确告知”更加考虑到患者对内容的知情权，保证患者对具体内容的清楚理解，这也间接规定了医疗机构的解释说明义务。在“不当出生”案件中主要是保证患者对诊疗技术内容、风险、效果等有明确的认知。

《民法典》第1219条也增加了医疗机构的具体说明义务。《民法典》对医疗机构的告知说明义务有了更高的要求，告知说明应当更加全面具体。

六、医疗机构应对不当出生案件的策略

（一）重点防范引发医疗纠纷的关键点

防范“不当出生”医疗纠纷的关键点主要集中在告知义务和注意义务的履行上：

1. 保障患方知情同意权

在发生医疗纠纷的时候,部分患者会主张其知情同意权受到侵害,为了防范"不当出生"医疗纠纷的发生,医方就需要从保障患方知情同意的角度加以完善。比如检查结果、医疗措施、高危妊娠等风险告知不局限于口头或者书面的形式,而应当以孕妇可以理解的方式如实予以告知,并取得其明确同意,切忌夸大、虚假宣传;对检查结果如果有需要额外警觉的情况时,应当针对注意情况提出具体的建议;对知情同意书等相关病历资料的保存期限符合要求,严格遵守《医疗机构病历管理规定》[15]和《医疗机构管理条例实施细则》[16]中关于病历保存的规定;相关告知文书的签字盖章符合规范。医院是否尽到告知义务和注意义务在实践中较难认定,情况不一,需要在具体案件中具体分析。

2. 履行转诊义务

产检的结果对孕妇来说往往有着决定性的作用,所以对产检的准确性也要求甚高,但是由于目前各地、各层级医院的医疗水平不一,当下级医院的检查效果达不到要求时,就涉及下级医院的告知转诊义务。在诊疗的过程中需要了解孕妇产检的目的,以便准确告知其通过某项检查是否可以检出;对无法准确检出的项目已告知孕妇到有资质的上级医院进一步检查排畸,同时具体告知是哪些有资质的上级医院。在医院因无医疗条件等原因而拒诊时,仍需告知孕妇去何医院检查。

3. 规范诊疗操作过程

诊疗操作过程不规范也是引发医疗纠纷的关键点,严格按照诊疗操作,尽量避免出现操作不当的情况也可有效防范此类医疗纠纷。比如注意诊疗环境安全,做好除菌等措施;特殊检查项目由多个医师进行诊断的;符合《产前诊断技术管理办法》中关于资质的取得、定期考核校验的规定。规范往往已经有了比较明确的规定,在司法实践中举证也相对容易。

(二)从诉讼策略争取医疗机构利益最大化

根据司法实践中医方总体的答辩效果来看,从以下这些角度答辩效果较好:

1. 不存在因果关系

这里的因果关系包括两个层次,第一个层次是缺陷儿的缺陷与诊疗行为不存

---

⑮ 《医疗机构病历管理规定》第 29 条:门(急)诊病历由医疗机构保管的,保存时间自患者最后一次就诊之日起不少于 15 年;住院病历保存时间自患者最后一次住院出院之日起不少于 30 年。

⑯ 《医疗机构管理条例实施细则》第 53 条　医疗机构的门诊病历的保存期不得少于 15 年;住院病历的保存期不得少于 30 年。

在因果关系，缺陷儿的缺陷是先天因素造成的，非医疗行为的介入导致。第二个层次是某些赔偿金额和赔偿范围与诊疗行为之间没有因果关系，诸如患儿的医疗费、伤残赔偿金、抚养费、残疾器具费、特殊教育费等，诉讼中医方常主张这些费用的发生与诊疗行为之间没有因果关系，也缺乏具体的计算标准和有关联性的证据证明存在这些费用。

2. 原告方存在过错

原告方在诊疗过程中也不是完全不存在过错，也可能因为未尽合理的注意义务导致了缺陷儿的出生。主要有以下几种情况：故意隐瞒以往病史、检测结果等重要事实；未遵从医嘱定期检查或转诊；自身原因导致错过检查的最佳时期；拒绝检查等。(2019)鄂01民终9325号案件中原告明知自己是吸毒患者，并积极主动地选择助孕治疗，那么就认定缺陷儿的出生是夫妇主动追求的结果，医院没有告知的行为对于其选择权的影响是极为有限的。原告方合理的注意义务并不是一成不变的，有时会因为夫妇的文化程度不同而导致注意义务标准的或高或低，在(2018)云06民终1908号案件中，法院便认为由于父母具有一定的文化程度(母具有中专文化，父具有初中文化)，在两次检查中有基因异常的情况下未引起足够重视而主动多渠道寻求解决办法，对产下缺陷儿也需承担一定责任。

3. 客观医疗条件所限

按照诊疗常规为其进行产前检查，尽到了充分的注意和说明义务，已充分履行了与当时的医疗水平相应的诊疗义务，不存在任何医疗过错，未能检测出实为现有科学技术所限，胎儿缺陷在当前的医疗技术条件下尚无法100%可以被检查出来。医院想直接证明医疗机构的最高诊疗水平较为困难，需要考虑紧急程度、个体差异、地域医疗水平、时间性、空间性等各种因素，故实践中主要还是通过间接证明，即尽到前面所说的告知义务或者通过地方医疗水平类推某个医疗机构是否尽到最高诊疗水平，如在检查时已就医疗机构的医疗水平、超声检查范围、不能检查出的畸形病种、存在的医疗风险向孕妇进行了充分告知，严格规范诊疗过程并做出了合理的医疗建议，则尽到了当地的医疗水平相应的诊疗义务。(2019)川1523民初932号案件中，法院便对医院关于“县级医疗机构，医疗水平和检测技术手段在2015年难以对胎儿阶段的遗传性疾病进行认知和诊疗”的抗辩理由予以采纳；(2018)琼01民终3561号案件中，法院认为在就诊当时仅以××附属医院于2005年开展某项技术，不足以证明当时××省医疗技术的整体水平，应当在整个地域范围来看：××省当时对于产前诊断的整体认知程度不高，意识较为薄弱，医疗技术的整体水平与发达地区相比，仍然存在地域性差异的落后情形，故认定该医院的诊疗不足行为是受到当地客观的医疗技术水平限制。

4. 原告主体不适格

主要是当原告是缺陷儿时，主张原告资格不适格，因为对于缺陷儿的缺陷闭关不是医疗侵权的损害后果，而是属于天生缺陷，无关诊疗行为，缺陷本身与医疗行为之间并不存在因果关系。缺陷儿并非适格原告，对其不构成侵权，不承担赔偿责任。

5. 赔偿范围和赔偿金额不恰当

因不当出生案件的特殊性，赔偿范围与赔偿金额标准尚未得到统一的解释。故在司法实践中，可以从这个角度进行展开并说理论证。医疗费、残疾赔偿金、死亡赔偿金、特殊教育费、精神抚慰金、后续治疗费、特殊抚养费等都存在争议，目前尚未有明确的标准。从医方的角度需要论证不涵盖某项赔偿费用的原因以及提出降低赔偿金额的依据，司法实践中较常论证的角度已在上文“影响医疗机构担责、责任分配的问题”中叙述，在此不再赘述。

结语

“不当出生”作为一种特殊的社会现象存在，目前对“不当出生之诉”的解决还存在一些争议，如何正确、公正地解决这类诉讼不仅有利于保护医疗机构、父母的合法权益，更有助于建立更加和谐的医患关系。本文通过总结截至 2020 年 12 月 13 日的“不当出生”案件，分析司法实践中此类案件存在的基本问题，结合现有的研究成果对医疗机构的担责现状进行了较为全面的梳理。从基本概念入手，进一步总结现状，分析其中规律及存在的原因，并总结司法实践中尚且存在的问题，试图从医疗机构方出发为解决此类案件找到新的角度。也为医疗机构提高和规范自身医疗技术水平提供经验，促进医疗卫生事业的健康发展。

Research on the Responsibility of Medical Institutions in Cases of“Improper Birth”

Liu Hui，Liu Shi-yu

Abstract：The number of cases has been increasing every year since 2010，and the appeal rate and retrial rate have been in a high state. The reasons are complicated，such as the liability standard，the distribution of responsibility，the scope of compensation，The amount of compensation and other issues have not been solved by a relatively perfect demonstration，which is also an important reason for the“same case different judgment”. In this paper, from the point of view of the improper medical institutions was born the whole process of case, case analysis improper was born on the imputation basis of medical institutions and logic method, to explore the medical institutions are born at the wrong case situation, summarizes the responsibility of medical institutions in the judicial practice points on the status quo, analysis of claim damages in all cases of the type and scope of indemnity.

Key Words: improper birth; medical institutions; tort liability